올인원 라이브 합격열차 란?

01 올인원 교재로 과목별 전범위를 테마로 정리한 정규강의

이론과 문제를 한 권으로 정리하는 올인원 강의

02 실시간 라이브 강의로 한번더

① 매년 반드시 출제되는 테마
② 매번 헷갈려서 틀리는 테마
③ 킬러 문제 테마를 집중적
   반복적으로 과외하며 정복

03 실시간 소통을 통한 질문 즉시 해결

라이브 강의를 들으면서 생긴 궁금증을 바로바로 해결
언제까지 게시판에 질문올리고 48시간 기다리겠습니까?

04 과목별 1타강사가 직접 전화상담을?

과목별 강사들이 수강생 여러분들에게 직접 전화합니다.
그리고 그 과정을 모두가 함께 라이브로 시청합니다!
우리가 궁금했던것이 해결되는데 그것도 직접 전화로, 무려 1타강사가 직접?
고객센터 직원이 해주는 상담과 차원이 다른 그 누구도 따라할 수 없는 서비스!

매일 3시 출발 **2시간 연속 생방송** **다시보기 가능**

자세한 내용은 홈페이지 www.landhana.co.kr 참고

문의전화 **1600-5577**

당신의 불합격·점수가
오르지 않는 이유가 무엇입니까?

90% 이상의 수험생은 이렇게 대답했습니다.

1 학습해야 할 교재가
너무 많아요

2 과목별 기본서 분량이
너무 많아요

3 재수생은 **이론 과정이
너무 반복**되어 시간낭비가
많은 것 같아요

4 아무리 공부해도 **무엇을 암기해야**
합격하는지 항상 애매해요

5 실제시험에서 주어진 시간내
문제를 **다 풀지도 못하고
찍어버린 문제**가 많아요

랜드하나가 해결해드립니다!

랜드하나는 다시 시작하는 수험생을 위해 가장 합리적인 교재를 제시합니다.

각 과목별 딱 한 권으로 정리하는
올인원 교재로 합격을 완성합니다.

올인원 교재

+

정규 강의

+

올라 유튜브 과외

매일 3시 출발   **2시간 연속 생방송**   **다시보기 가능**

자세한 내용은 홈페이지 **www.landhana.co.kr** 참고

문의전화 **1600-5577**

2024 EBS ●● 랜드하나

공인중개사
전원합격
올인원

2차 부동산세법

H 랜드하나

머리말

매년 30만 명 가까이 국민 자격증인 공인중개사 시험을 치르고 있으며, 이 중에서 일부 수험생은 합격을 하고, 많은 수험생이 시험에서 실패를 합니다.

공인중개사 시험은 절대평가시험임에도 불구하고, 시험의 커트라인에 해당하는 평균 60점을 받지 못하여 시험에 실패하는 수험생들이 훨씬 더 많은 게 불편한 현실입니다.

모두가 최고의 합격자 최고의 강사진이라고 광고를 하고 있음에도 불구하고

그리고 그 어디에서도 55점으로 불합격한 수험생을 관리하고 50점으로 불합격한 수험생들의 학습과 공부 방법을 제시해 주지는 않습니다. 다시 두꺼운 기본서와 처음 공부하는 수험생들이 하는 기초 강의부터 다시 시작을 해야 하는 게 현재 공인중개사 수험시장의 상황입니다.

그러다 보니 불합격 후 공부를 다시 시작하는 시기가 늦어지고, 늦어지다 보니 작년에 공부했던 내용을 다 잊어버리고 늦게 시작하는 경우가 많고, 공부의 흥미를 잃어버리는 경우가 대부분입니다.

그래서 수험자들이 작년의 50점의 실력을 유지하면서 좀 더 효율적으로 공부할 수 있는 방법은 없을까? 교재는 없을까? 고민을 하게 되었고 이 고민의 과정 속에서 다시 재도전하는 수험생과 어느 정도 공부량이 되는 수험자에게 딱 적합한 전원합격 올인원교재를 구상하게 되었습니다.

전원합격 올인원 교재와 함께 한층 더 높은 수준의 강의를 통하여 시험의 실패 원인 분석을 한 맞춤 수업을 한다며 당해 연도에 실패한 수험자에게 다음 해에 희망을 주고 시간이 부족한 수험생에게 합격의 길로 안내할 수 있지 않을까라는 생각에서 본서를 출간하게 되었습니다.

처음 공부하는 수험자에게는 이론의 이해가 필요한 기본서가 필수 교재이지만 한 번 이상 시험을 치러본 수험자 또는 기본서로 1번이상 수업을 진행하여 시간절약이 필요한 분들에게는 개념이 어느 정도 파악되어 있기에 본 교재로 정리를 하여 시험장에서 합격의 길을 쉽게 찾을 수 있지 않을까 생각을 합니다.

본서의 특징은 다음과 같습니다.

1. 출제되는 것만 모았다.

기본서의 순서를 따르되 시험에서 출제되지 않는 것들은 과감히 빼고 시험에서 출제 가능성이 높은 부분만 테마로 구성을 하였습니다. 시험의 100%의 문제를 커버하지는 못하지만 80%까지 커버할 수 있는 교재라고 평가하고 싶습니다.

100점을 원하는 수험생은 보지 마시고, 합격을 원하는 수험자에게 적합한 교재입니다.

2. 2024년 제35회 출제 문제 완벽 예상

각 테마 안에는 출제경향분석과 2024년 35회 시험의 출제 예상을 하여 입체적이면서 중요도를 구분하여 내용을 파악하게 했습니다.

3년에 1번 정도 출제되는 패턴의 문제가 만약에 34회 시험에 출제되었다면, 35회 시험에서의 출제 가능성은 거의 없습니다.

하지만 5년에 한 번 정도 출제되는 문제가 출제된 지 5년이 넘었다면 35회 시험에서는 이 문제가 더 중요한 논점이 될 수 있기 때문에 출제경향분석을 통하여 35회 시험의 기출을 예측하고, 이를 통한 심화 학습이 가능하게 편제를 하였습니다. 굳이 재수생이 아니어도 공부량이 일정 수준이 되는 초시생도 5~6월 이후에는 상당히 효과적으로 학습을 할 수 있으리라고 봅니다.

3. 문제를 강화하여 합격의 가능성을 한층 높였습니다.

문제를 강화하여 기본 이론에 대한 정리 후 최근 기출문제와 예상문제를 통하여 기출문제의 출제경향을 파악하고, 이를 통해 시험에서 출제되는 응용문제와 난이도가 있는 심화 영역의 문제까지도 커버할 수 있게 문제를 구성하여 문제의 적응력을 키워 문제로 평가받는 수험자들에게 문제에 대한 두려움을 없애 시험에서 응용력과 적응력을 키우는데 중점을 두었습니다.

4. 이 교재 한 권으로 합격이 가능하게 구성을 하였다.

이런저런 교재가 많이 있고, 이런 자료 저런 자료가 많은 수험생 중에서 무엇을 봐야 할지? 과연 어떤 게 효과적인 자료인지? 자료의 홍수 속에 있는 수험생들에게 이 교재 1권으로 단권화를 통해 합격에 충분한 점수가 가능하게 편제를 하였습니다.

이 교재는 매년 한 두 개 차이로 떨어지는, 안타까움 수험자를 생각하면서 만들었습니다.

한두 문제의 부족으로 다시 시험을 치러야 하는 수험생을 위해 만들었습니다.

시험에 불합격하는 아쉬움이 없는 편안한 합격에 이 교재가 일조가 되었으면 하는 게 유일한 바람입니다.

공부도 많이 하고 책도 많이 구매하셨는데 시험에 실패하는 99%의 헛고생이 아닌 이 한 권의 선택으로 성공하는 수험 기간이 되길 기원하는 바입니다.

이 교재 출간을 위해 쉬어야 할 시간에도 수고를 마다하지 않은 편집자분들과 랜드하나 직원분들께 감사의 말씀을 전합니다.

편저자 배상

출제경향 빈도표

내용별 \ 회별		19회	20회	21회	22회	23회	24회	25회	26회	27회	28회	29회	30회	31회	32회	33회	34회
조 세 총 론		2	2	2	2	2	2	2	2	1	1	2	3	1	2	2	2
지방세	취 득 세	3	2	3	3	3	3	3	4	3	3	3	3	3	2	2	2
	등록면허세	1	3	2	1	1	1	1		1	2	2	1	1	1	1	2
	재 산 세	2	3	3	3	3	3	3	3	3	3	2	3	3	2	2	2
	기 타 지 방 세									1				1			
	소　　계	6	8	8	7	7	7	7	7	8	8	7	7	8	5	5	6
국세	종합부동산세	2	1	1	1	1	1		1	1	1	2	1	2	3	2	2
	양 도 소 득 세	6	5	5	6	5	5	6	6	6	5	5	5	5	6	5	5
	기 타 국 세					1	1	1			1					2	1
	소　　계	8	6	6	7	7	7	7	7	7	7	7	6	7	9	9	8
합계		16	16	16	16	16	16	16	16	16	16	16	16	16	16	16	16

2023년 제34회 공인중개사 자격시험 통계 자료

1. 시도별

지역	1차 합격자			최종 합격자		
	대상	응시	합격	대상	응시	합격
총계	179,734	134,354	27,458	108,022	65,705	15,157
강원	2,359	1,725	301	1,447	868	207
경기	53,419	40,204	8,414	32,525	20,014	4,817
경남	7,271	5,441	1,065	4,261	2,624	585
경북	4,998	3,718	708	2,893	1,767	367
광주	5,066	3,730	714	3,021	1,833	446
대구	7,530	5,707	1,142	4,218	2,629	554
대전	4,737	3,519	744	2,731	1,672	399
부산	12,155	9,289	1,823	7,213	4,567	1,063
서울	45,079	33,528	7,193	28,225	16,804	3,904
세종	2,031	1,451	329	1,293	788	201
울산	2,782	2,078	431	1,597	1,015	251
인천	11,547	8,707	1,655	6,576	3,973	856
전남	3,533	2,541	466	1,953	1,155	249
전북	4,104	3,033	590	2,386	1,433	284
제주	2,247	1,705	389	1,372	839	184
충남	5,523	4,134	740	3,211	1,915	436
충북	3,911	2,855	549	2,309	1,397	290
기타	1,442	989	205	791	412	64

2. 성별

성별	1차 합격자			최종 합격자		
	대상	응시	합격	대상	응시	합격
총계	179,734	134,354	27,458	108,022	65,705	15,157
여성	90,056	69,912	14,134	50,850	32,351	7,924
남성	89,678	64,442	13,324	57,172	33,354	7,233

3. 연령대별

연령별	1차 합격자			최종 합격자		
	대상	응시	합격	대상	응시	합격
총계	179,734	134,354	27,458	108,022	65,705	15,157
10대	397	316	46	222	129	18
20대	19,554	13,401	3,365	11,778	6,458	1,690
30대	48,448	35,855	6,799	27,137	14,678	3,866
40대	57,948	43,431	7,999	32,836	19,435	4,613
50대	41,672	31,994	7,289	27,318	18,650	4,060
60대	10,897	8,673	1,872	8,117	5,905	887
70대	779	649	86	584	426	23
80대	38	34	2	29	23	0
90대	1	1	0	1	1	0

4. 접수유형별 2차시험합격자 현황

응시자유형코드	응시자유형명	합격자 수
01	일반응시자	5,123
02	1차시험 면제자	10,034

이 책의 차례 Contents

PART 03 국세

EBS

2024 랜드하나 공인중개사
전원합격 올인원

PART 1
조세총론

테마 01 조세의 분류와 세법 용어

1 출제예상과 학습포인트

✦ **최근 기출회수**

21회, 25회, 27회, 29회, 30회

✦ **35회 출제 예상**

최근에 직접 단독문제로 출제되지는 않았지만 각 세목의 종합문제에서 가산세에 관한 지문이 출제된 바 있으며, 35회에서 출제될 가능성이 70% 이상으로 예상되는 부분이다.

✦ **35회 중요도**

★★★

✦ **학습범위**

부동산 활동별 분류와 징수방법, 가산세 등을 중심으로 학습하여야 한다.

✦ **학습방법**

부동산 활동별 분류는 취득, 보유, 양도시 부과되는 조세의 예를 숙지하고, 징수방법에 따른 각 조세의 예와 징수흐름을 이해하면서 가산세의 구체적 내용을 학습하여야 한다.

✦ **핵심쟁점**

❶ 물납과 분할납부 허용 세목
❷ 부동산 활동별 분류
❸ 면세점, 소액징수면제, 최저한세
❹ 지방세의 부과징수방법
❺ 가산세

2 핵심 내용

❶ 납부이행의 방법

① 원칙: 금전납부, 일시불 납부
② 예외: 물납, 분할납부

▶ 물납과 분할납부가 허용되는 세목 25회, 32회

물납	① 지방세: 재산세
	② 국세: 상속세
분할납부	① 지방세: 재산세, 소방분 지역자원시설세(재산세 납세고지서에 병기하여 고지되는 경우), 지방교육세(재산세의 부가세), 종합소득에 대한 지방소득세 등
	② 국세: 종합부동산세, 양도소득세, 법인세, 상속세, 증여세, 농어촌특별세 등

• 종합부동산세, 양도소득세: 분할납부는 허용되지만, 물납은 허용되지 않는다.

❷ 조세의 분류

1. 과세권자에 따른 분류

| 국세 | 소득세, 법인세, 종합부동산세, 상속세, 증여세, 부가가치세, 인지세, 농어촌특별세 등 |
| 지방세 | 취득세, 등록면허세, 재산세, 지역자원시설세, 지방교육세, 지방소득세, 지방소비세 등 |

특별시·광역시·도	취득세, 지역자원시설세, 지방교육세 등	특별자치시 · 특별자치도
도 또는 구	등록면허세 26회	
시·군 또는 구	재산세 등	
특별시·광역시 또는 시·군	지방소득세, 주민세	

2. 조세수입용도의 특정 여부에 따른 분류

| 보통세 | 목적세를 제외한 조세 |
| 목적세 | • 국세 : 교육세, 교통·에너지·환경세, 농어촌특별세
• 지방세 : 지역자원시설세, 지방교육세 |

3. 독립된 세원의 보유 여부에 따른 분류

독립세	부가세를 제외한 대부분의 조세
부가세	• 국세 : 교육세, 농어촌특별세 • 지방세 : 지방교육세 ※ 지방소득세는 2014년부터 독립세로 전환하였음!

4. 부동산 활동에 따른 분류 25회, 30회

구분	부동산취득시 조세	부동산보유·이용시 조세	부동산양도시 조세
지방세	• 취득세 • 등록면허세 • 지방교육세 • 지방소비세	• 재산세 • 지역자원시설세(소방분) • 지방교육세 • 지방소득세 • 지방소비세	• 지방소득세 • 지방소비세
국세	• 상속세 • 증여세 • 농어촌특별세 • 부가가치세 • 인지세	• 종합부동산세 • 종합소득세(부동산임대업) • 농어촌특별세 • 부가가치세(부동산임대업)	• 양도소득세 • 종합소득세(부동산매매업) • 농어촌특별세 • 부가가치세 • 인지세

부동산취득·보유·양도에 관련된 조세	농어촌특별세·부가가치세·지방소비세
부동산취득·보유시에만 관련된 조세	지방교육세
부동산보유·양도시에만 관련된 조세	지방소득세, 종합소득세
부동산취득·양도시에만 관련된 조세	인지세(보유시에도 부과된다는 견해有)

❸ 주요 세법용어

1. 면세점

과세표준이 일정한 금액 이하일 때에는 과세하지 아니한다고 규정하는 경우의 일정한 금액을 말한다.

취득세	① 취득가액이 50만원 이하인 경우에는 과세 × ② 취득가액이 50만원인 경우에는 과세 ×
사업소분 주민세	해당 사업소 연면적 330㎡ 이하인 경우에는 (연면적에 따른 세율) 과세 ×
종업원분 주민세	해당 사업소 종업원 급여총액의 월 평균금액이 1억 5,000만원 이하인 경우에는 과세 ×

2. 소액징수면제

산출세액이 일정금액에 미달하는 경우에는 징수하지 않는 것을 말한다.

재산세, 지역자원시설세, 지방소득세	① 고지서 1장당 세액 2,000원 미만인 경우에는 징수 × ② 세액이 2,000원인 경우에는 징수 ○

3. 등록면허세의 최저한세(부동산등기의 경우)

① 수수료적 성격
② 면세점 ×, 소액징수면제 ×
③ 부동산등기의 경우: 산출한 세액이 그 밖의 등기(말소, 변경등기) 세율보다 적을 때에는 그 밖의 등기 세율(6,000원)을 적용한다. 즉, 등록면허세액이 6,000원 미만인 경우 6,000원으로 한다.

4. 지방세의 부과징수

신고납부	• 납세의무자가 그 납부할 지방세의 과세표준과 세액을 신고하고, 신고한 세금을 납부하는 것 • 취득세, 등록면허세, 지역자원시설세(특정자원분 및 특정시설분), 지방소득세, 지방교육세(취득세 등 부가세), 지방소비세 등
보통징수	• 세무공무원이 납세고지서를 납세자에게 발급하여 지방세를 징수하는 것 ³¹회 • 재산세, 소방분 지역자원시설세, 지방교육세(재산세 부가세) 등
특별징수	• 지방세를 징수할 때 편의상 징수할 여건이 좋은 자로 하여금 징수하게 하고 그 징수한 세금을 납부하게 하는 것 ³¹회 • 지방소득세, 등록에 대한 등록면허세 등

5. 가산세

의의	세법에 규정하는 의무의 성실한 이행을 확보하기 위하여 그 세법에 의하여 산출한 세액에 가산하여 징수하는 금액을 말한다.
특징	① 해당 국세·지방세의 세목으로 한다. ²²회 ② 해당 국세·지방세를 감면하는 경우에도 가산세는 감면대상에 포함하지 않는다. ²²회

6. 가산세 종합

구분	지방세	국세
신고납부가 원칙인 경우	① 신고불성실 가산세27회 ㉠ 부정무신고·부정과소신고가산세: 40% ㉡ 무신고가산세: 20% ㉢ 과소신고가산세: 10% ② (납세고지 전) 납부지연가산세(75% 한도): 　1일 경과시마다 0.022%	① 신고불성실 가산세 ㉠ 부정무신고·부정과소신고가산세: 40% ㉡ 무신고 가산세: 20% ㉢ 과소신고가산세: 10% ② (납부고지 전) 납부지연가산세: 1일 경과시마 다 0.022%
보통징수 (정부부과 과세)하는 경우	(납세고지 후) 납부지연가산세 적용(① + ②) ① 3% ② 매 1개월 경과시마다 0.75% ㉠ 60개월까지 적용 ㉡ 체납지방세가 30만원 미만(2024년 개정 안: 40만원 미만)인 경우에는 적용하지 않음 ㉢ 납세의무자가 지방자치단체 또는 지방자 치단체조합인 경우에는 ①, ②의 가산세 를 적용하지 아니한다.	(납부고지 후) 납부지연가산세 적용(① + ②) ① 3% ② 1일 경과시마다 0.022% ㉠ 5년까지 적용 ㉡ 체납국세가 150만원 미만인 경우에는 적 용하지 않음

3 대표 기출문제

제30회 출제

01 국내 소재 부동산의 보유단계에서 부담할 수 있는 세목은 모두 몇 개인가?

> • 농어촌특별세
> • 지방교육세
> • 개인지방소득세
> • 건축물에 대한 지역자원시설세

① 0개　　　　② 1개　　　　③ 2개　　　　④ 3개　　　　⑤ 4개

> **해설**
> • 농어촌특별세: 부동산취득·보유·양도 모든 단계에서 부담할 수 있다.
> • 지방교육세: 부동산취득·보유단계에서만 부담할 수 있다.
> • 개인 지방소득세: 부동산보유·양도단계에서만 부담할 수 있다.
> • 건축물(소방분)에 대한 지역자원시설세: 부동산보유단계에서 부담할 수 있다.
>
> 답 ⑤

제31회 출제

02 지방세기본법 및 지방세법상 용어의 정의에 관한 설명으로 틀린 것은?

① "보통징수"란 지방세를 징수할 때 편의상 징수할 여건이 좋은 자로 하여금 징수하게 하고 그 징수한 세금을 납부하게 하는 것을 말한다.

② 취득세에서 사용하는 용어 중 "부동산"이란 토지 및 건축물을 말한다.

③ "세무공무원"이란 지방자치단체의 장 또는 지방세의 부과·징수 등에 관한 사무를 위임받은 공무원을 말한다.

④ "납세자"란 납세의무자(연대납세의무자와 제2차 납세의무자 및 보증인 포함)와 특별징수의무자를 말한다.

⑤ "지방자치단체의 징수금"이란 지방세 및 체납처분비를 말한다.

> **해설**
> "보통징수"란 세무공무원이 납세고지서를 납세자에게 발급하여 지방세를 징수하는 것을 말한다.
> "특별징수"란 지방세를 징수할 때 편의상 징수할 여건이 좋은 자로 하여금 징수하게 하고 그 징수한 세금을 납부하게 하는 것을 말한다.
>
> 답 ①

4 출제 예상문제

01 2024년 5월 중 부동산을 취득하는 경우 취득단계에서 부담할 수 있는 세금을 모두 고른 것은?

> ㉠ 재산세 ㉡ 농어촌특별세 ㉢ 종합부동산세
>
> ㉣ 지방교육세 ㉤ 인지세

① ㉠, ㉡, ㉢   ② ㉠, ㉡, ㉤   ③ ㉠, ㉢, ㉣

④ ㉡, ㉣, ㉤   ⑤ ㉢, ㉣, ㉤

해설 ✦ ㉠ 재산세와 ㉢ 종합부동산세는 부동산 보유단계에서 부과되는 조세이며, ㉡ 농어촌특별세, ㉣ 지방교육세, ㉤ 인지세는 부동산 취득단계에서 부담할 수 있는 세금이다.

정답 ✦ ④

02 조세의 징수방법에 관한 설명 중 틀린 것은?

① 신고납부하는 지방세로는 취득세, 등록에 대한 등록면허세, 지방교육세(취득세의 부가세) 등이 있다.

② 종합부동산세는 정부부과과세방법으로만 징수한다.

③ 재산세는 보통징수방법으로만 징수하는 지방세이다.

④ 소득세(양도소득세 포함)는 납세의무자가 세금을 계산하여 신고하고 납부하는 조세이다.

⑤ 등록에 대한 등록면허세는 특별징수로 징수되는 경우가 있다.

해설 ✦ ② 종합부동산세는 원칙적으로 과세권자의 결정에 의해 납세의무가 확정되지만, 예외적으로 납세의무자가 신고납부를 선택하는 경우에는 납세의무자가 신고하는 때에 납세의무가 확정된다. 이 경우 과세권자의 결정은 없었던 것으로 본다.

정답 ✦ ②

03 「지방세기본법」상 가산세에 관한 내용으로 옳은 것은?

① 무신고가산세(사기나 그 밖의 부정한 행위로 인하지 않은 경우): 무신고납부세액의 100분의 20에 상당하는 금액

② 무신고가산세(사기나 그 밖의 부정한 행위로 인한 경우): 무신고납부세액의 100분의 50에 상당하는 금액

③ 과소신고가산세(사기나 그 밖의 부정한 행위로 인하지 않은 경우): 과소신고분 세액의 100분의 20에 상당하는 금액

④ 과소신고가산세(사기나 그 밖의 부정한 행위로 인한 경우): 부정과소신고분 세액의 100분의 50에 상당하는 금액

⑤ (납세고지 전)납부지연가산세: 납부하지 아니한 세액의 100분의 20에 상당하는 금액

해설 ✦ ② 무신고가산세(사기나 그 밖의 부정한 행위로 인한 경우): 무신고납부세액의 100분의 40에 상당하는 금액
　　　③ 과소신고가산세(사기나 그 밖의 부정한 행위로 인하지 않은 경우): 과소신고분 세액의 100분의 10에 상당하는 금액
　　　④ 과소신고가산세(사기나 그 밖의 부정한 행위로 인한 경우): 부정과소신고분 세액의 100분의 40에 상당하는 금액
　　　⑤ (납세고지 전)납부지연가산세(납부하지 아니한 세액·과소납부분 세액의 최대 75% 한도): 납부하지 아니한 세액의 100,000분의 22(0.022%)에 상당하는 금액

정답 ✦ ①

04 다음 「국세기본법」에 관한 설명으로 옳은 것은 모두 몇 개인가? (단, 국가와 지방자치단체 및 지방자치단체조합이 아니며 초과환급 및 징수유예는 없음)

> ㉠ 국세의 납부지연가산세 규정을 적용할 때 납부고지서에 따른 납부기한의 다음 날부터 납부일까지의 기간(「국세징수법」제13조에 따라 지정납부기한과 독촉장에서 정하는 기한을 연장한 경우에는 그 연장기간은 제외한다)이 5년을 초과하는 경우에는 그 기간은 5년으로 한다.
> ㉡ 종합부동산세를 납부고지서에 기재된 법정납부기한 내에 납부하지 않은 경우에 미납세액의 100분의 3에 해당하는 금액과 1일 100,000분의 22에 해당하는 금액을 합한 금액을 납부지연가산세로 한다.
> ㉢ 양도소득세를 예정신고기한 내에 신고하지 않은 경우에 무신고가산세(사기나 그 밖의 부정한 행위로 인하지 않은 경우)는 무신고납부세액의 100분의 20에 상당하는 금액이다.
> ㉣ 체납된 국세의 납부고지서별·세목별 세액이 150만원 미만인 경우에는 「국세기본법」제47조의4 제1항 제1호 및 제2호의 가산세를 적용하지 아니한다.

① 0개   ② 1개   ③ 2개   ④ 3개   ⑤ 4개

해설 ✦ ㉠㉡㉢㉣ 모두 옳은 지문이다.

정답 ✦ ⑤

05 「지방세법」상 면세점과 소액징수면제, 최저한세 등에 대한 설명 중 옳은 것은?

① 등록에 대한 등록면허세의 산출세액이 6,000원인 경우에는 등록에 대한 등록면허세를 징수하지 않는다.

② 사업소분 주민세를 부과하는 경우에 사업소 연면적이 660㎡ 이하인 경우에는 「지방세법」 제81조 제1항 제2호에 따른 세액을 부과하지 아니한다.

③ 취득세의 과세대상 물건의 취득가액이 50만원인 때에는 취득세를 부과하지 않는다.

④ 재산세의 고지서 1장당 세액이 2,000원인 때에는 해당 재산세를 징수하지 않는다.

⑤ 지역자원시설세로 징수할 세액이 고지서 1장당 2,000원인 경우에는 해당 지역자원시설세를 징수하지 않는다.

해설 ✦ ① 등록에 대한 등록면허세는 그 세액이 6,000원 미만인 경우에도 수수료적 성격의 조세이므로 최소 6,000원을 징수한다.
② 사업소분 주민세를 부과하는 경우에 사업소 연면적이 330㎡ 이하인 경우에는 「지방세법」 제81조 제1항 제2호에 따른 세액을 부과하지 아니한다.
④ 재산세의 고지서 1장당 세액이 2,000원 미만인 때에 재산세를 징수하지 않는다.
⑤ 지역자원시설세로 징수할 세액이 고지서 1장당 2,000원 미만인 경우에 해당 지역자원시설세를 징수하지 않는다.

정답 ✦ ③

납세의무의 성립과 확정 및 소멸

1 출제예상과 학습포인트

✦ 최근 기출회수

20회, 21회, 23회, 28회, 29회, 32회, 34회

✦ 35회 출제 예상

34회 시험에서 출제되었지만, 언제든지 또다시 출제될 수 있는 부분으로서 35회에서 출제될 가능성이 60% 이상이다.

✦ 35회 중요도

★★

✦ 학습범위

납세의무의 성립과 확정 및 소멸 단계별로 구분하여 부동산 주요세목의 내용을 중심으로 학습하여야 한다.

✦ 학습방법

각 주요 부동산 세금의 납세의무 성립시기를 숙지하여야 하며, 납세의무 확정은 징수방법을 활용하여 신고하는때 확정되는 조세와 과세관청의 결정에 의하여 확정되는 조세의 예를 숙지하고, 소멸사유와 함께 제척기간과 소멸시효기간을 알아 두어야 한다.

✦ 핵심쟁점

❶ 세목별 납세의무의 성립시기
❷ 세목별 세액의 확정방법
❸ 납세의무의 소멸사유의 구분
❹ 조세채권의 제척기간과 소멸시효기간

2 핵심 내용

❶ 납세의무의 성립

구분	성립일
취득세	해당 과세물건을 취득하는 때 19회, 20회
등록면허세	재산권 등의 권리를 등기·등록하는 때 19회, 20회
재산세, 지역자원시설세	과세기준일(6/1) 19회, 20회, 23회
종합부동산세	
소득세	과세기간이 끝나는 때. 20회 단, 예정신고납부하는 양도소득세 : 과세표준이 되는 금액이 발생한 달의 말일
농어촌특별세	본세의 납세의무가 성립하는 때 20회
지방교육세	본세의 납세의무가 성립하는 때 20회, 29회
지방소득세	그 과세표준이 되는 소득에 대하여 소득세 등의 납세의무가 성립하는 때 29회
인지세	과세문서를 작성하는 때
특별징수하는 지방소득세	그 과세표준이 되는 소득에 대하여 소득세·법인세를 원천징수하는 때
가산세	• 국세의 가산세 : 국세기본법의 구분에 따른 시기 • 지방세의 가산세 : 지방세기본법의 구분에 따른 시기

기타
지방세
및 국세
	1. 수시부과에 의하여 징수하는 국세·지방세 : 수시부과사유가 발생하는 때 20회
	2. 주민세
	  ① 개인분 및 사업소분 : 과세기준일(7/1) 29회
	  ② 종업원분 : 종업원에게 급여를 지급하는 때
	3. 상속세, 증여세 : 상속이 개시되는 때, 증여에 의하여 재산을 취득하는 때

❷ 납세의무의 확정 21회, 23회, 24회, 32회

구분		신고납부(신고납세)	보통징수(부과과세)
납세의무의 확정	주체	납세의무자	과세주체
	시기	과세표준과 세액을 신고하는 때	과세주체가 과세표준과 세액을 결정하는 때
적용세목		① **지방세**: 취득세, 등록에 대한 등록면허세, 지역자원시설세(특정자원분 및 특정시설분), 지방소비세, 지방소득세, 지방교육세(신고납부세목을 본세로 하는 경우) 등 ② **국세**: 소득세(양도소득세 포함), 법인세, 부가가치세, 종합부동산세(납세의무자가 신고납세를 선택하는 경우) 등	① **지방세**: 재산세, 지역자원시설세(소방분), 면허에 대한 등록면허세, 지방교육세(보통징수 세목을 본세로 하는 경우) 등 ② **국세**: 종합부동산세, 상속세, 증여세 등

구분	확정방법
농어촌특별세	본세의 확정방법에 의해 세액 확정
지방교육세	
지방소득세	그 과세표준이 되는 소득에 대하여 소득세나 법인세가 확정되는 때
인지세	납세의무 성립 시 별도의 절차 없이 자동 확정 *납세고지서에 따른 납부기한 후의 가산세로 한정
원천징수하는 소득세	
납부지연가산세*	
특별징수하는 지방소득세	
가산세	이를 가산할 국세·지방세가 확정되는 때

❸ 납세의무의 소멸

① 소멸사유

   ㉠ **소멸사유**: 납부, 충당, 부과의 취소, 제척기간 만료, 소멸시효 완성

   ㉡ **소멸사유 아닌 것**: 부과의 철회, 납세자의 사망, 법인의 합병 등

② 제척기간(중단과 정지가 없음)

㉠ 국세 제척기간

구분	대부분 국세	상속세, 증여세, 부담부증여에 따른 소득세
사기나 그 밖의 부정한 행위로 조세를 포탈하거나 환급·경감하는 경우	10년(역외거래: 15년)	15년
법정신고기한까지 과세표준신고서를 제출하지 아니한 경우	7년(역외거래: 10년)	15년
그 밖의 경우	5년(역외거래: 7년)	10년

㉡ 지방세 제척기간

사유	제척기간
ⓐ 사기나 그 밖의 부정한 행위로 지방세를 포탈하거나 환급·경감하는 경우 ⓑ 상속 또는 증여(부담부 증여 포함)를 원인으로 취득하는 경우로서 법정신고기한까지 과세표준신고서를 제출하지 아니한 경우 ⓒ 「부동산 실권리자명의 등기에 관한 법률」 제2조 제1호에 따른 명의신탁약정으로 실권리자가 사실상 취득하는 경우로서 법정신고기한까지 과세표준신고서를 제출하지 아니한 경우 ⓓ 타인의 명의로 법인의 주식 또는 지분을 취득하였지만 해당 주식 또는 지분의 실권리자인 자가 과점주주가 되어 해당 법인의 부동산을 취득한 것으로 보는 경우로서 법정신고기한까지 과세표준신고서를 제출하지 아니한 경우	10년
ⓑ부터 ⓓ 이외의 경우로서 납세자가 법정신고기한까지 과세표준신고서를 제출하지 아니한 경우	7년
그 밖의 경우	5년

③ 소멸시효

㉠ 소멸시효기간

지방세	ⓐ 가산세를 제외한 금액이 5천만원 미만: 5년 ⓑ 가산세를 제외한 금액이 5천만원 이상: 10년
국세	ⓐ 가산세를 제외한 금액이 5억원 미만: 5년 ⓑ 가산세를 제외한 금액이 5억원 이상: 10년

ⓛ 시효의 중단과 정지

중단사유	ⓐ 납세고지 ⓑ 독촉 또는 납부최고 ⓒ 교부청구 ⓓ 압류
정지사유	ⓐ 분할납부기간 ⓑ 징수유예기간 ⓒ 사해행위취소의 소송을 제기하여 그 소송이 진행 중인 기간 ⓓ 연부연납기간 ⓔ 채권자 대위소송을 제기하여 소송이 진행 중인 기간 ⓕ 체납자가 국외에 6개월 이상 계속하여 체류하는 경우 해당 국외 체류기간

❹ 기한후 신고 및 수정신고

구분	기한 후 신고	수정신고
대상자	① 법정신고기한 내에 과세표준신고서를 제출하지 아니한 자 ② 신고납부세목 중에서 납부할 세액이 있는 자 또는 환급받을 세액이 있는 자 모두	법정신고기한 내에 과세표준신고서를 제출한 자로서 과소신고한 자
신고기한	결정통지하기 전까지	경정통지하기 전까지
신고납부 절차	기한 후 신고서를 제출한 자로서 납부하여야 할 세액이 있는 자는 그 세액을 납부하여야 함	ー
가산세 부과	① 무신고가산세 ② 납부지연가산세	① 과소신고가산세 ② 납부지연가산세
가산세 감면	① 1개월 이내에 신고한 경우: 무신고가산세 50% 감면 ② 법정신고기한이 지난 후 1개월 초과 3개월 이내에 기한 후 신고를 한 경우: 무신고가산세 30% 감면 ③ 3개월 초과 6개월 이내에 신고한 경우: 무신고가산세 20% 감면	① 1개월 이내에 신고: 과소신고가산세 90% 감면 ② 3개월 이내에 신고: 과소신고가산세 75% 감면 ③ 6개월 이내에 신고: 과소신고가산세 50% 감면 ④ 1년 이내에 신고: 과소신고가산세 30% 감면 ⑤ 1년 6개월 이내에 신고: 과소신고가산세 20% 감면 ⑥ 2년 이내에 신고: 과소신고가산세 10% 감면
납부지연 가산세	감면 없음	감면 없음

| 세액결정 | 기한 후 신고서를 제출한 경우 지방자치단체의 장은 「지방세법」에 따라 신고일로부터 3개월 이내에 그 지방세의 과세표준과 세액을 결정하여 신고인에게 통지하여야 함. 즉, 납세의무자의 기한 후 신고는 납세의무 확정효력 × | – |

✦ 양도소득세 예정신고기한 내에 무신고·과소신고 후 확정신고기한까지 신고 또는 수정신고한 경우에는 무신고·과소신고가산세의 50%를 감면한다.

3 대표 기출문제

제29회 수정

01 국세 및 지방세의 납세의무 성립시기에 관한 내용으로 옳은 것은? (단, 특별징수 및 수시부과와 무관함)

① 개인분 주민세: 매년 7월 1일
② 거주자의 양도소득에 대한 지방소득세: 매년 3월 31일
③ 재산세에 부가되는 지방교육세: 매년 8월 1일
④ 중간예납 하는 소득세: 매년 12월 31일
⑤ 자동차 소유에 대한 자동차세: 납기가 있는 달의 10일

> **해설**
> 개인분 및 사업소분 주민세는 과세기준일(매년 7월 1일)에 납세의무가 성립한다.
> ② 거주자의 양도소득에 대한 지방소득세: 과세표준이 되는 소득에 대하여 소득세·법인세의 납세의무가 성립하는 때에 납세의무가 성립한다.
> ③ 재산세에 부가되는 지방교육세: 과세표준이 되는 세목의 납세의무가 성립하는 때, 즉 재산세의 과세기준일(매년 6월 1일)에 납세의무가 성립한다.
> ④ 중간예납 하는 소득세: 중간예납기간(1월 1일부터 6월 30일까지)이 끝나는 때에 납세의무가 성립한다.
> ⑤ 자동차 소유에 대한 자동차세: 납기(6월 16일부터 6월 30일까지, 12월 16일부터 12월 31일까지)가 있는 달의 1일에 납세의무가 성립한다.
>
> 답 ①

제28회 출제

02 지방세법기본상 지방자치단체의 징수금을 납부할 의무가 소멸되는 것은 모두 몇 개인가?

> ㄱ. 납부·충당되었을 때
> ㄴ. 지방세징수권의 소멸시효가 완성되었을 때
> ㄷ. 법인이 합병한 때
> ㄹ. 지방세부과의 제척기간이 만료되었을 때
> ㅁ. 납세의무자의 사망으로 상속이 개시된 때

① 1개   ② 2개   ③ 3개   ④ 4개   ⑤ 5개

해설

ㄱ. 납부, 충당, ㄴ. 지방세징수권의 소멸시효완성 및 ㄹ. 지방세부과의 제척기간의 만료는 납세의무의 소멸사유에 해당한다.

그러나 ㄷ. 법인이 합병한 때에는 합병 후 존속하는 법인 또는 합병으로 설립된 법인에게 납세의무가 승계되고, ㅁ. 납세의무자의 사망으로 상속이 개시된 때에는 상속인등에 납세의무가 승계된다.

답 ③

제32회 출제

03 甲의 부동산관련 조세의 납세의무에 관한 설명으로 **틀린** 것은? (단, 주어진 조건 외에는 고려하지 않음)

① 甲이 乙로부터 증여받은 것이라면 그 계약일에 취득세 납세의무가 성립한다.

② 甲이 乙로부터 부동산을 취득 후 재산세 과세기준일까지 등기하지 않았다면 재산세와 관련하여 乙은 부동산 소재지 관할 지방자치단체의 장에게 소유권변동사실을 신고할 의무가 있다.

③ 甲이 종합부동산세를 신고납부방식으로 납부하고자 하는 경우 과세표준과 세액을 해당 연도 12월 1일부터 12월 15일까지 관할 세무서장에게 신고하는 때에 종합부동산세 납세의무는 확정된다.

④ 甲이 乙로부터 부동산을 40만원에 취득한 경우 등록면허세 납세의무가 있다.

⑤ 양도소득세의 예정신고만으로 甲의 양도소득세 납세의무가 확정되지 아니한다.

해설

양도소득세는 납세의무자가 과세표준과 세액을 정부에 신고하는 때에 확정된다.

답 ⑤

---

4 출제 예상문제

01 각 세목별 납세의무 성립시기를 연결한 것으로 틀린 것은?

① 소득세 - 소득이 발생하는 때

② 재산세 - 과세기준일

③ 등록분 등록면허세 - 등기·등록하는 때

④ 취득세 - 과세물건을 취득하는 때

⑤ 지방세 가산세 - 이를 가산할 지방세의 납세의무가 성립하는 때

해설 ✦ 소득세는 과세기간이 끝나는 때에 납세의무가 성립한다.

정답 ✦ ①

02 부동산 관련 조세의 납세의무가 원칙적으로 확정되는 시기로 옳게 연결된 것은?

① 종합부동산세: 해당 종합부동산세의 과세표준과 세액을 정부가 결정하는 때

② 소득세: 해당 소득세의 과세표준과 세액을 정부가 결정하는 때

③ 취득세: 해당 취득세의 과세표준과 세액을 지방자치단체가 결정하는 때

④ 인지세: 해당 인지세의 과세표준과 세액을 정부에 신고하는 때

⑤ 재산세: 해당 재산세의 과세표준과 세액을 지방자치단체에 신고하는 때

해설 ✦ ② 소득세는 해당 소득세의 과세표준과 세액을 납세의무자가 신고하는 때이다.

③ 취득세는 해당 취득세의 과세표준과 세액을 납세의무자가 신고하는 때이다.

④ 인지세는 특별한 절차 없이 납세의무가 성립하는 때 세액이 자동으로 확정되는 조세이다.

⑤ 재산세는 해당 재산세의 과세표준과 세액을 지방자치단체장이 결정하는 때이다.

정답 ✦ ①

03 납세의무의 성립시기 및 확정에 대한 설명으로 옳은 것은?

① 취득세는 취득세 과세물건을 취득하는 때에 납세의무가 성립하고, 납세의무자가 과세표준과 세액을 지방자치단체에 신고하는 때에 확정된다.

② 소득세는 소득이 발생하는 때에 납세의무가 성립하고, 납세의무자가 과세표준과 세액을 정부에 신고하는 때에 확정된다.

③ 종합부동산세는 과세기간이 끝나는 때에 납세의무가 성립하고, 원칙적으로 납세의무자가 과세표준과 세액을 정부에 신고하는 때에 확정된다.

④ 등록에 대한 등록면허세는 재산권 등을 등기 또는 등록하는 때에 납세의무가 성립하고, 납세의무자의 신고가 있더라도 지방자치단체가 과세표준과 세액을 결정하는 때에 확정된다.

⑤ 재산세는 과세기준일에 납세의무가 성립하고, 납세의무자가 과세표준과 세액을 지방자치단체에 신고하는 때에 확정된다.

해설 ✦ ② 소득세는 과세기간이 끝나는 때에 납세의무가 성립하고, 납세의무자가 과세표준과 세액을 정부에 신고하는 때에 확정된다.

③ 종합부동산세는 과세기준일에 납세의무가 성립하고, 원칙적으로 정부가 결정하는 때에 확정된다.

④ 등록에 대한 등록면허세는 재산권 등을 등기 또는 등록하는 때에 납세의무가 성립하고, 납세의무자가 과세표준과 세액을 신고하는 때에 확정된다.

⑤ 재산세는 과세기준일(6월 1일)에 납세의무가 성립하고, 지방자치단체가 과세표준과 세액을 결정하는 때에 확정된다.

정답 ✦ ①

04 「지방세기본법」 및 「국세기본법」상 부과권의 제척기간과 징수권의 소멸시효에 대한 설명으로 틀린 것은?

① 국세 부과의 제척기간이란 국세 부과권의 법정존속기간을 말하며, 징수권의 소멸시효란 지방자치단체가 징수권을 일정 기간 행사하지 않으면 해당 권리를 소멸시키는 제도를 말한다.

② 국세 부과의 제척기간은 권리관계를 조속히 확정시키려는 것이므로 국세징수권 소멸시효와 동일하게 진행기간의 중단이나 정지가 있다.

③ 국세징수권 소멸시효의 중단사유에는 납세고지, 독촉 또는 납부최고, 교부청구, 압류가 있다.

④ 국세징수권의 소멸시효는 분납기간, 징수유예기간, 체납처분유예기간, 연부연납기간, 세무공무원이 「국세징수법」에 따른 사해행위 취소의 소를 제기하여 그 소송이 진행 중인 기간, 채권자 대위소송을 제기하여 그 소송이 진행 중인 기간에는 진행되지 않는다.

⑤ 5천만원 이상의 지방세 징수를 목적으로 하는 지방자치단체의 권리는 이를 행사할 수 있는 때부터 10년간 행사하지 않으면 소멸시효가 완성된다.

해설✦ ② 부과권의 제척기간은 법정존속기간이므로 소멸시효와는 달리 중단이나 정지가 없다.

정답✦ ②

05 지방세의 기한 후 신고 및 수정신고에 관한 설명으로 틀린 것은?

① 기한 후 신고는 지방자치단체의 장이 「지방세법」에 따라 그 지방세의 과세표준과 세액(가산세 포함)을 결정하여 통지하기 전까지 할 수 있다.

② 법정신고기한 후 1개월 초과 3개월 이내에 기한 후 신고를 한 경우 과소신고가산세 100분의 20을 감면받을 수 있다.

③ 법정신고기한 후 1개월 이내 수정신고를 한 경우에는 과소신고가산세 100분의 90을 감면받을 수 있다.

④ 납부지연가산세는 기한 후 신고의 경우에도 감면받을 수 없다.

⑤ 기한 후 신고서를 제출한 자로서 납부하여야 할 세액이 있는 자는 그 세액을 납부하여야 한다.

해설✦ ② 법정신고기한 후 1개월 초과 3개월 이내 기한 후 신고를 한 경우 무신고가산세 100분의 30을 감면받을 수 있다.

정답✦ ②

조세와 다른 채권의 관계

1 출제예상과 학습포인트

✦ **최근 기출회수**

29회, 30회

✦ **35회 출제 예상**

자주 출제되는 부분은 아니고 3~4년마다 한번씩 출제되는 부분이지만, 35회에서 출제될 가능성은 70% 이상이다.

✦ **35회 중요도**

★★★

✦ **학습범위**

조세의 징수금의 징수순위와 조세우선권의 예외를 숙지하여야 한다.

✦ **학습방법**

국세 및 지방세 우선권에서는 징수금의 징수순위를 숙지하여야 하며, 지방세 우선권의 예외에서 설정일자에 관계없이
피담보채권 보다 우선하는 조세의 예는 반드시 숙지하여야 한다.

✦ **핵심쟁점**

❶ 국세 및 지방세 징수금의 징수순위
❷ 조세채권 사이의 우선권
❸ 지방세 우선권의 예외
❹ 당해 재산세 부과된 조세

2 핵심 내용

❶ 국세 및 지방세 우선권

① 국세, 지방세, 가산금, 체납처분비(국세: 강제징수비)는 다른 공과금 기타 채권에 우선하여 징수한다.

> ㉠ 국세 징수금의 징수순위: 강제징수비 ➪ 국세(가산세 제외) ➪ 가산세
> ㉡ 지방세 징수금의 징수순위: 체납처분비 ➪ 지방세(가산세 제외) ➪ 가산세

② 조세채권 사이의 우선권: 담보된 조세 ➪ 압류한 조세 ➪ 교부청구한 조세 29회

❷ 지방세 우선권의 예외

구분	법정기일 후에 저당권 등이 설정된 경우	법정기일 전에 저당권 등이 설정된 경우
1순위	공익비용 또는 체납처분비	공익비용 또는 체납처분비
2순위	소액임차보증금(주택·상가건물), 최종 3개월분의 임금 등	소액임차보증금(주택·상가건물), 최종 3개월분의 임금 등
3순위	당해 재산에 부과된 조세*	당해 재산에 부과된 조세*
4순위	지방세·가산금	피담보채권, 법정기일 전에 대항요건과 확정일자를 갖춘 (상가·주택)임차보증금
5순위	피담보채권	기타 임금채권
6순위	기타 임금채권	지방세·가산금
7순위	일반채권(공과금과 기타의 채권)	일반채권(공과금과 기타의 채권)

* 당해 재산에 부과된 조세는 설정일자에 관계없이 피담보채권보다 우선한다.

✦ 당해 재산에 부과된 조세: 재산세, 지역자원시설세(소방분), 지방교육세(재산세·자동차세의 부가세), 자동차세, 종합부동산세, 상속세, 증여세 22회, 30회

✦ 다만, 경매·공매 시 해당 재산에 부과된 재산세, (소방분)지역자원시설세, 지방교육세(재산세의 부가세), 상속세, 증여세 및 종합부동산세의 법정기일이 임차인의 확정일자보다 늦은 경우 그 배분 예정액에 한하여 주택임차보증금에 먼저 배분됨.

3 대표 기출문제

제29회 출제

01 「국세기본법」 및 「지방세기본법」상 조세채권과 일반채권의 관계에 관한 설명으로 <u>틀린</u> 것은?

① 납세담보물 매각시 압류에 관계되는 조세채권은 담보가 있는 조세채권보다 우선한다.

② 재산의 매각대금 배분시 당해 재산에 부과된 종합부동산세는 당해 재산에 설정된 전세권에 따라 담보된 채권보다 우선한다.

③ 취득세 신고서를 납세지 관할 지방자치단체장에게 제출한 날 전에 저당권설정등기 사실이 증명되는 재산을 매각하여 그 매각금액에서 취득세를 징수하는 경우, 저당권에 따라 담보된 채권은 취득세에 우선한다.

④ 강제집행으로 부동산을 매각할 때 그 매각금액 중에 국세를 징수하는 경우, 강제집행 비용은 국세에 우선한다.

⑤ 재산의 매각대금 배분시 당해 재산에 부과된 재산세는 당해 재산에 설정된 저당권에 따라 담보된 채권보다 우선한다.

해설

① 조세채권 사이의 우선권은 '담보된 조세 ⇨ 압류한 조세 ⇨ 교부청구한 조세'의 순서로 징수한다.

답 ①

제30회 출제

02 국내 소재 부동산의 보유단계에서 부담할 수 있는 세목은 모두 몇 개인가?

• 농어촌특별세	• 지방교육세
• 개인지방소득세	• 건축물에 대한 지역자원시설세

① 0개　　　　② 1개　　　　③ 2개　　　　④ 3개　　　　⑤ 4개

> **해설**
>
> 농어촌특별세는 모든 단계, 지방교육세는 취득과 보유단계에서, 개인지방소득세는 보유와 처분단계, 지역자원시설세는 보유단계에서 부과된다.
>
> 따라서 농어촌특별세, 지방교육세, 지방소득세 및 건축물(소방분)에 대한 지역자원시설세 4개 모두 보유단계에서 부담할 수 있는 세목이다.
>
> 답 ⑤

4 출제 예상문제

01 「국세기본법」에 의해 국세를 징수하는 경우 그 순서로 옳은 것은?

① 국세 ⇨ 가산세 ⇨ 강제징수비
② 국세 ⇨ 강제징수비 ⇨ 가산세
③ 강제징수비 ⇨ 가산세 ⇨ 국세(가산세 제외)
④ 강제징수비 ⇨ 국세(가산세 제외) ⇨ 가산세
⑤ 가산세 ⇨ 국세 ⇨ 강제징수비

해설 ✦ 국세의 징수금은 다른 공과금과 그 밖의 채권에 우선하여 징수한다. 이 경우 징수순서는 '강제징수비 ⇨ 국세(가산세 제외) ⇨ 가산세' 순이다.

정답 ✦ ④

02 체납된 조세의 법정기일 전에 채권담보를 위해 甲이 저당권설정등기를 한 사실이 부동산등기부 등본에 증명되는 甲소유의 토지 A의 공매대금에 대하여 그 조세와 피담보채권이 경합되는 경우, 피담보채권보다 우선 징수하는 조세가 <u>아닌</u> 것은? (단, 토지 A에 다음 보기의 조세가 부과됨)

① 취득세
② 종합부동산세
③ 소방분 지역자원시설세
④ 재산세
⑤ 재산세에 부가되는 지방교육세

해설 ✦ 취득세는 그 재산에 부과된 조세(당해세)가 아니므로 법정기일 전에 설정된 저당권 등에 의해 담보되는 채권에 우선하는 조세가 아니다.

정답 ✦ ①

04 조세의 불복제도 및 서류의 송달

1 출제예상과 학습포인트

✦ 최근 기출회수
  23회, 24회, 30회, 33회

✦ 35회 출제 예상
  자주 출제되는 부분은 아니고 3~4년마다 한번씩 출제되는 부분이지만, 33회에서 조세의 불복제도 및 서류의 송달에서 각각 1문제씩 출제되었으며 35회 출제될 가능성은 30% 이상이다.

✦ 35회 중요도
  ★

✦ 학습범위
  조세의 불복절차와 서류의 송달방법을 학습하여야 한다.

✦ 학습방법
  조세불복절차의 흐름과 기간 등을 숙지하고, 서류의 송달 방법 및 공시송달의 사유를 살펴보면 된다.

✦ 핵심쟁점
  ❶ 국세 및 지방세 불복절차
  ❷ 불복절차의 중요법령
  ❸ 서류의 송달방법
  ❹ 공시송달의 사유와 유치송달의 사유를 비교

2 핵심 내용

❶ 조세의 불복제도

(1) 조세의 불복제도

① 국세의 불복제도

구분	청구기간	결정권자	결정기간
이의신청	90일	세무서장·지방국세청장	30일
심사청구	90일	국세청장	90일
심판청구	90일	조세심판관회의	90일
감사원의 심사청구	90일	감사원장	3개월
행정소송	90일	행정법원	–

② 지방세의 불복제도

구분	청구기간	결정권자	결정기간
이의신청	90일	㉠ 도세: 도지사 ㉡ 시·군세: 시장·군수	90일
심판청구	90일	조세심판원장	90일
감사원의 심사청구	90일	감사원장	3개월
행정소송	90일	행정법원	–

③ 불복절차의 중요법령 23회, 30회, 33회

㉠ 국세

- 이의신청은 임의적인 불복제도로서 납세자가 선택하지 않을 수 있다.
- 심사청구와 심판청구는 선택적인 필수절차이다. 다만 둘 중 하나만 거치면 행정소송이 가능하다.
- 동일한 처분에 대하여 심사청구와 심판청구는 중복청구가 불가하다.

㉡ 지방세

- 이의신청은 임의적인 불복제도로서 납세자가 선택하지 않을 수 있다.
- 「지방세기본법」상 이의신청, 심판청구는 그 처분의 집행에 효력을 미치지 아니한다. 다만, 압류한 재산에 대하여는 이의신청, 심판청구의 결정처분이 있는 날부터 30일까지 공매처분을 보류할 수 있다.

- 「지방세기본법」상 이의신청인이 재해 등을 입어 이의신청기간 내에 이의신청을 할 수 없을 때에는 그 사유가 소멸한 날부터 14일 이내에 이의신청을 할 수 있다.
- 지방세도 국세와 동일하게 조세불복절차는 불복청구절차 또는 감사원의 심사청구를 거치지 않으면 행정법원에 행정소송을 제기할 수 없다.
- 이의신청인은 신청 또는 청구 금액이 1천만원(2024년 개정안: 2천만원) 미만인 경우에는 그의 배우자, 4촌 이내의 혈족 또는 그의 배우자의 4촌 이내 혈족을 대리인으로 선임할 수 있다.
- 보정기간은 「지방세기본법」 제96조에 따른 결정기간에 포함하지 않는다.

❷ 서류의 송달

① **서류의 송달방법**
  ㉠ 원칙: 우편송달, 교부송달, 전자송달
  ㉡ 예외: 공시송달(교부나 우편송달이 불가능한 경우)
② **공시송달**: 서류의 송달을 받아야 할 자가 다음의 어느 하나에 해당하는 경우에는 서류의 주요 내용을 공고한 날부터 14일이 지나면 서류의 송달이 된 것으로 본다.
  ㉠ 공시송달의 사유 24회
    ⓐ 주소 또는 영업소가 국외에 있고 그 송달이 곤란한 경우
    ⓑ 주소 또는 영업소가 분명하지 아니한 경우
    ⓒ 서류를 우편으로 송달하였으나 받을 사람(사용인 등 사리판별이 가능한 자 포함)이 없는 것으로 확인되어 반송됨으로써 납부기한 내에 송달하기 곤란하다고 인정되는 경우
    ⓓ 세무공무원이 2회 이상 납세자를 방문하여 서류를 교부하려고 하였으나 받을 사람(사용인 등 사리판별이 가능한 자 포함)이 없는 것으로 확인되어 납부기한 내에 송달하기 곤란하다고 인정되는 경우
  ㉡ 공시송달의 방법
    ⓐ 공시송달의 경우 서류의 공고는 지방세정보통신망, 시·군의 게시판에 게시하거나 관보·공보 또는 일간신문에 게재하는 방법으로 한다.
    ⓑ 이 경우 지방세 정보통신망이나 지방자치단체의 정보통신망을 이용하여 공시송달을 할 때에는 다른 공시방법과 함께 하여야 한다.
③ **유치송달**: 서류의 송달을 받아야 할 자 또는 그 사용인, 그 밖의 종업원 또는 동거인으로서 사리를 판별할 수 있는 사람이 정당한 사유 없이 서류의 송달을 거부하면 송달할 장소에 서류를 둘 수 있다.
④ **불복절차의 중요법령** 33회
  - 연대납세의무자에게 납세의 고지에 관한 서류를 송달할 때에는 연대납세의무자 모두에게 각각 송달하여야 한다.

- 기한을 정하여 납세고지서를 송달하였더라도 서류가 도달한 날부터 7일이 되는 날에 납부기한이 되는 경우 지방자치단체의 징수금의 납부기한은 해당 서류가 도달한 날부터 14일이 지난 날로 한다.
- 납세관리인이 있을 때에는 납세의 고지와 독촉에 관한 서류는 그 납세관리인의 주소 또는 영업소에 송달한다.
- 교부에 의한 서류송달의 경우에 송달할 장소에서 서류를 송달받아야 할 자를 만나지 못하였을 때에는 그의 사용인으로서 사리를 분별할 수 있는 사람에게 서류를 송달할 수 있다.
- 서류송달을 받아야 할 자의 주소 또는 영업소가 분명하지 아니한 경우에는 서류의 주요 내용을 공고한 날부터 14일이 지나면 서류의 송달이 된 것으로 본다.

3 대표 기출문제

제33회 출제

01 「지방세기본법」상 이의신청과 심판청구에 관한 설명으로 옳은 것을 모두 고른 것은?

> ㄱ. 통고처분은 이의신청 또는 심판청구의 대상이 되는 처분에 포함된다.
> ㄴ. 이의신청인은 신청 또는 청구 금액이 8백만원인 경우에는 그의 배우자를 대리인으로 선임할 수 있다.
> ㄷ. 보정기간은 결정기간에 포함하지 아니한다.
> ㄹ. 이의신청을 거치지 아니하고 바로 심판청구를 할 수는 없다.

① ㄱ   ② ㄴ   ③ ㄱ, ㄹ   ④ ㄴ, ㄷ   ⑤ ㄷ, ㄹ

해설

ㄱ. 통고처분은 이의신청 또는 심판청구의 대상이 되는 처분에 포함 되지 않는다.
ㄴ. 이의신청인은 신청 또는 청구 금액이 1천만원 미만인 경우에는 그의 배우자, 4촌 이내의 혈족 또는 그의 배우자의 4촌 이내 혈족을 대리인으로 선임할 수 있으므로 옳은 지문이다.
ㄷ. 보정기간은 「지방세기본법」 제96조에 따른 결정기간에 포함하지 아니하므로 옳은 지문이다.
ㄹ. 이의신청절차는 임의적이므로 이의신청을 거치지 아니하고 바로 심판청구를 할 수 있다.

답 ④

02 「지방세기본법」상 서류의 송달에 관한 설명으로 틀린 것은?

① 연대납세의무자에게 납세의 고지에 관한 서류를 송달할 때에는 연대납세의무자 모두에게 각각 송달하여야 한다.

② 기한을 정하여 납세고지서를 송달하였더라도 서류가 도달한 날부터 10일이 되는 날에 납부기한이 되는 경우 지방자치단체의 징수금의 납부기한은 해당 서류가 도달한 날부터 14일이 지난 날로 한다.

③ 납세관리인이 있을 때에는 납세의 고지와 독촉에 관한 서류는 그 납세관리인의 주소 또는 영업소에 송달한다.

④ 교부에 의한 서류송달의 경우에 송달할 장소에서 서류를 송달받아야 할 자를 만나지 못하였을 때에는 그의 사용인으로서 사리를 분별할 수 있는 사람에게 서류를 송달할 수 있다.

⑤ 서류송달을 받아야 할 자의 주소 또는 영업소가 분명하지 아니한 경우에는 서류의 주요 내용을 공고한 날부터 14일이 지나면 서류의 송달이 된 것으로 본다.

해설

② 기한을 정하여 납세고지서를 송달하였더라도 서류가 도달한 날부터 7일 이내에 납부기한이 되는 경우 지방자치단체의 징수금의 납부기한은 해당 서류가 도달한 날부터 14일이 지난 날로 한다.

답 ②

4 출제 예상문제

01 「지방세기본법」상 이의신청·심판청구에 관한 설명으로 <u>틀린</u> 것은?

① 「지방세기본법」에 따른 과태료의 부과처분을 받은 자는 이의신청 또는 심판청구를 할 수 없다.

② 심판청구는 그 처분의 집행에 효력이 미치지 아니하지만 압류한 재산에 대하여는 심판청구의 결정이 있는 날부터 30일까지 그 공매처분을 보류할 수 있다.

③ 지방세에 관한 불복시 불복청구인은 불복청구절차 또는 감사원의 심사청구를 거치지 아니하고도 행정소송을 제기할 수 있다.

④ 이의신청인은 신청금액이 1천만원(2024년 개정안: 2천만원) 미만인 경우에는 그의 배우자, 4촌 이내의 혈족 또는 그의 배우자의 4촌 이내 혈족을 대리인으로 선임할 수 있다.

⑤ 「감사원법」에 따른 심사청구를 거친 경우에는 「지방세기본법」에 따른 심판청구를 거친 것으로 보고 행정소송을 제기할 수 있다.

해설 ✦ ③ 지방세에 관한 불복시 불복청구인은 조세불복절차 또는 감사원의 심사청구를 거치지 아니하면 행정소송을 제기할 수 없다.

정답 ✦ ③

02 「지방세기본법」상 공시송달할 수 있는 경우가 <u>아닌</u> 것은?

① 송달을 받아야 할 자의 주소 또는 영업소가 국외에 있고 그 송달이 곤란한 경우

② 송달을 받아야 할 자의 주소 또는 영업소가 분명하지 아니한 경우

③ 서류를 우편으로 송달하였으나 받을 사람이 없는 것으로 확인되어 반송됨으로써 납부기한 내에 송달하기 곤란하다고 인정되는 경우

④ 서류를 송달할 장소에서 송달을 받을 자가 정당한 사유 없이 그 수령을 거부한 경우

⑤ 세무공무원이 2회 이상 납세자를 방문하여 서류를 교부하려고 하였으나 받을 사람이 없는 것으로 확인되어 납부기한 내에 송달하기 곤란하다고 인정되는 경우

해설 ✦ 서류를 송달할 장소에서 송달을 받을 자가 정당한 사유 없이 그 수령을 거부한 경우에는 유치송달 사유에 해당한다.

정답 ✦ ④

PART 2
지방세

테마 05 취득의 개념과 취득세의 납세의무자

1 출제예상과 학습포인트

✦ 최근 기출회수

　20회, 23회, 25회, 26회, 27회, 28회, 30회, 32회, 33회, 34회

✦ 35회 출제 예상

　최근 1~2년 마다 한번씩 꾸준하게 계속 출제되는 부분으로서, 35회에서 출제될 가능성은 70% 이상이다.

✦ 35회 중요도

　★★★

✦ 학습범위

　취득의 개념과 유형을 이해하여야 하며, 취득세 납세의무자는 중요하므로 자주 출제되는 내용을 중심으로 정확하게
　이해하며 숙지하여야 한다.

✦ 학습방법

　취득의 개념과 사실상 취득유형 및 간주취득은 종류와 함께 증가한 가액을 과세표준으로 하는 특징을 숙지하여야
　한다. 취득세 납세의무자는 전체적인 내용을 철저히 학습하여야 한다.

✦ 핵심쟁점

　❶ 취득의 개념과 취득 유형의 구분
　❷ 간주취득의 종류
　❸ 과점주주의 간주취득 개념과 과세지분율의 계산
　❹ 취득세 원칙적인 납세의무자
　❺ 배우자 또는 직계존비속간의 부동산을 취득하는 경우
　❻ 증여자의 채무를 인수하는경우의 부담부 증여
　❼ 재개발사업·도시개발사업으로 취득하는 경우
　❽ 환지 방식에 의한 사업 시행으로 토지의 지목을 사실상 변경한 경우

2 핵심 내용

❶ 취득의 개념 및 취득 유형

① 의의 : 매매, 교환, 법인에 대한 현물출자, 상속, 증여, 기부, 건축, 개수, 공유수면의 매립, 간척에 의한 토지의 조성 등과 그 밖에 유사한 취득으로서 원시취득(수용재결로 취득한 경우 등 과세대상이 이미 존재하는 상태에서 취득하는 경우는 제외한다), 승계취득 또는 유상·무상의 모든 취득 20회, 30회

② 취득의 제한 : 차량·기계장비·항공기 및 주문에 의하여 건조하는 선박 ⇒ 승계취득에 한함

③ 간주취득 : 사실상 취득에는 해당되지 않으나 일정한 행위로 가액이 증가한 경우 그 증가한 가액을 취득으로 간주

   ㉠ 토지의 지목변경 20회, 26회, 32회

   ㉡ 건축물의 건축(신축·재축 제외) 또는 개수

   ㉢ 선박, 차량 및 기계장비의 종류변경

   ㉣ 비상장법인의 과점주주의 주식취득

❷ 납세의무자

① 「민법」 등 관계법령에 따른 등기·등록 등을 하지 아니한 경우라도 사실상으로 취득한 때에는 ⇒ 해당 취득물건의 소유자 또는 양수인(사실상 취득자) 20회, 23회, 27회, 32회, 34회

② 건축물 중 조작 기타 부대설비에 속하는 부분으로서 그 주체구조부와 일체가 되어 건축물로서의 효용가치를 이루고 있는 것에 대하여 주체구조부 취득자 이외의 자가 가설한 경우 주체구조부 취득자가 함께 취득한 것으로 본다. ⇒ 주체구조부의 취득자 26회, 33회, 34회

③ 토지의 지목변경: 변경시점의 소유자

④ 상속으로 취득하는 경우 ⇒ 상속받는 취득물건(지분을 취득하는 경우에는 그 지분에 해당하는 취득물건)에 대하여 상속인 각자(공동상속의 경우 연대납세의무 ○) 28회

⑤ (비상장)법인의 주식 또는 지분을 취득함으로써 과점주주(지분 50% 초과)가 된 때 ⇒ 그 과점주주가 해당 법인의 취득세 과세물건(신탁법에 따라 신탁한 재산으로서 수탁자 명의로 등기·등록이 되어 있는 부동산 등을 포함)을 취득한 것으로 본다. 단, 법인설립 시에는 제외 19회, 23회, 26회

구분	과세 지분율 16회, 20회, 29회
최초 과점주주가 된 경우	최초 과점주주일 현재 지분 모두
과점주주의 지분 증가 시	이전에 가지고 있던 최고지분율보다 증가된 지분율
다시 과점주주가 된 경우	그 이전 과점주주 당시의 최고지분율보다 증가된 지분율

⑥ 주택조합, 재건축조합 및 소규모재건축조합이 해당 조합원용으로 취득하는 조합주택용 부동산
⇒ 그 조합원. 단, 조합원에게 귀속되지 아니하는 부동산인 비조합원용 부동산은 제외 30회

⑦ 배우자 또는 직계존비속간 취득의 증여의제
배우자 또는 직계존비속의 부동산등을 취득하는 경우에는 증여로 취득한 것으로 본다. 다만, 다음의 어느 하나에 해당하는 경우에는 유상으로 취득한 것으로 본다.
  ㉠ 공매(경매 포함)를 통하여 부동산등을 취득한 경우 25회, 27회, 34회
  ㉡ 파산선고로 인하여 처분되는 부동산등을 취득한 경우 25회
  ㉢ 권리의 이전이나 행사에 등기 또는 등록이 필요한 부동산등을 서로 교환한 경우 25회, 27회, 32회
  ㉣ 해당 부동산등의 취득을 위하여 그 대가를 지급한 사실을 증명한 경우 25회, 27회
    • 그 대가를 지급하기 위한 취득자의 소득이 증명되는 경우
    • 소유재산을 처분 또는 담보한 금액으로 해당 부동산을 취득한 경우
    • 이미 상속세 또는 증여세를 과세(비과세 또는 감면받은 경우 포함) 받았거나 신고한 경우로서 그 상속 또는 수증 재산의 가액으로 그 대가를 지급한 경우
    • 기타 취득자의 재산으로 그 대가를 지급한 사실이 입증되는 경우

⑧ 증여자의 채무를 인수하는 부담부증여의 경우 25회, 26회, 32회, 34회
  ㉠ 그 채무액에 상당하는 부분: 유상취득 의제
    ✦ 배우자 또는 직계존비속으로부터의 부동산 등의 부담부증여의 경우에는 ⑥의 내용을 적용한다.
  ㉡ 채무액 이외 자산: 무상취득 의제

⑨ 상속재산의 재분할에 따라 초과취득시 증여 의제
상속개시 후 상속재산에 대하여 등기·등록·명의개서 등에 의하여 각 상속인의 상속분이 확정되어 등기등이 된 후, 그 상속재산에 대하여 공동상속인이 협의하여 재분할한 결과 특정 상속인이 당초 상속분을 초과하여 취득하게 되는 재산가액은 그 재분할에 의하여 상속분이 감소한 상속인으로부터 증여받아 취득한 것으로 본다. 다만, 다음의 어느 하나에 해당하는 경우에는 그러하지 아니하다.
  ㉠ 상속에 따른 신고·납부기한 내에 재분할에 의한 취득과 등기등을 모두 마친 경우
  ㉡ 상속회복청구의 소에 의한 법원의 확정판결에 의하여 상속인 및 상속재산에 변동이 있는 경우 32회
  ㉢ 「민법」 제404조에 따른 채권자대위권의 행사에 의하여 공동상속인들의 법정상속분대로 등기등이 된 상속재산을 상속인사이의 협의분할에 의하여 재분할하는 경우

⑩ 택지공사가 준공된 토지에 정원 또는 부속시설물 등을 조성·설치하는 경우
  ㉠ 건축이 수반되지 않는 경우 납세의무자: 토지소유자
  ㉡ 건축이 수반되는 경우 납세의무자: 건축물을 취득하는 자

⑪ 신탁재산의 위탁자 지위의 이전: 새로운 위탁자가 해당 신탁재산을 취득한 것으로 본다.

⑫ 재개발사업·도시개발사업으로 취득하는 경우

도시개발사업과 재개발사업의 시행으로 해당 사업의 대상이 되는 부동산의 소유자(상속인을 포함)가 환지계획, 토지상환채권 및 관리처분계획에 따라 취득하는 토지 및 건축물에 대해서는 건축물은 신축에 따른 원시취득으로 보고, 토지의 경우 당초 소유한 토지 면적을 초과하는 경우 그 초과한 면적에 한하여 취득으로 본다.

⑬ 환지 방식에 의한 사업 시행으로 토지의 지목을 사실상 변경한 경우 34회

환지	조합원이 취득한 것으로 본다.
체비지 또는 보류지	사업시행자가 취득한 것으로 본다.

3 대표 기출문제

제32회 출제

01 지방세법상 취득세 납세의무에 관한 설명으로 옳은 것은?

① 토지의 지목을 사실상 변경함으로써 그 가액이 증가한 경우에는 취득으로 보지 아니한다.

② 상속회복청구의 소에 의한 법원의 확정판결에 의하여 특정 상속인이 당초 상속분을 초과하여 취득하게 되는 재산가액은 상속분이 감소한 상속인으로부터 증여받아 취득한 것으로 본다.

③ 권리의 이전이나 행사에 등기 또는 등록이 필요한 부동산을 직계존속과 서로 교환한 경우에는 무상으로 취득한 것으로 본다.

④ 증여로 인한 승계취득의 경우 해당 취득물건을 등기·등록하더라도 취득일부터 60일 이내에 공증받은 공정증서에 의하여 계약이 해제된 사실이 입증되는 경우에는 취득하는 것으로 보지 아니한다.

⑤ 증여자가 배우자 또는 직계존비속이 아닌 경우 증여자의 채무를 인수하는 부담부 증여의 경우에는 그 채무액에 상당하는 부분은 부동산등을 유상으로 취득하는 것으로 본다.

해설

① 토지의 지목을 사실상 변경함으로써 그 가액이 증가한 경우에는 취득으로 본다.

② 상속개시 후 상속재산에 대하여 등기등에 의하여 각 상속인의 상속분이 확정되어 등기등이 된 후, 그 상속재산에 대하여 공동상속인이 협의하여 재분할한 결과 특정 상속인이 당초 상속분을 초과하여 취득하게 되는 재산가액은 그 재분할에 의하여 상속분이 감소한 상속인으로부터 증여받아 취득한 것으로 본다. 다만, 상속회복청구의 소에 의한 법원의 확정판결에 의하여 상속인 및 상속재산에 변동이 있는 경우에는 그러하지 아니하다.

③ 배우자 또는 직계존비속의 부동산등을 취득하는 경우에도 권리의 이전이나 행사에 등기 또는 등록이 필요한 부동산등을 서로 교환한 경우에는 유상으로 취득한 것으로 본다.

④ 해당 취득물건을 등기·등록을 한 경우에는 공정증서에 의하여 계약이 해제된 사실이 입증되는 경우에도 취득한 것으로 본다.

정답 ⑤

제34회 출제

02 지방세법령상 취득세에 관한 설명으로 틀린 것은?

① 건축물 중 조작 설비에 속하는 부분으로서 그 주체구조부와 하나가 되어 건축물로서의 효용가치를 이루고 있는 것에 대하여는 주체구조부 취득자 외의 자가 가설한 경우에도 주체구조부의 취득자가 함께 취득한 것으로 본다.

② 「도시개발법」에 따른 환지방식에 의한 도시개발사업의 시행으로 토지의 지목이 사실상 변경됨으로써 그 가액이 증가한 경우에는 그 환지계획에 따라 공급되는 환지는 사업시행자가, 체비지 또는 보류지는 조합원이 각각 취득한 것으로 본다.

③ 경매를 통하여 배우자의 부동산을 취득하는 경우에는 유상으로 취득한 것으로 본다.

④ 형제자매인 증여자의 채무를 인수하는 부동산의 부담부증여의 경우에는 그 채무액에 상당하는 부분은 부동산을 유상으로 취득하는 것으로 본다.

⑤ 부동산의 승계취득은 「민법」 등 관계 법령에 따른 등기를 하지 아니한 경우라도 사실상 취득하면 취득한 것으로 보고 그 부동산의 양수인을 취득자로 한다.

해설

② 「도시개발법」에 따른 환지방식에 의한 도시개발사업의 시행으로 토지의 지목이 사실상 변경됨으로써 그 가액이 증가한 경우에는 그 환지계획에 따라 공급되는 환지는 조합원이, 체비지 또는 보류지는 사업시행자가 각각 취득한 것으로 본다.

정답 ②

4 출제 예상문제

01 「지방세법」상 취득세의 납세의무에 관한 설명으로 틀린 것은?

① 부동산의 취득은 「민법」 등 관계 법령에 따른 등기를 하지 아니한 경우라도 사실상 취득하면 취득한 것으로 본다.

② 「주택법」에 따른 주택조합이 해당 조합원용으로 취득하는 조합주택용 부동산(조합원에게 귀속되지 아니하는 부동산은 제외)은 그 조합원이 취득한 것으로 본다.

③ 직계비속이 직계존속의 부동산을 매매로 취득하는 때에 해당 직계비속의 다른 재산으로 그 대가를 지급한 사실이 입증되는 경우 유상으로 취득한 것으로 본다.

④ 직계비속이 권리의 이전에 등기가 필요한 직계존속의 부동산을 서로 교환한 경우 무상으로 취득한 것으로 본다.

⑤ 직계비속이 공매를 통하여 직계존속의 부동산을 취득하는 경우 유상으로 취득한 것으로 본다.

해설 ✦ ④ 직계비속이 권리의 이전에 등기가 필요한 직계존속의 부동산을 서로 교환한 경우 유상으로 취득한 것으로 본다.

정답 ✦ ④

02 「지방세법」상 취득세의 납세의무자 등에 관한 설명으로 옳은 것은?

① 취득세는 부동산, 부동산에 준하는 자산, 어업권을 제외한 각종 권리 등을 취득한 자에게 부과한다.

② 건축물 중 조작설비로서 그 주체구조부와 하나가 되어 건축물로서의 효용가치를 이루고 있는 것에 대하여는 주체구조부 취득자 외의 자가 가설한 경우에도 주체구조부의 취득자가 함께 취득한 것으로 본다.

③ 법인설립시 발행하는 주식을 취득함으로써 「지방세기본법」에 따른 과점주주가 되었을 때에는 그 과점주주가 해당 법인의 부동산 등을 취득한 것으로 본다.

④ 토지의 지목을 사실상 변경함으로써 그 가액이 증가한 경우에 취득으로 보지 아니한다.

⑤ 증여자의 채무를 인수하는 부담부증여의 경우 그 채무액에 상당하는 부분은 부동산 등을 유상취득한 것으로 보지 아니한다.

해설 ✦ ① 취득세는 부동산 등(부동산, 차량, 기계장비, 선박, 항공기, 입목, 광업권, 어업권, 양식업권, 골프회원권, 승마회원권, 콘도미니엄 회원권, 종합체육시설이용 회원권 및 요트 회원권)을 취득한 자에게 부과한다.
③ 법인설립시 발행하는 주식을 취득함으로써 과점주주가 되었을 때에는 그 과점주주가 해당 법인의 부동산 등을 취득한 것으로 보지 아니한다.
④ 토지의 지목을 사실상 변경함으로써 그 가액이 증가한 경우에는 취득으로 본다.
⑤ 증여자의 채무를 인수하는 부담부증여의 경우에 그 채무액에 상당하는 부분은 부동산 등을 유상취득한 것으로 본다.

정답 ✦ ②

03 「지방세법」상 취득세 납세의무에 관한 설명으로 틀린 것은?

① 증여자의 채무를 인수하는 부담부증여의 경우에는 그 채무액에 상당하는 부분은 부동산 등을 유상으로 취득하는 것으로 본다. 다만, 배우자 또는 직계존비속으로부터의 부동산 등의 부담부증여의 경우에는 증여로 취득(대가입증이 되지 않는 경우)한 것으로 본다.

② 위 ①의 경우에 수증자가 인수하는 채무인수액 이외의 자산의 경우에는 무상취득하는 것으로 본다.

③ 토지의 지목을 변경함으로써 가액이 증가하는 경우에는 지목변경 시점의 소유자를 납세의무자로 한다.

④ 「공간정보의 구축 및 관리 등에 관한 법률」 제67조에 따른 대(垈) 중 「국토의 계획 및 이용에 관한 법률」 등 관계 법령에 따른 택지공사가 준공된 토지에 건축물을 건축하면서 그 건축물에 부수되는 정원 또는 부속시설물 등을 조성·설치하는 경우에는 토지의 소유자가 취득한 것으로 본다.

⑤ 「신탁법」 제10조에 따라 신탁재산의 위탁자 지위의 이전이 있는 경우에는 새로운 위탁자가 해당 신탁재산을 취득한 것으로 본다. 다만, 위탁자 지위의 이전에도 불구하고 신탁재산에 대한 실질적인 소유권 변동이 있다고 보기 어려운 경우로서 법령으로 정하는 경우에는 그러하지 아니하다.

해설 ✦ 「공간정보의 구축 및 관리 등에 관한 법률」 제67조에 따른 대(垈) 중 「국토의 계획 및 이용에 관한 법률」 등 관계 법령에 따른 택지공사가 준공된 토지에 건축물을 건축하면서 그 건축물에 부수되는 정원 또는 부속시설물 등을 조성·설치하는 경우에는 그 정원 또는 부속시설물 등은 건축물에 포함되는 것으로 보아 건축물을 취득하는 자가 취득한 것으로 본다.

정답 ✦ ④

04 과점주주의 간주취득에 대한 취득세 납세의무를 설명한 것으로 틀린 것은?

① 과점주주라 함은 주주 또는 유한책임사원 1명과 그와 「지방세기본법 시행령」으로 정하는 친족, 그 밖의 특수관계에 있는 자의 소유주식의 합계 또는 출자액의 합계가 해당 법인의 발행주식총수 또는 출자총액의 100분의 50을 초과하는 자를 말한다.

② 과점주주들은 취득세 납세의무에 대해 연대납세의무가 있다.

③ 법인설립시에 발행하는 주식 또는 지분을 취득함으로써 과점주주가 된 경우에도 취득세 납세의무를 부담한다.

④ 이미 과점주주가 된 주주 또는 유한책임사원이 해당 법인의 주식 등을 취득하여 해당 법인의 주식 등의 총액에 대한 과점주주가 가진 주식 등의 비율이 그 증가된 날을 기준으로 그 이전에 해당 과점주주가 가지고 있던 주식 등의 최고비율보다 증가되지 않은 경우에는 간주취득에 대한 취득세를 부과하지 않는다.

⑤ 과점주주의 취득세 납세의무는 비상장법인의 과점주주에 대해서만 적용한다.

해설 ✦ ③ 법인설립시에 과점주주가 된 경우에는 과점주주에 대한 취득세 납세의무는 없다.

정답 ✦ ③

테마 06 취득세의 과세대상자산과 비과세

1 출제예상과 학습포인트

✦ 최근 기출회수
   20회, 23회, 28회, 29회, 30회, 31회, 33회

✦ 35회 출제 예상
   취득세 과세대상은 최근 16회와 26회에서만 출제된 분으로서 35회에서 독립문제로 출제될 가능성은 매우 낮고,
   비과세대상은 최근 28회부터 31회까지 4년간 계속 출제되었고 33회 시험에서도 종합문제에서 지문으로 출제된
   바가 있다. 35회에서도 출제될 가능성은 70% 이상이다.

✦ 35회 중요도
   ★★

✦ 학습범위
   과세대상의 종류를 학습하여야 하며, 비과세 부분은 비과세의 범위와 요건을 숙지하여야 한다.

✦ 학습방법
   과세대상은 열거된 종류를 숙지하되 건축물의 범위와 과세대상이 되는 권리를 유의하여야 한다. 비과세부분은 국가
   등의 비과세 요건과 형식적인 취득 등에 대한 비과세 요건과 과세가 되는 경우를 비교하여학습하여야 한다.

✦ 핵심쟁점
   ❶ 취득세 과세대상인 권리의 종류
   ❷ 취득세 비과세대상의 종류와 그 비과세의 요건
   ❸ 국가 등의 취득에 대한 비과세
   ❹ 형식적 취득 등 기타에 대한 비과세

2 핵심 내용

❶ 취득세 과세대상자산

부동산	토지	「공간정보의 구축 및 관리등에 관한 법률」에 따른 토지와 그 밖에 사용되고 있는 사실상의 토지
	건축물	「건축법」상의 건축물
		시설물
준부동산		차량(50cc 미만의 이륜자동차 제외)·기계장비·항공기·선박·입목
기타 권리		광업권, 어업권, 양식업권 26회
		골프회원권, 승마회원권, 콘도미니엄회원권, 종합체육시설이용회원권, 요트회원권

시설물 칸:
- 토지·지하 또는 다른 구조물에 설치하는 시설물
- 건축물에 딸린 시설물

❷ 비과세

1. 국가 등에 대한 비과세

① 국가·지방자치단체(다른 법률에서 국가 또는 지방자치단체로 의제되는 법인은 제외한다)·지방자치단체조합·외국정부(상호주의) 및 주한국제기구의 취득 31회, 32회

② 국가·지방자치단체·지방자치단체조합에 귀속·기부채납조건의 부동산 또는 사회기반시설의 취득. 20회, 23회 다만, 다음의 어느 하나에 해당하는 경우 그 해당 부분에 대해서는 취득세를 부과한다.

  ㉠ 국가등에 귀속등의 조건을 이행하지 아니하고 타인에게 매각·증여하거나 귀속등을 이행하지 아니하는 것으로 조건이 변경된 경우

  ㉡ 국가등에 귀속등의 반대급부로 국가등이 소유하고 있는 부동산 및 사회기반시설을 무상으로 양여받거나 기부채납 대상물의 무상사용권을 제공받는 경우 28회

2. 형식적 취득 등 기타 비과세

① 「신탁법」에 의한 신탁으로서 신탁등기가 병행되는 다음의 신탁재산의 취득. 단, 신탁재산의 취득 중 주택조합·재건축조합 및 소규모재건축조합과 조합원 간의 부동산 취득 및 주택조합 등의 비조합용 부동산 취득은 제외 29회

  ㉠ 위탁자로부터 수탁자에게 신탁재산을 이전하는 경우 29회

  ㉡ 신탁의 종료로 인하여 수탁자로부터 위탁자에게 신탁재산을 이전하는 경우 29회

  ㉢ 수탁자가 변경되어 신수탁자에게 신탁재산을 이전하는 경우 29회

② 관련 법률에 의한 수용에 관한 환매권의 행사 등으로 인한 부동산 취득

③ 임시흥행장, 공사현장사무소 등 존속기간이 1년을 초과하지 아니하는 임시용 건축물의 취득. 단, 사치성재산은 제외 20회, 22회, 23회, 33회

④ 「주택법」에 따른 공동주택의 개수(「건축법」에 따른 대수선 제외)로 인한 취득 당시 주택의 시가표준액이 9억원 이하인 주택과 관련된 개수로 인한 취득 23회, 28회, 30회

⑤ 사용할 수 없는 차량의 상속에 따른 취득
　　㉠ 상속개시 이전에 천재지변·화재·교통사고·폐차·차령초과 등으로 사용할 수 없는 차량의 상속에 따른 취득
　　㉡ 상속개시일로부터 3개월 이내에 대통령령으로 정하는 사유로 상속 이전 등록하지 않은 상태에서 폐차 말소된 차량의 취득

3 대표 기출문제

제29회 출제

01 **지방세법상 신탁**(「신탁법」에 따른 신탁으로서 신탁등기가 병행되는 것임)**으로 인한 신탁재산의 취득으로서 취득세를 부과하는 경우는 모두 몇 개인가?**

> ㄱ. 위탁자로부터 수탁자에게 신탁재산을 이전하는 경우
> ㄴ. 신탁의 종료로 인하여 수탁자로부터 위탁자에게 신탁재산을 이전하는 경우
> ㄷ. 수탁자가 변경되어 신수탁자에게 신탁재산을 이전하는 경우
> ㄹ. 「주택법」에 따른 주택조합이 비조합원용 부동산을 취득하는 경우

① 0개　　　　② 1개　　　　③ 2개　　　　④ 3개　　　　⑤ 4개

해설

ㄹ. 「주택법」에 따른 주택조합이 비조합원용 부동산을 취득하는 1개의 경우만 비과세대상인 신탁에서 제외하여 취득세를 부과한다.

ㄱ. 위탁자로부터 수탁자에게 신탁재산을 이전하는 경우, ㄴ. 신탁의 종료로 인하여 수탁자로부터 위탁자에게 신탁재산을 이전하는 경우 및 ㄷ. 수탁자가 변경되어 신수탁자에게 신탁재산을 이전하는 경우에는 취득세를 부과하지 아니한다.

답 ②

02 지방세법상 취득세가 부과되지 않는 것은?

① 「주택법」에 따른 공동주택의 개수(「건축법」에 따른 대수선 제외)로 인한 취득 중 개수로 인한 취득 당시 주택의 시가표준액이 9억원 이하인 경우
② 형제간에 부동산을 상호교환한 경우
③ 직계존속으로부터 거주하는 주택을 증여받은 경우
④ 파산선고로 인하여 처분되는 부동산을 취득한 경우
⑤ 「주택법」에 따른 주택조합이 해당 조합원용으로 조합주택용 부동산을 취득한 경우

> **해설**
>
> 「주택법」 제2조제3호에 따른 공동주택의 개수(「건축법」 제2조제1항제9호에 따른 대수선은 제외한다)로 인한 취득 중 개수로 인한 취득당시 주택의 시가표준액이 9억원 이하의 주택과 관련된 개수로 인한 취득에 대해서는 취득세를 부과하지 아니한다.
>
> 답 ①

PART 2 지방세

4 | 출제 예상문제

01 「지방세법」상 취득세 과세객체가 되는 취득의 목적물이 아닌 것은?

① 콘도미니엄회원권
② 등기된 부동산임차권
③ 골프회원권
④ 지목(地目)이 잡종지인 토지
⑤ 승마회원권

해설 ✦ ② 등기된 부동산임차권, 지상권, 전세권 등 부동산에 관한 권리는 취득세 과세대상이 아니다.

정답 ✦ ②

02 「지방세법」상 취득세가 과세될 수 있는 것으로만 묶인 것은?

> ㉠ 보유토지의 지목이 전(田)에서 대(垈)로 변경되어 가액이 증가한 경우
> ㉡ 임시흥행장, 공사현장사무소 등 존속기간이 1년을 초과하지 아니하는 임시용 건축물 (단, 사치성 재산은 제외)
> ㉢ 토지를 사실상 취득하였지만 등기하지 않은 경우
> ㉣ 공유수면을 매립하거나 간척하여 토지를 조성한 경우

① ㉠, ㉡   ② ㉠, ㉡, ㉢   ③ ㉠, ㉢, ㉣
④ ㉡, ㉢, ㉣   ⑤ ㉠, ㉡, ㉢, ㉣

해설 ✦ ㉠㉢㉣은 취득세가 과세된다.
　　　㉡ 임시흥행장, 공사현장사무소 등 존속기간이 1년을 초과하지 아니하는 임시용 건축물(단, 사치성 재산은 제외)은 비과세된다.

정답 ✦ ③

03 「지방세법」상 취득세가 비과세되는 경우로 틀린 것은? (단, 취득세가 중과세되는 사치성재산은 아님)

① 국가의 부동산취득
② 대한민국 정부기관의 취득에 대하여 비과세하는 외국정부의 부동산취득
③ 국가 등에 귀속 등의 반대급부로 국가 등이 소유하고 있는 부동산 및 사회기반시설을 무상으로 양여받거나 기부채납 대상물의 무상사용권을 제공받는 경우의 부동산취득
④ 영리법인이 임시흥행장, 공사현장사무소 등 존속기간이 1년을 초과하지 않는 임시건축물의 취득
⑤ 「징발재산정리에 관한 특별조치법」 규정에 따른 동원대상지역 내의 토지의 수용에 관한 환매권의 행사로 매수하는 부동산의 취득

해설 ✦ 국가 등에 귀속 등의 반대급부로 국가 등이 소유하고 있는 부동산 및 사회기반시설을 무상으로 양여받거나 기부채납 대상물의 무상사용권을 제공받는 경우의 부동산취득은 취득세를 부과한다.

정답 ✦ ③

04 「지방세법」상 취득세 비과세대상이 <u>아닌</u> 것은?

① 「신탁법」에 의한 신탁으로서 신탁등기가 병행되는 신탁재산의 취득으로서 위탁자로부터 수탁자에게 신탁재산을 이전하는 경우의 취득

② 「건축법」상 대수선으로 인한 공동주택의 취득

③ 국가·지방자치단체 또는 지방자치단체조합에 귀속 또는 기부채납을 조건으로 부동산을 취득

④ 공사현장사무소로서 존속기간이 1년을 초과하지 아니하는 임시용 건축물(사치성 재산은 제외)의 취득

⑤ 상속개시 이전에 천재지변·화재·교통사고·폐차·차령초과(車齡超過) 등으로 사용할 수 없는 대통령령으로 정하는 차량의 상속에 따른 취득

해설 ✦ ② 「건축법」상 대수선으로 인해 공동주택을 취득하는 경우에는 과세한다.

정답 ✦ ②

1 출제예상과 학습포인트

✦ 최근 기출회수

24회, 28회, 30회, 32회, 34회

✦ 35회 출제 예상

최근 2~3년 마다 1번씩 출제되는 부분으로 35회에서 출제될 가능성은 50% 이상이다.

✦ 35회 중요도

★

✦ 학습범위

취득의 시기는 개별 문제로 출제되기도 하지만, 종합문제가 출제될 경우 보기 지문 1개로 나올 수 있는 부분으로서 취득원인에 따른 취득시기를 구별하여 정확히 학습하여야 한다.

✦ 학습방법

유상·무상의 승계취득과 원시취득 및 기타 유형별의 취득시기를 정리하고, 시간적 기준이 2개 이상 제시되면 그 중에서 빠른 날을 과세시기로 하는 것을 유념하여야 한다.

✦ 핵심쟁점

❶ 사실상잔금지급일이 확인되는 경우와 확인되지 않는 경우 유상취득의 취득시기
❷ 계약해제의 경우
❸ 연부취득의 취득시기
❹ 무상승계취득의 취득시
❺ 토지의 지목변경에 따른 취득시기
❻ 점유로 취득하는 경우의 취득시기
❼ 기타 취득시기

2 핵심 내용

❶ 유상승계취득

원칙	사실상의 잔금지급일 19회, 30회
예외	사실상의 잔금지급일을 확인할 수 없는 경우 : 계약상 잔금지급일* 단, 계약상 잔금지급일 명시 × ⇒ 계약일부터 60일 경과한 날
연부취득	사실상의 연부금지급일 24회, 28회

* 계약해제: 개인간 매매계약 후 해당 취득물건을 등기·등록하지 않고 다음의 어느 하나에 해당하는 서류에 의하여 계약이 해제된 사실이 입증되는 경우에는 취득으로 보지 아니한다.

① 화해조서·인낙조서(해당 조서에서 취득일부터 60일 이내에 계약이 해제된 사실이 입증되는 경우에 한한다)
② 공정증서 등(공증인이 인증한 사서증서를 포함하되, 취득일부터 60일 이내에 공증받은 것에 한한다)
③ 행정안전부령으로 정하는 계약해제신고서(취득일부터 60일 이내에 제출된 것에 한한다)
④ 부동산 거래신고 등에 관한 법률 제3조에 따라 시장·군수·구청장이 교부한 거래계약 해제를 확인할 수 있는 서류 등(취득일부터 60일 이내에 부동산거래계약 해제등 신고서를 등록관청에 제출한 경우에 한한다)

❷ 무상승계취득

상속 30회, 32회	상속개시일	증여 등	증여계약일 * 32회

* 계약해제: 증여계약 후 해당 취득물건을 등기·등록하지 않고 다음의 어느 하나에 해당하는 서류에 의하여 계약이 해제된 사실이 입증되는 경우에는 취득으로 보지 아니한다. 28회, 32회

① 화해조서·인낙조서(해당 조서에서 취득일부터 60일 이내에 계약이 해제된 사실이 입증되는 경우에 한한다)
② 공정증서 등(공증인이 인증한 사서증서를 포함하되, 취득일부터 60일 이내에 공증받은 것에 한한다)
③ 행정안전부령으로 정하는 계약해제신고서(취득일부터 60일 이내에 제출된 것에 한한다)

❸ 등기·등록일

① 위의 취득일 전에 등기 또는 등록을 한 경우에는 ⇒ 그 등기일 또는 등록일 28회, 34회
② 이혼에 따른 「민법」상 재산분할로 인한 취득의 경우에는 ⇒ 취득물건의 등기일 또는 등록일 30회

❹ 원시취득

① 건축물의 건축 또는 개수 등

허가건물	① 원칙 ⇒ 사용승인서* 교부일 또는 임시사용승인일과 사실상 사용일 중 빠른 날 30회 *「도시개발법」에 따른 준공검사 증명서, 「도시 및 주거환경정비법」에 따른 준공인가증 및 그 밖에 건축 관계법령에 따른 사용승인서에 준하는 서류 포함 ② 주택조합의 비조합원용 토지 ⇒ 「주택법」상 사용검사를 받은 날 28회 재건축조합·소규모재건축조합의 비조합원용 토지 ⇒ 「도시 및 주거환경정비법」상 소유권이전 고시일의 다음날 28회, 32회, 34회
무허가건물	사용승인서 또는 임시사용승인서를 받을 수 없는 건축물 ⇒ 그 사실상의 사용가능일

② 토지의 원시취득 ⇒ 공사준공인가일. 단, 공사준공인가일 전에 사용승낙·허가를 받거나 사실상 사용하는 경우 ⇒ 사용승낙일·허가일 또는 사실상 사용일 중 빠른 날 28회, 30회, 31회

❺ 토지의 지목변경

사실상 변경된 날과 공부상 변경된 날 중 빠른 날. 다만, 토지의 지목변경일 이전에 사용하는 부분에 대해서는 그 사실상의 사용일 24회, 28회

❻ 점유로 취득하는 경우

「민법」 제245조 및 제247조에 따른 점유로 인한 취득의 경우에는 취득물건의 등기일 또는 등록일

3 대표 기출문제

제28회 출제

01 지방세법상 취득의 시기 등에 관한 설명으로 틀린 것은?

① 연부로 취득하는 것(취득가액의 총액이 50만원 이하인 것은 제외)은 그 사실상의 연부금 지급일을 취득일로 본다. 단, 취득일 전에 등기 또는 등록한 경우에는 그 등기일 또는 등록일에 취득한 것으로 본다.

② 관계법령에 따라 매립·간척 등으로 토지를 원시취득하는 경우로서 공사준공인가일 전에 사실상 사용하는 경우에는 그 사실상 사용일을 취득일로 본다.

③ 「주택법」 제11조에 따른 주택조합이 주택건설사업을 하면서 조합원으로부터 취득하는 토지 중 조합원에게 귀속되지 아니하는 토지를 취득하는 경우에는 「주택법」 제49조에 따른 사용검사를 받은 날에 그 토지를 취득한 것으로 본다.

④ 「도시 및 주거환경정비법」 제35조 제3항에 따른 재건축조합이 재건축사업을 하면서 조합원으로부터 취득하는 토지 중 조합원에게 귀속되지 아니하는 토지를 취득하는 경우에는 「도시 및 주거환경정비법」 제86조 제2항에 따른 소유권이전 고시일에 그 토지를 취득한 것으로 본다.

⑤ 토지의 지목변경에 따른 취득은 토지의 지목이 사실상 변경된 날과 공부상 변경된 날 중 빠른 날을 취득일로 본다. 다만, 토지의 지목변경일 이전에 사용하는 부분에 대해서는 그 사실상의 사용일을 취득일 본다.

해설

「도시 및 주거환경정비법」 제16조제2항에 따른 재건축조합이 재건축사업을 하면서 조합원으로부터 취득하는 토지 중 조합원에게 귀속되지 아니하는 토지를 취득하는 경우에는 「도시 및 주거환경정비법」 제54조제2항에 따른 소유권이전 고시일의 다음 날에 그 토지를 취득한 것으로 본다.

정답 ④

2024년 EBS 공인중개사 전원합격 올인원

제30회 출제

02 지방세법상 취득의 시기에 관한 설명으로 틀린 것은?

① 상속으로 인한 취득의 경우 : 상속개시일

② 공매방법에 의한 취득의 경우 : 그 사실상의 잔금지급일과 등기일 또는 등록일 중 빠른 날

③ 관계 법령에 따라 매립으로 토지를 원시취득하는 경우 : 취득물건의 등기일

④ 건축물(주택 아님)을 건축하여 취득하는 경우로서 사용승인서를 내주기 전에 임시사용승인을 받은 경우 : 그 임시사용승인일과 사실상의 사용일 중 빠른 날

⑤ 「민법」 제839조의2에 따른 재산분할로 인한 취득의 경우 : 취득물건의 등기일 또는 등록일

> **해설**
>
> 관계 법령에 따라 매립·간척 등으로 토지를 원시취득하는 경우에는 공사준공인가일을 취득일로 본다. 다만, 공시준공인가일 전에 사용승낙·허가를 받거나 사실상 사용하는 경우에는 사용승낙일·허가일 또는 사실상 사용일 중 빠른 날을 취득일로 본다.
>
> 답 ③

4 출제 예상문제

01 취득세의 취득시기에 대한 설명으로 틀린 것은?

① 무허가 건축물은 사실상 사용일을 취득일로 한다.

② 증여계약에 의한 무상승계취득은 계약일을 취득일로 한다.

③ 유상취득의 경우에 사실상의 잔금지급일이 확인되는 경우에도 계약상 잔금지급일을 취득시기로 한다.

④ 연부취득시는 원칙적으로 매회 지급되는 사실상의 연부금지급일을 각각 독립된 취득일로 한다.

⑤ 토지의 지목변경으로 인하여 가액이 증가한 경우에는 그 사실상 지목변경일과 공부상 지목변경일 중 빠른 날을 취득일로 한다.

해설 ✦ ③ 유상취득의 경우에 사실상의 잔금지급일이 확인되는 경우에는 사실상의 잔금지급일을 취득시기로 하며, 사실상의 잔금지급일을 확인할 수 없는 경우에는 그 계약상의 잔금지급일(계약상 잔금지급일이 명시되지 않은 경우에는 계약일부터 60일이 경과한 날을 말한다)을 취득시기로 한다.

정답 ✦ ③

02 「지방세법」상 취득세의 취득시기에 대한 설명으로 틀린 것은?

① 공매방법에 의한 취득의 경우 사실상 잔금지급일을 취득일로 하되, 사실상 잔금지급일 전에 먼저 등기·등록한 경우에는 그 등기일 또는 등록일을 취득일로 본다.

② 유상승계취득의 경우 취득 후 계약이 해제된 사실이 화해조서 등으로 입증되는 경우라도 계약해제 전에 이미 등기·등록이 된 경우에는 취득한 것으로 본다.

③ 무상승계취득의 경우 취득 후 계약이 해제된 사실이 화해조서 등으로 입증되는 경우 계약해제 전에 이미 등기·등록이 된 경우라도 취득한 것으로 보지 아니한다.

④ 토지의 지목변경에 따른 취득은 토지의 지목이 사실상 변경된 날과 공부상 변경된 날 중 빠른 날을 취득일로 본다. 다만, 토지의 지목변경일 이전에 사용하는 부분에 대해서는 그 사실상의 사용일을 취득일로 본다.

⑤ 「도시개발법」에 따른 도시개발사업으로 건축한 건축물과 「도시 및 주거환경정비법」에 따른 정비사업으로 건축한 건축물의 취득시기는 준공검사증명서 또는 준공인가증을 내주는 날과 사실상 사용일 중 빠른 날을 취득일로 본다.

해설 ✦ ③ 무상승계취득의 경우 취득 후 계약이 해제된 사실이 화해조서 등으로 입증되는 경우 계약해제 전에 이미 등기·등록이 된 경우에는 취득한 것으로 본다.

정답 ✦ ③

03 「지방세법」상 취득세의 납세의무 성립시기가 되는 부동산의 취득시기에 관한 설명으로 옳은 것은 모두 몇 개인가?

> ㉠ 「민법」 제245조 및 제247조에 따른 점유로 인한 취득의 경우에는 점유개시일을 취득일로 본다.
>
> ㉡ 부동산의 유상승계취득의 취득시기는 그 사실상의 잔금지급일(사실상의 잔금지급일이 확인되는 경우) 또는 등기일 중 빠른 날이다.
>
> ㉢ 상속으로 취득한 경우에는 상속개시일을 취득일로 본다.
>
> ㉣ 「민법」 제839조의2 및 제843조에 따른 재산분할로 인한 취득의 경우에는 취득물건의 등기일 또는 등록일을 취득일로 본다.
>
> ㉤ 토지의 지목변경에 따른 취득은 토지의 지목이 공부상 변경된 날을 취득일로 본다.

① 1개   ② 2개   ③ 3개   ④ 4개   ⑤ 5개

해설 ✦ 옳은 지문은 ㉡㉢㉣이다.

㉠ 「민법」 제245조 및 제247조에 따른 점유로 인한 취득의 경우에는 취득물건의 등기일 또는 등록일을 취득일로 본다.

㉤ 토지의 지목변경에 따른 취득은 토지의 지목변경에 따른 취득은 토지의 지목이 사실상 변경된 날과 공부상 변경된 날 중 빠른 날을 취득일로 본다. 다만, 토지의 지목변경일 이전에 사용하는 부분에 대해서는 그 사실상의 사용일을 취득일로 본다.

정답 ✦ ③

1 출제예상과 학습포인트

✦ 최근 기출회수

20회, 25회, 26회, 27회, 28회, 29회, 31회, 32회

✦ 35회 출제 예상

자주 출제되는 부분으로서, 35회에서 출제될 가능성은 80% 이상이다.

✦ 35회 중요도

★★★

✦ 학습범위

2023.1.1.부터 전면 개정된 내용의 핵심적인 내용들을 중심으로 학습하여야 한다.

✦ 학습방법

과세표준의 기준과 취득원인에 따른 과세표준을 숙지하여야 하며, 유상승계취득의 경우 과세표준이 되는 사실상 취득가격의 범위도 숙지하고 있어야 한다. 면세점의 내용을 정확시 알아야 한다.

✦ 핵심쟁점

❶ 시가인정액과 시가표준액의 의의를 구별
❷ 증여로 취득한 경우와 상속으로 취득한 경우의 과세표준 비교
❸ 사실상취득가격에 포함여부
❹ 원시취득의 과세표준
❺ 간주취득의 과세표준과 토지의 지목변경에 따른 증가한 가액의 결정방법
❻ 부당행위계산시 과세표준과 유형
❼ 면세점

2 핵심 내용

❶ 과세표준의 기준

취득세의 과세표준은 취득 당시의 가액으로 한다. 다만, 연부로 취득하는 경우에는 연부금액(매회 사실상 지급되는 금액을 말하며, 취득금액에 포함되는 계약보증금을 포함)으로 한다. 20회, 22회, 26회

❷ 취득원인에 따른 과세표준

1. 부동산 등을 무상으로 취득하는 경우

원칙	시가인정액*	
예외	⊙ 상속에 따른 무상취득	시가표준액
	ⓛ 시가표준액 1억원 이하인 부동산 등을 무상(상속 제외)취득	시가인정액과 시가표준액 중에서 납세자가 정하는 가액
	© ⊙과ⓛ에 해당하지 아니하는 경우	시가인정액으로 하되, 시가인정액을 산정하기 어려운 경우에는 시가표준액
	② 부담부 증여의 경우	• 채무액상당액 ⇒ 유상취득의 과세표준 적용 • 시가인정액에서 채무부담액을 뺀 잔액 ⇒ 무상취득의 과세표준을 적용

※ 시가인정액
- 매매사례가액, 감정가액, 공매가액 등 대통령령으로 정하는 바에 따라 시가로 인정되는 가액을 말한다.
- 즉, 취득일 전 6개월부터 취득일 후 3개월 이내의 평가기간에 취득 대상이 된 법 제7조제1항에 따른 부동산 등에 대하여 매매, 감정, 경매 또는 공매한 사실이 있는 경우의 가액으로서 법령에서 정하는 가액을 말한다.

2. 유상승계취득의 경우 과세표준

① 사실상의 취득가액으로 한다.
② **부당행위계산***: 지방자치단체의 장은 「지방세기본법」제2조제1항제34호에 따른 특수관계인간의 거래로 그 취득에 대한 조세부담을 부당하게 감소시키는 행위 또는 계산을 한 것으로 인정되는 경우("부당행위계산"이라 함)에는 ①에도 불구하고 시가인정액을 취득당시 가액으로 결정할 수 있다.

	일반적인 경우	사실상 취득가격
유상취득의 경우	부당행위계산*	시가인정액(지자체장이 결정가능)
	교환	시가인정액 중 높은 가액

※ 부당행위계산은 특수관계인으로부터 시가인정액보다 낮은 가격으로 부동산을 취득한 경우로서 시가인정액과 사실상 취득가격의 차액이 3억원 이상이거나 시가인정액의 100분의 5에 상당하는 금액 이상인 경우로 한다.

❸ 사실상 취득가격의 범위 29회

① 취득가격 ⇒ 사실상 취득가액을 취득세 과세표준으로 하는 경우 취득가액은 과세대상 물건의 취득시기를 기준으로 그 이전에 해당 물건을 취득하기 위하여 거래상대방 또는 제3자에게 지급하였거나 지급하여야 할 직접비용과 다음의 ②에 해당하는 간접비용의 합계액으로 한다. 다만, 취득대금을 일시급 등으로 지급하여 일정액을 할인받은 경우에는 ⇒ 그 할인된 금액 21회

② 간접비용의 범위

포함	① 건설자금에 충당한 차입금의 이자 또는 이와 유사한 금융비용. 다만, 법인이 아닌 자가 취득하는 경우는 제외 21회, 27회 ② 할부 또는 연부 계약에 따른 이자 상당액 및 연체료. 다만, 법인이 아닌 자가 취득하는 경우는 제외 27회 ③ 농지보전부담금, 미술작품의 설치 또는 문화예술진흥기금에 출연하는 금액, 대체산림자원조성비 등 관계 법령에 따라 의무적으로 부담하는 비용 ④ 취득에 필요한 용역을 제공받은 대가로 지급하는 용역비·수수료 27회 ⑤ 취득대금 외에 당사자 약정에 따른 취득자 조건 부담액과 채무인수액 21회, 27회, 29회 ⑥ 부동산을 취득하는 경우 「주택도시기금법」에 따라 매입한 국민주택채권을 해당 부동산의 취득 이전에 양도함으로써 발생하는 매각차손(단, 금융회사 등 외의 자에게 양도한 경우에는 동일한 날에 금융회사 등에 양도하였을 경우의 매각차손을 한도로 함) 29회 ⑦ 공인중개사에게 지급한 중개보수. 다만, 법인이 아닌 자가 취득하는 경우는 제외 ⑧ 붙박이 가구·가전제품 등 건축물에 부착되거나 일체를 이루면서 건축물의 효용을 유지 또는 증대시키기 위한 설비·시설 등의 설치비용 ⑨ 정원 또는 부속시설물 등을 조성·설치하는 비용
제외	① 취득하는 물건의 판매를 위한 광고선전비 등의 판매비용과 관련 부대비용 ② 관련 법률에 따라 전기·가스·열 등을 이용하는 자가 분담하는 비용 27회 ③ 이주비, 지장물 보상금 등 취득물건과는 별개의 권리에 대한 보상성격의 비용 ④ 부가가치세 22회

▶ 주요 간접비용의 비교 21회

구분	할부·연부이자, 연체료	중개보수	건설자금에 충당한 차입금의 이자
법인	포함○	포함○	포함○
개인	포함×	포함×	포함×

❹ 원시취득의 과세표준

① 사실상 취득가격
① 법인이 아닌 자가 건축물을 건축하여 취득하는 경우로서 사실상 취득가격을 확인할 수 없는 경우
⇒ 시가표준액

❺ 취득으로 보는 경우의 과세표준

구분	과세표준		
토지 지목변경	증가한 가액에 해당하는 사실상 취득가격	법인이 아닌 자가 취득하는 경우로서 사실상 취득가격이 확인되지 않는 경우	지목변경 이후의 시가표준액에서 지목변경 전의 시가표준액을 뺀 가액
선박, 차량 또는 기계장비의 종류변경			시가표준액
건축물을 개수	원시취득의 과세표준 적용		
과점주주의 주식 간주취득	과세표준 = 해당 법인의 결산서와 그 밖의 장부 등에 따른의 그 부동산 등 총가액 × $\dfrac{\text{과점주주가 취득한 주식 또는 출자의 총수}}{\text{그 법인의 주식 또는 출자의 총수}}$		

❻ 시가표준액

토지	개별공시지가 16회, 32회	• 취득일 현재 해당 연도 적용가액이 공시 × ⇒ 직전 연도 가액
주택	개별·공동주택가격 16회	• 해당 공시된 가액이 없는 경우 ⇒ 시장·군수가 산정한 가액, 32회
건축물	「소득세법」상 건물신축가격기준액 × 구조별·용도별·위치별 지수 × 경과연수별 잔존가치율 × ㎡ × 가감산율에 의하여 시장·군수가 산정한 가액	

❼ 면세점

① 취득가액이 50만 원 이하인 때에는 취득세를 부과하지 아니한다. 16회, 18회, 22회, 25회, 33회
② 토지나 건축물을 취득한 자가 그 취득한 날부터 1년 이내에 그에 인접한 토지나 건축물을 취득한 경우에는 ⇒ 각각 그 전후의 취득에 관한 토지나 건축물의 취득을 1건의 토지 취득 또는 1구의 건축물 취득으로 보아 면세점 적용 26회, 31회

3 대표 기출문제

제27회 출제

01 「지방세법」상 유상취득의 경우로서 사실상의 취득가격을 취득세의 과세표준으로 하는 경우 취득가격에 포함되지 <u>않는</u> 것은? (단, 특수관계인과의 거래가 아니며, 비용 등은 취득시기 이전에 지급되었음)

① 「전기사업법」에 따라 전기를 사용하는 자가 분담하는 비용
② 법인이 취득하는 경우 건설자금에 충당한 차입금의 이자
③ 법인이 연부로 취득하는 경우 연부계약에 따른 이자상당액
④ 취득에 필요한 용역을 제공받는 대가로 지급하는 용역비
⑤ 취득대금 외에 당사자의 약정에 따른 취득자 조건 부담액

해설

관련 법률에 따라 전기·가스·열 등을 이용하는 자가 분담하는 비용은 취득가격 등에 포함하지 아니한다. 그러나 나머지는 취득가격 등에 포함한다.

답 ①

제32회 출제

02 「지방세법」상 시가표준액에 관한 설명으로 옳은 것을 모두 고른 것은?

> ㉠ 토지의 시가표준액은 세목별 납세의무의 성립시기 당시 「부동산 가격 공시에 관한 법률」에 따른 개별공시지가가 공시된 경우 개별공시지가로 한다.
> ㉡ 건축물의 시가표준액은 소득세법령에 따라 매년 1회 국세청장이 산정, 고시하는 건물 신축가격기준액에 행정안전부장관이 정한 기준을 적용하여 국토교통부장관이 결정한 가액으로 한다.
> ㉢ 공동주택의 시가표준액은 공동주택가격이 공시되지 아니한 경우에는 지역별·단지별·면적별·층별 특성 및 거래가격을 고려하여 행정안전부장관이 정하는 기준에 따라 국토교통부장관이 산정한 가액으로 한다.

① ㉠   ② ㉠, ㉡   ③ ㉠, ㉢   ④ ㉡, ㉢   ⑤ ㉠, ㉡, ㉢

해설

옳은 것은 ㉠이다.

㉡ 건축물의 시가표준액은 소득세법령에 따라 매년 1회 국세청장이 산정, 고시하는 건물신축가격기준액에 행정안전부장관이 정한 기준을 적용하여 지방자치단체의 장이 결정한 가액으로 한다.

㉢ 공동주택의 시가표준액은 공동주택가격이 공시되지 아니한 경우에는 지역별·단지별·면적별·층별 특성 및 거래가격을 고려하여 행정안전부장관이 정하는 기준에 따라 특별자치시장·특별자치도지사·시장·군수 또는 구청장이이 산정한 가액으로 한다.

답 ①

---

4 출제 예상문제

01 취득세의 과세표준에 관한 다음의 설명 중 옳지 <u>않은</u> 것은?

① 취득세의 과세표준의 기준은 취득 당시의 가액으로 한다. 다만, 연부로 취득하는 경우의 과세표준은 매회 사실상 지급되는 연부금액을 말하며, 취득금액에 포함되는 계약보증금을 포함한다.

② 부동산을 증여 받아 취득하는 경우 「지방세법」 제10조에 따른 취득 당시의 가액은 취득시기 현재 불특정 다수인 사이에 자유롭게 거래가 이루어지는 경우 통상적으로 성립된다고 인정되는 가액("시가인정액")으로 한다.

③ ②의 시가인정액이란 취득일 전 6개월부터 취득일 후 3개월 이내의 평가기간에 취득 대상이 된 법 제7조제1항에 따른 부동산 등에 대하여 매매, 감정, 경매 또는 공매한 사실이 있는 경우의 가액으로서 법령에서 정하는 가액을 말한다.

④ 상속에 따른 무상취득의 경우에 과세표준은 시가인정액으로 한다.

⑤ 취득물건에 대한 시가표준액이 1억원 이하인 부동산 등을 무상취득(상속의 경우는 제외)하는 경우에 과세표준은 시가인정액과 시가표준액 중에서 납세자가 정하는 가액을 취득당시 가액으로 한다.

해설 ✦ 상속에 따른 무상취득의 경우에 과세표준은 시가표준액으로 한다.

정답 ✦ ④

02 「지방세법」상 취득세 과세표준이 되는 취득당시 가액 등에 대한 설명 중 **틀린** 것은?

① 부동산 등을 유상거래로 승계취득하는 경우 취득당시 가액은 취득시기 이전에 해당 물건을 취득하기 위하여 거래 상대방이나 제3자에게 지급하였거나 지급하여야 할 일체의 비용으로 서 대통령령으로 정하는 사실상의 취득가격으로 한다.

② 지방자치단체의 장은 「지방세기본법」제2조제1항제34호에 따른 특수관계인간의 거래로 그 취득에 대한 조세부담을 부당하게 감소시키는 행위 또는 계산을 한 것으로 인정되는 경우에 는 시가표준액을 취득당시 가액으로 결정하여야 한다.

③ 부동산 등을 원시취득하는 경우 취득당시 가액은 사실상 취득가격으로 한다. 다만, 법인이 아닌 자가 건축물을 건축하여 취득하는 경우로서 사실상 취득가격을 확인할 수 없는 경우의 취득당시 가액은 시가표준액으로 한다.

④ 토지의 지목을 사실상 변경한 경우 취득당시 가액은 그 변경으로 증가한 가액에 해당하는 사실상 취득가격으로 한다.

⑤ ④의 가액은 토지의 지목이 사실상 변경된 때를 기준으로 지목변경 이후의 토지에 대한 시 가표준액에서 지목변경 전의 토지에 대한 시가표준액을 뺀 가액을 말한다.

해설 ✦ ② 지방자치단체의 장은 「지방세기본법」제2조제1항제34호에 따른 특수관계인간의 거래로 그 취득에 대한 조세부 담을 부당하게 감소시키는 행위 또는 계산을 한 것으로 인정되는 경우에는 시가인정액을 취득당시 가액으로 결정할 수 있다.

정답 ✦ ②

03 「지방세법」상 부담부 증여의 경우 취득세에 관한 설명이다. 틀린 것은? 단, 수증자가 증여자의 채무를 인수하는 경우이며, 다른 조건은 고려하지 않는다.

① 증여자의 채무를 인수하는 부담부(負擔附) 증여의 경우에는 그 채무액에 상당하는 부분은 부동산 등을 유상으로 취득하는 것으로 본다. 다만, 배우자 또는 직계존비속으로부터의 부동산등의 부담부 증여의 경우에는 「지방세법」 제7조 제11항을 적용한다.

② 채무인수액 이외 자산을 취득하는 경우에는 무상으로 취득한 것으로 본다.

③ 증여자의 채무를 인수하는 부담부 증여의 경우 유상으로 취득한 것으로 보는 채무액에 상당하는 부분("채무부담액")에 대해서는 제10조의3에서 정하는 유상승계취득에서의 과세표준을 적용하고, 취득물건의 시가인정액에서 채무부담액을 뺀 잔액에 대해서도 유상승계취득에서의 과세표준을 적용한다.

④ ③의 경우 유상으로 취득한 것으로 보는 채무액에 상당하는 부분("채무부담액")의 범위는 시가인정액을 그 한도로 한다.

⑤ 채무부담액은 취득자가 부동산 등의 취득일이 속하는 달의 말일부터 3개월 이내에 인수한 것을 입증한 채무액으로서 법령에 정하는 금액으로 한다.

해설 ✦ ③ 증여자의 채무를 인수하는 부담부 증여의 경우 유상으로 취득한 것으로 보는 채무액에 상당하는 부분("채무부담액")에 대해서는 제10조의3에서 정하는 유상승계취득에서의 과세표준을 적용하고, 취득물건의 시가인정액에서 채무부담액을 뺀 잔액에 대해서는 무상취득에서의 과세표준을 적용한다.

정답 ✦ ③

04 「지방세법」상 부동산 등을 유상거래로 승계취득하는 경우로서 취득세 과세표준을 사실상의 취득가격으로 하는 경우 이에 포함될 수 있는 항목을 모두 고른 것은? (단, 아래 항목은 개인이 국가로부터 시가로 유상취득하기 위하여 취득시기 이전에 지급하였거나 지급하여야 할 것으로 가정함)

㉠ 취득대금을 일시급으로 지불하여 일정액을 할인받은 경우 그 할인액
㉡ 「주택도시기금법」에 따라 매입한 국민주택채권을 해당 부동산취득 이전에 양도함으로써 발생한 매각차손
㉢ 할부 또는 연부계약에 따른 이자상당액 및 연체료
㉣ 취득대금 외에 당사자 약정에 의한 취득자 채무인수액
㉤ 공인중개사에게 지급한 중개보수

---

① ㉠, ㉡　　　　　② ㉡, ㉣　　　　　③ ㉠, ㉢, ㉤
④ ㉡, ㉢, ㉣　　　　⑤ ㉢, ㉣, ㉤

해설 ✦ 사실상 취득가격에 포함되는 것은 ㉡㉣이다.
　　㉠ 취득대금을 일시급으로 지불하여 일정액을 할인받은 경우 그 할인액, ㉢ 개인이 취득하는 경우 할부 또는 연부계약에 따른 이자상당액 및 연체료, ㉤ 개인이 취득하는 경우 공인중개사에게 지급한 중개보수는 사실상 취득가격에 포함하지 아니한다.

정답 ✦ ②

1 출제예상과 학습포인트

✦ 최근 기출회수

21회, 23회, 24회, 25회, 26회, 27회, 30회, 33회

✦ 35회 출제 예상

자주 출제되는 부분으로서 35회에 출제될 가능성은 80% 이상이다.

✦ 35회 중요도

★★★

✦ 학습범위

취득원인에 따른 표준세율과 사치성재산 등에 대한 중과세율을 학습하여야 한다.

✦ 학습방법

취득원인에 따른 표준세율은 필수적으로 암기를 하여야 하며, 다주택 취득에 대한 중과세율부분은 주택 수 판단에 관한 내용정도를 살펴보면 된다. 사치성재산 등에 대한 중과세는 중과세율과 사치성재산의 종류, 대도시 중과세 제외 업종 등에 대해서 숙지를 하여야 한다.

✦ 핵심쟁점

❶ 부동산 취득의 유형별 표준세율
❷ 주택 취득가액에 따른 유상취득세율
❸ 세율의 적용
❹ 사치성재산과 과밀억제권역 및 대도시 안의 취득에 따른 중과세율
❺ 주택 취득의 중과세율

2 핵심 내용

❶ 표준세율

1. 부동산취득의 표준세율

구분	세율
상속	농지 : 2.3%
	농지 이외 : 2.8% 23회, 24회, 30회
상속 외의 무상취득	비영리사업자 : 2.8% 30회
	비영리사업자 이외 : 3.5% 26회
원시취득	2.8% 23회, 26회, 30회
공유물의 분할 또는 부동산의 공유권해소를 위한 지분이전으로 인한 취득(지분초과분 제외)	2.3% 23회, 26회, 27회
합유물 및 총유물의 분할	
그 밖의 원인(매매 등의 유상)으로 인한 취득*	농지 : 3% 30회
	농지·주택 이외 : 4% 23회

*법인의 합병, 분할에 따라 부동산을 취득하는 경우 유상취득의 세율을 적용

2. 주택 유상취득(조정대상지역 내 1세대 1주택 및 조정대상지역 외 1세대 2주택의 유상취득)

20회, 22회, 25회, 30회

주택	6억원 이하	1,000분의 10
	6억원 초과 9억원 이하	$Y = (해당주택의 취득 당시 가액 \times \dfrac{2}{3억원} - 3) \times \dfrac{1}{100}$
	9억원 초과	1,000분의 30

※ 주택을 신축 또는 증축한 이후 해당 주거용 건축물의 소유자(배우자 및 직계존비속을 포함한다)가 해당 주택의 부속토지를 취득하는 경우에는 ⇒ 위의 주택유상취득세율을 적용하지 아니한다.

3. 세율의 적용

① 탄력세율 : 지방자치단체의 장은 조례로 정하는 바에 따라 취득세의 세율을 부동산취득 표준세율의 100분의 50의 범위에서 가감할 수 있다. 26회
② 같은 취득물건에 대하여 둘 이상의 세율이 해당되는 경우에는 그 중 높은 세율을 적용한다.

③ **농지** : 취득 당시 공부상 지목이 논, 밭 또는 과수원인 토지 + 실제 농작물의 경작이나 다년생식물의 재배지로 이용되는 토지, 취득 당시 공부상 지목이 논, 밭, 과수원 또는 목장용지인 토지 + 실제 축산용으로 사용되는 축사와 그 부대시설로 사용되는 토지, 초지 및 사료밭

④ **공유물의 세율 적용** : 상속·상속 외의 무상취득·그 밖의 원인으로 취득하는 부동산 및 유상으로 취득하는 주택이 공유물일 때에는 그 취득지분의 가액을 과세표준으로 하여 각각의 세율 적용 _{21회}

⑤ **증축·개축 또는 개수의 세율 적용** : 건축(신축과 재축 제외) 또는 개수로 인하여 건축물 면적이 증가할 때에는 그 증가된 부분에 대하여 원시취득으로 보아 원시취득세율 적용.

❷ 법인의 주택 유상취득 등 중과세율

1. 주택 유상취득시 중과세

구분		세율	
		조정대상지역 내	조정대상지역 외
개인	1세대 2주택 (일시적 2주택은 제외)	8%(4% + 중과기준세율 × 2배)	1~3%
	1세대 3주택	12%(4% + 중과기준세율 × 4배)	8%(4% + 중과기준세율 × 2배)
	1세대 4주택	12%(4% + 중과기준세율 × 4배)	12%(4% + 중과기준세율 × 4배)
법인		12%(4% + 중과기준세율 × 4배)	

2. 조정대상지역내 3억원 이상의 주택을 무상취득시 중과세

구분		세율
주택	조정대상지역 내 3억원 이상 주택	12%(4% + 중과기준세율×4배)
	그 외	3.5%*
	비영리사업자	2.8%
주택 이외	비영리사업자	2.8%
	그 외	3.5%

* 1세대 1주택자가 소유주택을 배우자·직계존비속에게 증여한 경우에는 3.5%이다.

> **참고** 일시적 2주택
>
> 1. 국내에 주택, 조합원입주권, 주택분양권 또는 오피스텔을 1개 소유한 1세대가 그 주택, 조합원입주권, 주택분양권 또는 오피스텔(이하 '종전 주택 등')을 소유한 상태에서 이사·학업·취업·직장이전 및 이와 유사한 사유로 다른 1주택(이하 '신규 주택')을 추가로 취득한 후 3년 이내에 종전 주택 등을 처분하는 경우 해당 신규 주택을 말한다.
> 2. 1.을 적용할 때 조합원입주권 또는 주택분양권을 1개 소유한 1세대가 그 조합원입주권 또는 주택분양권을 소유한 상태에서 신규 주택을 취득한 경우에는 해당 조합원입주권 또는 주택분양권에 의한 주택을 취득한 날부터 일시적 2주택 기간을 기산한다.

3. 주택 수 산정방법

① 「신탁법」에 따라 신탁된 주택은 위탁자의 주택 수에 가산한다.

② 조합원입주권, 주택분양권, 주택으로 과세되는 오피스텔은 소유한 자의 주택 수에 가산한다. 33회

❸ 과밀억제권역내 취득 등 중과세율

구분		세율
사치성 재산에 대한 중과세	고급오락장·골프장·고급선박·고급주택 등	표준세율 + 중과기준세율(2%) × 4배
과밀억제권역 내 중과세	① 과밀억제권역에서 본점이나 주사무소의 사업용 부동산을 취득하는 경우 ② 과밀억제권역(산업단지, 유치지역, 공업지역 제외)에서 공장을 신·증설하기 위하여 사업용 과세물건을 취득하는 경우	표준세율 + 중과기준세율 × 2배
대도시에서의 중과세	① 대도시에서 법인을 설립(휴면법인을 인수하는 경우 포함)하거나 지점 또는 분사무소를 설치하는 경우 및 법인의 본점·주사무소·지점 또는 분사무소를 대도시로 전입함에 따라 대도시의 부동산을 취득하는 경우 ② 대도시(유치지역 및 공업지역 제외)에서 공장을 신설하거나 증설함에 따라 부동산을 취득하는 경우	표준세율 × 3배 − 중과기준세율 × 2배
사치성 재산 중과세와 대도시에서의 중과세가 동시에 적용되는 경우		표준세율 × 3배 + 중과기준세율 × 2배
과밀억제권역 내 중과세와 대도시에서의 중과세가 동시에 적용되는 경우		표준세율 × 3배
조정대상지역 내 주택유상거래로 인한 취득세 세율·조정대상지역내 주택을 증여받은 경우의 취득세 세율과 사치성재산에 대한 중과세가 동시에 적용되는 경우		해당 취득세 표준 세율에 중과기준세율의 4배를 합한 세율 (최대 20%)

1. 사치성 재산 21회

> 취득세율 = 표준세율 + 중과기준세율(2%) × 4배

① **종류**: 고급오락장, 골프장(회원제 골프장, 승계취득은 중과세 제외), 고급선박(시가표준액 3억원을 초과하는 비업무용 자가용 선박), 고급주택(취득세만 중과세, 취득당시 시가표준액 9억원 초과하는 주택)

② 고급오락장, 고급주택에 부속된 토지의 경계가 명백하지 아니할 때에는 그 건축물 바닥면적의 10 배에 해당하는 토지를 그 부속토지로 본다.

③ 고급주택·고급오락장용 건축물을 취득한 날부터 60일 이내에 고급주택·고급오락장이 아닌 용도로 사용하거나 고급주택·고급오락장이 아닌 용도로 사용하기 위하여 용도변경공사에 착공하는 경우 에는 중과세율 적용대상에서 제외한다.

고급주택 17회, 23회	단독 주택	1구의 건물의 연면적 331㎡ 초과 또는 대지면적 662㎡ 초과 + 주택의 취득 당시 시가표준액 9억원 초과
		엘리베이터 설치 + 주택의 취득 당시 시가표준액 9억원 초과
		에스컬레이터 또는 67㎡ 이상의 수영장 중 1개 이상 설치된 것(가액기준×)
	공동 주택	전용면적 245㎡(복층형 : 274㎡, 1개 층 면적 245㎡ 초과 시 제외) 초과+주택의 취득 당시 시가표준액 9억원 초과(단, 다가구용 주택을 포함하되, 한 가구가 독립 거주할 수 있도록 구획된 부분을 각각 1구의 건물로 본다)

2. 과밀억제권역 내 부동산취득

> 취득세율 = 표준세율 + 중과기준세율(2%) × 2배

① **과밀억제권역 내(산업단지, 유치지역, 공업지역 제외) 공장 신·증설**

　㉠ 업종: 비도시형 업종(도시형 업종 제외)

　㉡ 신설: 생산시설 연면적 500㎡ 이상

　㉢ 증설: 20% 이상 또는 330㎡ 이상

　㉣ 중과세되는 사업용 과세물건: 공장용 건축물, 부속토지, 공장용 차량·기계장비

　※ 공장의 신설 또는 증설에 한하며, 기존공장의 포괄적 승계취득 또는 업종변경 등은 제외하나, 서울 외의 지역에서 서울 안으로 이전하는 경우에는 중과세한다.

② **과밀억제권역 내 본점 또는 주사무소의 사업용 부동산취득**

　㉠ 지점용 ×, 분사무소용 ×

　㉡ 신축과 증축에 한해 중과세하며, 승계취득은 중과세하지 않음

3. 대도시 내 법인설립 등에 따른 부동산취득

취득세율 = 표준세율 × 3배 − 중과기준세율(2%) × 2배

① 대도시 내에서 법인의 설립, 설치, 전입 등에 따른 부동산취득 25회

   ㉠ 중과세 대상: 본점(주사무소), 지점(분사무소), 원시·승계취득, 사업용·비사업용 관계 없이 모든 부동산취득

   ㉡ 중과세 제외되는 경우(중과세 제외 업종): 은행업, 할부금융업, 의료업, 유통산업, 사회간접자본시설업, 첨단업종 등 대도시 설치불가피 업종

② 대도시 내 공장 신·증설에 따른 부동산취득(과세대상은 건축물, 부속토지)

기본통칙	[중과대상에 여부에 관한 본점 예시] 13-2
	1. 중과대상에 해당하는 경우
	① 도시형공장을 영위하는 공장의 구내에서 본점용사무실을 증축하는 경우
	② 본점의 사무소전용 주차타워를 신·증축하는 경우 23회
	③ 임대한 토지에 공장을 신설하여 운영하다가 동 토지 내에 본점 사업용 건축물을 신·증축하는 경우
	④ 건축물을 신·증축한 후 5년 이내에 본점의 부서 중 일부 부서가 입주하여 사무를 처리하는 경우
	2. 중과대상에 해당하지 않는 경우
	① 병원의 병실을 증축취득하는 경우 23회
	② 운수업체가 「자동차운수사업법」에 의한 차고용 토지만을 취득하는 경우
	③ 임대업자가 임대하기 위하여 취득한 부동산과 당해 건축물을 임차하여 법인의 본점용으로 사용하는 경우
	④ 시장·백화점 등의 영업장의 경우 23회

3 대표 기출문제

제26회 출제

01 지방세법상 부동산 취득시 취득세 과세표준에 적용되는 표준세율로 옳은 것을 모두 고른 것은?

> ㄱ. 상속으로 인한 농지취득 : 1천분의 23
> ㄴ. 합유물 및 총유물의 분할로 인한 취득 : 1천분의 23
> ㄷ. 원시취득(공유수면의 매립 또는 간척으로 인한 농지 취득 제외) : 1천분의 28
> ㄹ. 법령으로 정한 비영리사업자의 상속 외의 무상취득 : 1천분의 28

① ㄱ, ㄴ   ② ㄴ, ㄷ   ③ ㄱ, ㄷ

④ ㄴ, ㄷ, ㄹ   ⑤ ㄱ, ㄴ, ㄷ, ㄹ

해설

모두 옳은 설명이다.

답 ⑤

제30회 출제

02 지방세법상 취득세의 표준세율이 가장 높은 것은? (단, 「지방세특례제한법」은 고려하지 않음)

① 상속으로 건물(주택 아님)을 취득한 경우

② 유상거래를 원인으로 농지를 취득한 경우

③ 영리법인이 공유수면을 매립하여 농지를 취득한 경우

④ 유상거래를 원인으로 「지방세법」 제10조에 따른 취득 당시의 가액이 6억원인 1세대 1주택 (「주택법」에 의한 주택으로서 등기부에 주택으로 기재된 주거용 건축물과 그 부속토지)을 취득한 경우

⑤ 「사회복지사업법」에 따라 설립된 사회복지법인이 독지가의 기부에 의하여 건물을 취득한 경우

4 출제 예상문제

01 「지방세법」상 취득세 세율에 대한 설명으로 틀린 것은?

① 취득세의 표준세율은 취득물건에 따라 차등비례세율이 적용된다.

② 동일한 과세물건에 대하여 둘 이상의 세율이 적용되는 경우에는 그 중 높은 세율을 적용한다.

③ 유상승계취득하는 부동산이 공유물인 때에는 그 취득지분의 가액을 과세표준으로 하여 세율을 적용한다.

④ 주택을 신축 또는 증축한 이후 해당 주거용 건축물의 소유자(배우자 및 직계존비속을 포함)가 해당 주택의 부속토지를 유상승계 취득하는 경우에는 「지방세법」 제11조 제1항 제8호의 세율을 적용하지 아니하고 토지에 대한 유상승계 취득세율을 적용한다.

⑤ 「주택법」 제63조의2 제1항 제1호에 따른 조정대상지역 내 1세대 1주택을 6억원에 유상취득하는 경우에 1,000분의 10의 세율을 적용하지만, 조정대상지역 외 1세대 2주택을 유상취득하는 경우에는 「지방세법」 제11조 제1항 제7호 나목의 세율을 표준세율로 하여 해당 세율에 중과기준세율의 100분의 200을 합한 세율이 적용된다.

해설 ✦ 「주택법」 제63조의2 제1항 제1호에 따른 조정대상지역 내 1세대 1주택과 조정대상지역 외 1세대 2주택을 6억원에 취득하는 경우에는 모두 1,000분의 10의 세율을 적용한다.

정답 ✦ ⑤

02 「**지방세법**」상 부동산취득에 대한 취득세 표준세율을 설명한 것으로 틀린 것은? (단, 비과세 및 감면은 없는 것으로 가정함)

① 개인이 농지를 상속받은 경우: 1,000분의 23
② 비영리법인이 주택을 증여받은 경우: 1,000분의 28
③ 개인이 상가 건축물을 위자료로 지급받은 경우: 1,000분의 40
④ 영리법인이 농지를 교환으로 취득하는 경우: 1,000분의 30
⑤ 「지방세법」 제10조 제3항에 따라 건축(신축과 재축은 제외한다) 또는 개수로 인하여 건축물 면적이 증가할 때에는 해당 건물 전체부분에 대하여 원시취득으로 보아 「지방세법」 제11조 제1항 제3호의 세율(1,000분의 28)을 적용한다.

해설 ✦ ⑤ 「지방세법」 제10조 제3항에 따라 건축(신축과 재축은 제외한다) 또는 개수로 인하여 건축물 면적이 증가할 때에는 그 증가된 부분에 대하여 원시취득으로 보아 제1항 제3호의 세율(2.8%)을 적용한다.

정답 ✦ ⑤

03 다음 중 「**지방세법**」상 취득세 표준세율(지방세법 제11조 및 제12조의 세율)과 중과기준세율의 4배를 합한 중과세율이 적용되는 취득세 과세대상은 모두 몇 개인가? (단, 「지방세법」상 중과세율의 적용요건을 모두 충족하는 것으로 가정함)

> ㉠ 임직원 등이 사용하는 법인 소유의 별장
> ㉡ 골프장
> ㉢ 고급주택
> ㉣ 고급오락장
> ㉤ 과밀억제권역 안에서 법인의 본점으로 사업에 사용하는 부동산

① 1개   ② 2개   ③ 3개   ④ 4개   ⑤ 5개

해설 ✦ 옳은 지문은 ㉡㉢㉣이다.
　　　골프장·고급오락장·고급선박·고급주택은 사치성 재산이므로 표준세율과 중과기준세율의 4배를 합한 중과세율이 적용된다. 다만, ㉠ 별장은 사치성재산에서 제외되었으므로 중과세율 적용대상이 아니며, ㉤ 과밀억제권역 안에서 법인의 본점용 또는 주사무소용 사업용 부동산은 표준세율에 중과기준세율의 2배를 합한 중과세율이 적용된다.

정답 ✦ ③

04 취득세 과세대상 중 표준세율과 중과기준세율의 100분의 400을 합한 세율을 적용하는 중과세인 고급주택의 요건을 설명한 것으로 **틀린** 것은?

① 1구의 건물의 연면적(주차장 면적 제외)이 331㎡를 초과하는 것으로서 취득 당시의 시가표준액이 9억원을 초과하는 경우

② 1구의 건축물(공동주택 제외)에 엘리베이터(적재하중 200kg 이하의 소형엘리베이터 제외)가 설치된 주거용 건축물과 부속토지의 경우

③ 1구의 공동주택의 연면적(공용면적 제외)이 245㎡(각 층별로 1개 층이 245㎡ 이하인 복층형의 경우에는 합계면적을 기준으로 274㎡, 1개 층이 245㎡를 초과하는 복층형의 경우에는 합계면적이 274㎡ 이하이더라도 고급주택으로 봄)를 초과하는 주거용 공동주택과 그 부속토지로서 취득 당시의 시가표준액이 9억원을 초과하는 경우

④ 1구의 건물의 대지면적이 662㎡를 초과하는 것으로서 취득 당시의 시가표준액이 9억원을 초과하는 경우

⑤ 1구의 건축물(공동주택 제외)에 에스컬레이터 또는 67㎡ 이상의 수영장 중 1개 이상의 시설이 설치된 주거용 건축물과 그 부속토지의 경우

해설 ✦ ② 1구의 주택에 엘리베이터(적재하중 200kg 이하의 소형엘리베이터 제외)가 설치된 주거용 건축물과 부속토지로서 취득 당시의 시가표준액이 9억원을 초과하는 경우에 고급주택이 된다.

정답 ✦ ②

05 다음 중 대도시 내 설치가 불가피한 업종으로서 대도시 내 중과세 제외 법인에 해당하는 것은 모두 몇 개인가?

• 은행업	• 첨단기술업종	• 주택건설사업
• 의료업	• 할부금융업	
• 유통산업 및 화물자동차운송사업, 물류터미널		

① 2개　　　　② 3개　　　　③ 4개　　　　④ 5개　　　　⑤ 6개

해설 ✦ 은행업, 첨단기술업종, 주택건설사업, 의료업, 할부금융업, 유통산업 및 화물자동차운송사업, 물류터미널 모두 대도시 내 설치가 불가피한 업종으로서 대도시 내 중과세에서 제외한다.

정답 ✦ ⑤

취득세의 특례세율 및 세율의 적용

1 출제예상과 학습포인트

✦ 최근 기출회수

22회, 24회, 28회

✦ 35회 출제 예상

최근 거의 매회 출제되는 부분은 아니나 언제든지 출제될 수 있는 부분이므로 35회에서 출제될 가능성은 60% 이상이다.

✦ 35회 중요도

★★★

✦ 학습범위

특례세율은 핵심내용을 숙지해야하며, 취득세 세율의 적용은 출제가 자주 되는 부분은 아니므로 시험장 가기 전에 한번 쯤 보고가면 된다.

✦ 학습방법

주로 형식적 취득 등으로서 표준세율에서 중과기준세율을 뺀 세율 적용대상과 간주취득 등으로서 중과기준세율 적용 대상을 구분할 수 있어야 한다.

✦ 핵심쟁점

❶ 표준세율에서 중과기준세율을 뺀 세율을 적용하는 취득의 구분
❷ 중과기준세율을 적용하는 취득의 구분
❸ 같은 취득물건에 대하여 둘 이상의 세율이 해당하는 경우 적용하는 세율

2 핵심 내용

❶ 세율의 특례 20회, 22회, 24회, 26회, 28회

적용세율	적용대상
표준세율 – 중과기준세율(2%)*	① 환매권 행사로 인한 취득(환매등기) ② 상속으로 인한 1가구 1주택 및 감면대상 농지 취득 ③ 법인의 합병 ④ 공유물·합유물의 분할(등기부등본상 본인 지분을 초과하는 부분의 경우 제외) ⑤ 건축물의 이전(이전한 건축물의 가액이 종전 건축물의 가액을 초과하는 경우에 그 초과하는 가액에 대하여는 그러하지 아니하다) ⑥ 이혼시 재산분할 ⑦ 벌채하여 원목을 생산하기 위한 입목의 취득
중과기준세율(2%)	① 건축물 개수(면적증가가 있는 개수 제외). 이 경우 과세표준은 제10조의6제3항에 따른다. ② 차량·기계장비·선박의 종류변경 가액의 증가. 이 경우 과세표준은 제10조의6제1항에 따른다. ③ 토지의 지목변경 가액의 증가. 이 경우 과세표준은 제10조의6제1항에 따른다. ④ 과점주주의 취득. 이 경우 과세표준은 제10조의6제4항에 따른다. ⑤ 골프연습장 등 시설물의 취득 ⑥ 존속기간 1년을 초과하는 임시건축물의 취득 ⑦ 지목이 묘지인 토지의 취득 ⑧ 택지공사가 준공된 토지에 정원 또는 부속시설물 등을 조성·설치하는 경우 토지의 소유자의 취득

* 다만, 유상거래를 원인으로 주택의 취득에 대한 취득세는 해당 세율에 100분의 50을 곱한 세율을 적용하고, 취득세 중과대상은 제외

❷ 취득세 세율의 적용

① 토지나 건축물을 취득한 후 5년 이내에 해당 토지나 건축물이 중과세율대상에 해당하게 된 경우에는 ⇒ 해당 중과세율을 적용하여 취득세를 추징

취득 후 5년 이내 용도변경 공사	취득 후 5년 후 용도변경 공사
전체가액에 대해 중과세로 추징	중과세율 적용 없음

② 고급주택, 골프장 또는 고급오락장용 건축물을 증축·개축 또는 개수한 경우와 일반건축물을 증축·개축 또는 개수하여 고급주택 또는 고급오락장이 된 경우 ⇒ 그 증가되는 건축물의 가액에 대하여 부동산취득 등의 표준세율과 중과기준세율(2%)의 100분의 400을 합한 세율 적용

토지·건축물 취득 후 5년 이내	건축물 등의 증축·개축
전체가액에 대해 중과세율로 추징	증가된 건축물가액에만 중과세율 적용

③ 부동산취득의 표준세율에 중과기준세율(2%)의 100의 200을 합한 세율을 적용하는 공장 신설 또는 증설의 경우에 사업용 과세물건의 소유자와 공장을 신설하거나 증설한 자가 다를 때에는 ⇒ 그 사업용 과세물건의 소유자가 공장을 신설하거나 증설한 것으로 보아 중과세율을 적용. 다만, 취득일부터 공장 신설 또는 증설을 시작한 날까지의 기간이 5년이 지난 사업용 과세물건은 제외

④ 취득한 부동산이 부동산을 취득한 날부터 5년 이내에 표준세율의 100분의 300에서 중과기준세율의 100분의 200을 뺀 중과세율적용의 과세대상이 되는 경우 ⇒ 해당 중과세율을 적용하여 취득세 추징

⑤ 같은 취득물건에 대하여 둘 이상의 세율이 해당되는 경우에는 ⇒ 그 중 높은 세율 적용 25회

3 대표 기출문제

제28회 출제

01 지방세법상 취득세 표준세율에서 중과기준세율을 뺀 세율로 산출한 금액을 그 세액으로 하는 것으로만 모두 묶은 것은? (단, 취득물건은 「지방세법」 제11조 제1항 제8호에 따른 주택 외의 부동산이며 취득세 중과대상이 아님)

> ㄱ. 환매등기를 병행하는 부동산의 매매로서 환매기간 내에 매도자가 환매한 경우의 그 매도자와 매수자의 취득
> ㄴ. 존속기간이 1년을 초과하는 임시건축물의 취득
> ㄷ. 「민법」 제839조의 2에 따라 이혼시 재산분할로 인한 취득
> ㄹ. 등기부등본상 본인 지분을 초과하지 않는 공유물의 분할로 인한 취득

① ㄱ, ㄴ   ② ㄴ, ㄹ   ③ ㄷ, ㄹ
④ ㄱ, ㄴ, ㄷ   ⑤ ㄱ, ㄷ, ㄹ

해설

ㄴ. 존속기간이 1년을 초과하는 임시건축물의 취득은 중과기준세율(2%)로 과세한다.

답 ⑤

02 지방세법상 취득세액을 계산할 때 중과기준세율만을 적용하는 경우를 모두 고른 것은?(단, 취득세 중과물건이 아님)

> ㄱ. 개수로 인하여 건축물 면적이 증가하는 경우 그 증가한 가액
> ㄴ. 토지의 지목을 사실상 변경함으로써 그 가액이 증가한 경우
> ㄷ. 법인설립 후 유상 증자시에 주식을 취득하여 최초로 과점주주가 된 경우
> ㄹ. 상속으로 농지를 취득한 경우

① ㄱ, ㄴ   ② ㄱ, ㄹ   ③ ㄴ, ㄷ
④ ㄱ, ㄴ, ㄷ   ⑤ ㄴ, ㄷ, ㄹ

해설

ㄱ: 건축(신축과 재축은 제외한다) 또는 개수로 인하여 건축물 면적이 증가할 때에는 그 증가된 부분에 대하여 원시취득으로 보아 2.8%의 세율을 적용한다. 그러나 개수로 인하여 건축물 면적의 증가가 없는 취득은 중과기준세율 2%를 적용한다.

ㄴ, ㄷ: 중과기준세율 2%

ㄹ: 표준세율 - 2%

답 ③

4 출제 예상문제

01 「지방세법」상 취득세 표준세율에서 중과기준세율을 뺀 세율로 산출한 금액을 취득세액으로 하는 경우가 **아닌** 것은? (단, 취득물건은 취득세 중과대상이 아님)

① 상속으로 인한 취득 중 법령으로 정하는 1가구 1주택 및 그 부속토지의 취득
② 공유물의 분할로 인한 취득(등기부등본상 본인지분을 초과하지 아니함)
③ 건축물의 이전으로 인한 취득(이전한 건축물의 가액이 종전 건축물의 가액을 초과하지 아니함)
④ 「민법」 제834조 및 제839조의2에 따른 재산분할로 인한 취득
⑤ 무덤과 이에 접속된 부속시설물의 부지로 사용되는 토지로서 지적공부상 지목이 묘지인 토지의 취득

해설 ✦ 무덤과 이에 접속된 부속시설물의 부지로 사용되는 토지로서 지적공부상 지목이 묘지인 토지의 취득은 중과기준세율을 적용한다.

정답 ✦ ⑤

02 다음 중 「지방세법」상 중과기준세율(2%)이 적용되는 경우가 **아닌** 것은?

① 건축 또는 개수로 인하여 건축물 면적이 증가하는 경우 그 증가된 부분
② 선박·차량·기계장비의 종류변경으로 인한 가액증가
③ 토지의 지목변경으로 인한 가액증가
④ 과점주주에 대한 간주취득
⑤ 택지공사가 준공된 토지에 정원 또는 부속시설물 등을 조성·설치하는 경우 토지의 소유자의 취득

해설 ✦ 개수로 인한 취득에 대한 취득세는 중과기준세율(2%)을 적용하여 계산한 금액을 그 세액으로 한다. 단, 개수로 인하여 건축물 면적이 증가할 때에는 그 증가된 부분에 대하여는 원시취득으로 보아 표준세율(2.8%)을 적용한다.

정답 ✦ ①

03 취득세 세율적용에 대한 설명으로 틀린 것은?

① 토지나 건축물을 취득한 후 5년 이내에 해당 부동산이 취득세 중과세대상에 해당하게 되는 경우에는 그 증가한 가액에 대하여 중과세율을 적용하여 취득세를 추징한다.

② 고급주택 또는 고급오락장용 건축물을 증축·개축·개수한 경우와 일반건축물을 증축·개축 또는 개수하여 고급주택 또는 고급오락장이 된 경우에는 그 증가된 건축물의 가액에 대하여 중과세한다.

③ 과밀억제권역 내의 공장 신설 또는 증설의 경우 사업용 과세물건의 소유자와 공장을 신설 또는 증설한 자가 다른 때에는 그 사업용 과세물건의 소유자가 공장을 신설 또는 증설한 것으로 보아 중과세율을 적용한다. 다만, 취득일로부터 공장 신설 또는 증설에 착수한 날까지의 기간이 5년을 경과한 사업용 과세대상 물건은 그러하지 아니하다.

④ 동일한 취득물건에 대하여 2 이상의 세율이 해당하는 경우에는 그 중 높은 세율을 적용한다.

⑤ 사치성 재산을 2인 이상이 구분하여 취득하거나 1인 또는 수인이 시차를 두고 구분취득하는 경우에도 중과세를 적용한다.

해설 ✦ 토지나 건축물을 취득한 후 5년 이내에 해당 부동산이 취득세 중과세대상에 해당하게 되는 경우에는 부동산 전체 가액에 대하여 중과세율을 적용하여 취득세를 추징한다. 다만, 이 경우 당초 표준세율을 적용하여 기납부한 세액은 공제한다.

정답 ✦ ①

취득세의 부과징수

1 출제예상과 학습포인트

✦ 최근 기출회수

　20회, 21회, 22회, 24회, 25회, 27회, 31회, 32회, 33회

✦ 35회 출제 예상

　개별문제로 최근 2~3년에 한번씩 출제되는 부분이며, 종합문제에서 개별 보기지문의 하나로 매우 자주 출제되는 부분으로서, 35회에 출제될 가능성은 80% 이상이다.

✦ 35회 중요도

　★★★

✦ 학습범위

　취득세 신고기한, 일반가산세 및 중가산세 등의 납세절차의 전반적인 내용을 숙지하여야 한다.

✦ 학습방법

　취득세 납세절차에 따른 신고납부기한, 가산세(일반가산세와 중가산세 구별), 채권자대위권에 의한 신고 등과 면세점 등을 정확히 숙지하여야 한다.

✦ 핵심쟁점

　❶ 취득세 원칙적인 신고기한과 취득원인에 따른 신고기한(증여의 경우와 상속의 경우를 구별)
　❷ 채권자 대위권
　❸ 취득 유형별 취득세 법정신고기한
　❹ 보통징수 사유와 가산세 및 중가산세 적용대상과 제외대상
　❺ 시가인정액을 수정신고시 가산세 제외
　❻ 납세지
　❼ 법인의 장부 등의 작성 보존의무와 가산세율
　❽ 국가 등의 매각통보

2 핵심 내용

❶ 납세지

취득물건 소재지(부동산은 부동산 소재지, 골프회원권 등은 시설 소재지)

✦ 같은 취득물건이 둘 이상의 지방자치단체에 걸쳐 있는 경우에는 법령으로 정하는 바에 따라 소재지별로 안분 (시가표준액 비율)한다.

✦ 납세지가 불분명한 경우 : 취득물건 소재지

❷ 징수방법

① 원칙: 신고납부

   ㉠ 취득일부터 60일 이내 25회

     ✦ 「부동산 거래신고 등에 관한 법률」 규정에 따른 토지거래계약에 관한 허가구역에 있는 토지를 취득하는 경우로서 토지거래계약에 관한 허가를 받기 전에 거래대금을 완납한 경우에는 그 허가일(지정 해제일 또는 축소일)로부터 60일 이내에 신고납부 하여야 한다.

   ㉡ 무상취득

취득원인	신고기한
증여 등 무상취득	취득일이 속하는 달의 말일로부터 3개월 이내
상속으로 취득	상속개시일이 속하는 달의 말일부터 6개월(외국에 주소를 둔 상속인이 있는 경우는 9개월) 이내 25회, 31회

   ㉢ 재산권과 그 밖의 권리의 취득·이전에 관한 사항을 공부에 등기하거나 등록하려는 경우: 등기신청서를 등기·등록관서에 접수하는 날 25회, 27회, 33회

   ㉣ 추가신고납부 21회27회, 31회, 32회

     ⓐ 취득 후 중과세대상이 된 경우: 중과세대상이 된 날부터 60일 이내에 해당 중과세율을 적용(이미 납부한 세액공제시 가산세 제외)하여 신고납부 하여야 한다.

     ⓑ 취득 후 부과대상이나 추징대상이 된 경우: 사유발생일부터 60일 이내에(이미 납부한 세액공제시 가산세 제외) 신고납부 하여야 한다.

② **예외: 보통징수**(부족세액 추징 및 가산세) 21회, 22회, 25회, 31회

일반 가산세	신고불성실가산세	㉠ 부정무신고·부정과소신고: 40% ㉡ 일반무신고: 20% ㉢ 과소신고: 10%
	(납세고지 전) 납부지연가산세	1일 0.022%
중가산세	적용	㉠ 취득 후 신고하지 않고 매각 ㉡ 산출세액의 80%
	제외 (일반가산세를 적용)	㉠ 취득세 과세물건 중 등기 또는 등록이 필요하지 아니하는 과세물건(골프회원권 등은 중가산세를 적용) ㉡ 지목변경, 차량·기계장비 또는 선박의 종류 변경, 주식 등의 취득 등 취득으로 보는 과세물건

✦ 가산세가 적용되는 경우 : ㉠법정신고기한내에 신고납부의무를 불성실하는 경우, ㉡ 일시적 2주택으로 신고한 경우로서 3년내 종전주택을 처분하지 못하여 1주택이 되지 아니한 경우

③ **시가인정액을 수정신고시 가산세 제외**: 납세의무자가 법제20조에 따른 신고기한까지 취득세를 시가인정액으로 신고한 후 지방자치단체의 장이 세액을 경정하기 전에 그 시가인정액을 수정신고한 경우에는 「지방세기본법」 제53조 및 제54조에 따른 가산세를 부과하지 아니한다.

④ **부가세**: 농어촌특별세, 지방교육세

⑤ **채권자대위자의 취득세 신고납부**

　㉠ 「부동산등기법」 제28조에 따라 채권자대위권에 의한 등기신청을 하려는 채권자는 납세의무자를 대위하여 부동산의 취득에 대한 취득세를 신고납부할 수 있다. 이 경우 채권자대위자는 행정안전부령으로 정하는 바에 따라 납부확인서를 발급받을 수 있다.

　㉡ 지방자치단체의 장은 ㉠에 따른 채권자대위자의 신고납부가 있는 경우 납세의무자에게 그 사실을 즉시 통보하여야 한다.

⑥ **미납부의 통보**: 등기·등록관서의 장은 취득세가 납부되지 아니하였거나 납부부족액을 발견하였을 때에는 다음 달 10일까지 대통령령으로 정하는 바에 따라 납세지를 관할하는 지방자치단체의 장에게 통보하여야 한다.

⑦ **국가 등의 매각통보**: 매각일로부터 30일 이내에 법령으로 정하는 바에 따라 그 물건 소재지를 관할하는 지방자치단체의 장에게 통보하거나 신고하여야 한다.

⑧ **증여세 관련 자료의 통보**: 세무서장 또는 지방국세청장은 법 제22조의4에 따라 행정안전부령으로 정하는 통보서에 「상속세 및 증여세법」 제76조에 따른 부동산 증여세 결정 또는 경정에 관한 자료를 첨부하여 결정 또는 경정한 날이 속하는 달의 다음 달 말일까지 행정안전부장관 또는 지방자치단체의 장에게 통보해야 한다.

③ 법인의 장부 등의 작성 보존

① 취득세 납세의무가 있는 법인은 취득 당시의 가액을 증명할 수 있는 장부와 관련 증거서류를 작성하여 갖춰 두어야 한다.

② **가산세** : 장부 등의 작성과 보존의무가 있는 법인이 위 ①의 의무를 이행하지 아니한 경우에는 산출한 세액 또는 부족세액의 10% 상당액을 징수하여야 할 세액에 가산한다. 24회, 25회

3 대표 기출문제

제33회 출제

01 지방세법상 취득세의 부과·징수에 관한 설명으로 옳은 것은?

① 취득세의 징수는 보통징수의 방법으로 한다.

② 상속으로 취득세 과세물건을 취득한 자는 상속개시일부터 60일 이내에 산출한 세액을 신고하고 납부하여야 한다.

③ 신고·납부기한 이내에 재산권과 그 밖의 권리의 취득·이전에 관한 사항을 공부에 등기하거나 등록(등재 포함)하려는 경우에는 등기 또는 등록 신청서를 등기·등록관서에 접수하는 날까지 취득세를 신고·납부하여야 한다.

④ 취득세 과세물건을 취득한 후에 그 과세물건이 중과 세율의 적용대상이 되었을 때에는 중과 세율을 적용하여 산출한 세액에서 이미 납부한 세액(가산세 포함)을 공제한 금액을 세액으로 하여 신고·납부하여야 한다.

⑤ 법인의 취득당시가액을 증명할 수 있는 장부가 없는 경우 지방자치단체의 장은 그 산출된 세액의 100분의 20을 징수하여야 할 세액에 가산한다.

해설

① 취득세의 징수는 원칙적으로 신고납부 방법으로 한다.

② 상속으로 취득세 과세물건을 취득한 자는 상속개시일이 속하는 달의 말일로부터 6개월(상속인 가운데 외국에 주소를 둔 자가 있는 경우에는 9개월) 이내에 산출한 세액을 신고하고 납부하여야 한다.

③ 옳은 지문이다.

④ 취득세 과세물건을 취득한 후에 그 과세물건이 중과 세율의 적용대상이 되었을 때에는 중과 세율을 적용하여 산출한 세액에서 이미 납부한 세액(가산세 제외)을 공제한 금액을 세액으로 하여 신고·납부하여야 한다.

⑤ 법인의 취득당시가액을 증명할 수 있는 장부가 없는 경우 지방자치단체의 장은 그 산출된 세액의 100분의 10을 징수하여야 할 세액에 가산한다.

답 ③

02 지방세법상 취득세의 부과·징수에 관한 설명으로 틀린 것은?

① 납세의무자가 취득세 과세물건을 사실상 취득한 후 취득세 신고를 하지 아니하고 매각하는 경우에는 산출세액에 100분의 50을 가산한 금액을 세액으로 하여 보통징수의 방법으로 징수한다.

② 재산권을 공부에 등기하려는 경우에는 등기하기 전까지 취득세를 신고납부하여야 한다.

③ 등기·등록관서의 장은 취득세가 납부되지 아니하였거나 납부부족액을 발견하였을 때에는 다음 달 10일까지 납세지를 관할하는 시장군수에게 통보하여야 한다.

④ 취득세 납세의무자가 신고 또는 납부의무를 다하지 아니하면 산출세액 또는 그 부족세액에 「지방세기본법」의 규정에 따라 산출한 가산세를 합한 금액을 세액으로 하여 보통징수의 방법으로 징수한다.

⑤ 지방자치단체의 장은 취득세 납세의무자가 있는 법인이 장부 등의 작성과 보존의무를 이행하지 아니한 경우에는 산출된 세액 또는 부족세액의 100분의 10에 상당하는 금액을 징수하여야 할 세액에 가산한다.

해설

납세의무자가 취득세 과세물건을 사실상 취득한 후 신고를 하지 아니하고 매각하는 경우에는 가산세의 규정에도 불구하고 산출세액에 100분의 80을 가산한 금액을 세액으로 하여 보통징수의 방법으로 징수한다. 다만, 등기·등록이 필요하지 아니한 과세물건 등 대통령령으로 정하는 과세물건에 대하여는 그러하지 아니하다.

답 ①

4 출제 예상문제

01 「지방세법」상 취득세 신고납부에 대한 설명 중 **틀린** 것은? (단, 토지거래허가구역 내 거래가 아님)

① 증여에 의하여 부동산을 취득하는 경우에는 취득일로부터 3개월 이내에 산출한 세액을 신고하고 납부하여야 한다.

② 국내에 주소를 둔 자가 상속에 의하여 부동산을 취득한 경우에는 상속개시일이 속하는 달의 말일로부터 6개월 이내에 산출한 세액을 신고하고 납부하여야 한다.

③ 부동산을 매매계약에 의하여 취득한 자는 취득일로부터 60일 이내에 산출한 세액을 신고하고 납부하여야 한다.

④ 도에 소재하는 부동산에 대한 취득세는 부동산 소재지 관할 시·군 금고에 납부하여야 한다.

⑤ 취득세 신고기한 내에 신고하지 아니한 경우 가산세 면제사유에 해당하지 않는 한 무신고가산세를 부과한다.

해설 ✦ ① 증여에 의하여 부동산을 취득하는 경우에는 취득일이 속하는 달의 말일로부터 3개월 이내에 산출한 세액을 신고하고 납부하여야 한다.

정답 ✦ ①

02 취득세에 대한 설명으로 **틀린** 것은?

① 납세의무자가 「지방세법」제20조에 따른 신고기한까지 취득세를 시가인정액으로 신고한 후 지방자치단체의 장이 세액을 경정하기 전에 그 시가인정액을 수정신고한 경우에는 「지방세기본법」제53조 및 제54조에 따른 가산세를 부과하지 아니한다.

② 토지거래계약에 관한 허가구역에 있는 토지를 취득하는 경우로서 토지거래계약에 관한 허가를 받기 전에 거래대금을 완납한 경우 대금완납일로부터 60일 이내에 그 과세표준에 세율을 적용하여 산출한 세액을 신고하고 납부하여야 한다.

③ 중가산세가 적용되는 경우가 있다.

④ 국가에 귀속 또는 기부채납을 조건으로 취득하는 부동산에 대하여는 취득세를 부과하지 아니한다.

⑤ 재산권과 그 밖의 권리의 취득·이전에 관한 사항을 공부(公簿)에 등기하거나 등록하려는 경우에는 등기 또는 등록신청서를 등기·등록관서에 접수하는 날까지 취득세를 신고납부하여야 한다.

해설✦ ② 「부동산 거래신고 등에 관한 법률」에 따른 토지거래계약에 관한 허가구역에 있는 토지를 취득하는 경우로서 토지거래계약에 관한 허가를 받기 전에 거래대금을 완납한 경우에는 그 허가일로부터 60일 이내에 그 과세표준에 세율을 적용하여 산출한 세액을 신고하고 납부하여야 한다.

정답✦ ②

03 「지방세법」 및 「지방세기본법」상 취득세의 부과징수에 관한 설명으로 옳은 것은?

① 「부동산등기법」 제28조에 따라 채권자대위권에 의한 등기신청을 하려는 채권자는 납세의무자를 대위하여 부동산의 취득에 대한 취득세를 신고납부할 수 없다.

② 취득세 납세의무자가 부동산을 취득한 후 신고를 하고 매각하는 경우 신출세액에 100분의 80을 가산한 금액을 세액으로 하여 징수한다.

③ 토지의 지목변경에 따라 사실상 그 가액이 증가된 경우 취득세의 신고를 하지 않고 매각하더라도 취득세의 중가산세 규정은 적용되지 아니한다.

④ 「지방세기본법」의 규정에 의하여 법정신고기한 경과 후 1개월 내에 기한 후 신고를 한 경우에는 납부지연가산세의 100분의 50을 경감한다.

⑤ 취득세의 기한 후 신고는 법정신고기한까지 신고한 경우에 한하여 할 수 있다.

해설✦ ① 「부동산등기법」 제28조에 따라 채권자대위권에 의한 등기신청을 하려는 채권자는 납세의무자를 대위하여 부동산의 취득에 대한 취득세를 신고납부할 수 있다.

② 취득한 후에 취득신고를 한 후 매각하는 경우에는 중가산세가 적용되지 아니한다.

④ 「지방세기본법」에 의하여 법정신고기한 경과 후 1개월 내에 기한 후 신고한 경우에는 무신고가산세의 100분의 50을 경감한다.

⑤ 취득세의 기한 후 신고는 법정신고기한 내에 신고하지 아니한 경우에 한하여 지방자치단체장이 결정하여 통지하기 전에 기한 후 신고할 수 있다.

정답✦ ③

04 「지방세법」상 취득세에 대한 설명으로 옳은 것은?

① 취득세 표준세율을 2%로 하여 산출한 취득세액에 10%에 해당하는 금액을 지방교육세로 부과한다.

② 취득물건에 대해 취득세 표준세율에서 2%를 뺀 세율을 적용하여 산출한 금액의 20%에 해당하는 금액을 농어촌특별세로 하여 취득세에 부가한다. 다만, 중과기준세율이 적용되는 경우에는 제외한다.

③ 취득세 과세물건 중 등기 또는 등록이 필요하지 아니하는 골프회원권을 취득 후 신고하지 않고 매각하는 경우에는 중가산세(산출세액의 100분의 80)규정을 적용하지 아니하고 일반 가산세를 적용한다.

④ 「부동산등기법」 제28조에 따라 채권자대위권에 의한 등기신청을 하려는 채권자는 납세의무자를 대위하여 부동산의 취득에 대한 취득세를 신고납부할 수 있다. 이 경우 채권자대위자는 행정안전부령으로 정하는 바에 따라 납부확인서를 발급받을 수 있다.

⑤ 지방자치단체의 장은 ④에 따른 채권자대위자의 신고납부가 있는 경우 납세의무자에게 그 사실을 60일 이내에 통보하여야 한다.

해설 ✦ ① 취득세 표준세율을 2%로 하여 산출한 취득세액에 10%에 해당하는 금액을 농어촌특별세로 하여 부과한다.
② 취득물건에 대해 취득세 표준세율에서 1,000분의 20을 뺀 세율을 적용하여 산출한 금액의 20%에 해당하는 금액을 지방교육세로 하여 취득세에 부가한다. 다만, 중과기준세율이 적용되는 경우에는 제외한다.
③ 취득세 과세물건 중 등기 또는 등록이 필요하지 아니하는 골프회원권을 취득 후 신고하지 않고 매각하는 경우에는 중가산세(산출세액의 100분의 80)규정을 적용한다.
⑤ 지방자치단체의 장은 ④에 따른 채권자대위자의 신고납부가 있는 경우 납세의무자에게 그 사실을 즉시 통보하여야 한다.

정답 ✦ ④

05 「지방세법」상 취득세의 부과·징수에 관한 설명으로 틀린 것은?

① 세무서장 또는 지방국세청장은 법 제22조의4에 따라 행정안전부령으로 정하는 통보서에 「상속세 및 증여세법」제76조에 따른 부동산 증여세 결정 또는 경정에 관한 자료를 첨부하여 결정 또는 경정한 날이 속하는 달의 다음 달 말일까지 행정안전부장관 또는 지방자치단체의 장에게 통보해야 한다.

② 재산권을 공부에 등기하려는 경우에는 등기 또는 등록신청서를 등기·등록관서에 접수하는 날부터 60일 이내에 취득세를 신고납부 하여야 한다.

③ 등기·등록관서의 장은 취득세가 납부되지 아니하였거나 납부부족액을 발견하였을 때에는 다음 달 10일까지 납세지를 관할하는 시장·군수에게 통보하여야 한다.

④ 취득세 납세의무자가 신고 또는 납부의무를 다하지 아니하면 산출세액 또는 그 부족세액에 「지방세기본법」의 규정에 따라 산출한 가산세를 합한 금액을 세액으로 하여 보통징수의 방법으로 징수한다.

⑤ 지방자치단체의 장은 취득세 납세의무가 있는 법인이 장부 등의 작성과 보존의무를 이행하지 아니한 경우에는 산출된 세액 또는 부족세액의 100분의 10에 상당하는 금액을 징수하여야 할 세액에 가산한다.

해설 ✦ ② 재산권과 그 밖의 권리의 취득·이전에 관한 사항을 공부(公簿)에 등기하거나 등록하려는 경우에는 등기 또는 등록신청서를 등기·등록관서에 접수하는 날까지 취득세를 신고납부하여야 한다.

정답 ✦ ②

등록면허세 총설 및 비과세

1 출제예상과 학습포인트

✦ 최근 기출회수
  23회, 26회, 28회, 29회, 30회, 31회, 32회, 33회, 34회

✦ 35회 출제 예상
  최근 납세의무자 또는 납세지 등이 계속 출제되고 있는 부분이며, 35회에서 출제될 가능성은 70%이다.

✦ 35회 중요도
  ★★

✦ 학습범위
  등록면허세의 등록의 의의, 납세의무자, 납세지, 비과세 등의 주요 내용을 이해하고 숙지하여야 한다

✦ 학습방법
  등록면허세의 특징과 취득세와 등록면허세의 비교, 등록면허세의 납부세무자, 비과세 등을 이해하고 정확히 숙지하여야 한다. 특히 납세지는 종합문제에서 자주 지문에 기출되므로 주의하여야 한다.

✦ 핵심쟁점
  ❶ 등록면허세의 개념과 등록의 용어 정리
  ❷ 소유권취득등기에 대한 취득세 또는 등록면허세의 과세
  ❸ 등록면허세의 과세권자와 납세지
  ❹ 등록면허세의 납세의무자와 등기의 종류별 납세의무자의 구분
  ❺ 등록면허세의 비과세

2 핵심 내용

❶ 총설

1. 의의

① **의의**: 재산권과 그 밖의 권리에 관한 사항을 공부에 등록하거나, 각종 법령에 규정된 면허·허가·인가·등록 등을 받는 경우에 그 등록을 하는 자 또는 면허를 받는 자에게 부과하는 지방세

② **특징**: 형식주의, 명의자과세원칙 적용

2. 등록

재산권과 그 밖의 권리의 설정·변경 또는 소멸에 관한 사항을 공부에 등기·등록하는 것. 단, 취득세가 과세되는 취득을 원인으로 이루어지는 등기 또는 등록은 제외하되, 다음의 등기·등록은 포함 29회

① 광업권·어업권 및 양식업권의 취득에 따른 등록
② 외국인 소유의 차량, 기계장비, 항공기 및 선박의 연부취득에 따른 등기 또는 등록
③ 취득세 부과제척기간이 경과한 후 해당물건에 대한 등기 또는 등록
④ 취득세 면세점에 해당하는 물건의 등기 또는 등록 32회

❷ 과세권자와 납세의무자

1. 과세권자와 납세지

① 과세권자 : 관할 도, 구 또는 특별자치시·특별자치도
② 납세지
  ㉠ 부동산 ⇒ 부동산 소재지 23회, 26회, 29회, 30회, 31회, 32회
  ㉡ 같은 등록에 관계되는 재산이 둘 이상의 지방자치단체에 걸쳐 있어 등록면허세를 지방자치단체별로 부과할 수 없을 때에는 ⇒ 등록관청 소재지 28회
  ㉢ 같은 채권의 담보를 위하여 설정하는 둘 이상의 저당권을 등록하는 경우에는 ⇒ 이를 하나의 등록으로 보아 그 등록에 관계되는 재산을 처음 등록하는 등록관청 소재지34회
  ㉣ 납세지가 분명하지 아니한 경우에는 ⇒ 등록관청 소재지로 한다. 24회, 31회

2. 납세의무자

공부에 등기 또는 등록을 받는 등기·등록부상에 기재된 명의자 ~ 외관상의 권리자 23회, 28회
① 저당권설정등기 : 저당권자(채권자 은행 등) 23회
② 전세권 또는 임차권설정등기 : 전세권자 또는 임차권자(임차인) 29회, 32회
③ 지상권설정등기 : 지상권자(건축물소유자)
④ 지역권설정등기 : 지역권자(요역지소유자)

기본 통칙	[납세의무가 있는 경우] 23-2
	1. 등기·등록이 된 이후 법원의 판결 등에 의해 그 등기 또는 등록이 무효 또는 취소가 되어 등기·등록이 말소된다 하더라도 이미 납부한 등록면허세는 과오납으로 환급할 수 없다.
	2. 지방세 체납처분으로 그 소유권을 국가 또는 지방자치단체명의로 이전하는 경우에 이미 그 물건에 전세권, 가등기, 압류등기 등으로 되어 있는 것을 말소하는 대위적 등기와 성명의 복구나 소유권의 보존 등 일체의 채권자 대위적 등기에 대하여는 그 소유자가 등록면허세를 납부하여야 한다.

❸ 비과세

국가 등	국가, 지방자치단체, 지방자치단체조합, 외국정부(상호주의) 및 주한국제기구가 자기를 위하여 받는 등록 또는 면허 21회, 34회
기타	① 회사의 정리 또는 특별청산에 관하여 법원의 촉탁으로 인한 등록. 다만, 법인의 자본금 또는 출자금의 납입, 증자 및 출자전환에 따른 등기 또는 등록은 제외 ② 행정구역의 변경, 주민등록번호의 변경, 지적소관청의 지번 변경, 계량단위의 변경, 등록 담당 공무원의 착오 및 이와 유사한 사유로 인한 등록으로서 주소, 성명, 주민등록번호, 지번, 계량단위 등의 단순한 표시변경·회복 또는 경정 등록 30회 ③ 무덤과 이에 접속된 부속시설물의 부지로 사용되는 토지로서 지목공부상 지목이 묘지인 토지에 관한 등기 24회, 28회, 31회

3 대표 기출문제

제34회 출제

01 지방세법령상 등록에 대한 등록면허세가 비과세되는 경우로 틀린 것은?

① 지방자치단체조합이 자기를 위하여 받는 등록
② 무덤과 이에 접속된 부속시설물의 부지로 사용되는 토지로서 지적공부상 지목이 묘지인 토지에 관한 등기
③ 회사의 정리 또는 특별청산에 관하여 법원의 촉탁으로 인한 등기(법인의 자본금 또는 출자금의 납입, 증자 및 출자전환에 따른 등기 제외)
④ 대한민국 정부기관의 등록에 대하여 과세하는 외국정부의 등록
⑤ 등기 담당 공무원의 착오로 인한 주소 등의 단순한 표시변경 등기

해설

④ 대한민국 정부기관의 등록에 대하여 과세하는 외국정부의 등록은 등록면허세를 과세한다.

정답 ④

제32회 출제

02 거주자인 개인 乙은 甲이 소유한 부동산(시가 6억원)에 전세기간 2년, 전세보증금 3억원으로 하는 전세계약을 체결하고, 전세권 설정등기를 하였다. 「지방세법」상 등록면허세에 관한 설명으로 옳은 것은?

① 과세표준은 6억원이다.

② 표준세율은 전세보증금의 1,000분의 8이다.

③ 납부세액은 6,000원이다.

④ 납세의무자는 乙이다.

⑤ 납세지는 甲의 주소지이다.

> **해설**
>
> ④전세권설정등기 납세의무자는 전세권자인 乙이다.
> ① 전세권 설정등기 과세표준은 전세보증금(전세금액) 3억원이다.
> ② 전세권 설정등기 표준세율은 전세보증금의 1,000분의 2이다.
> ③ 납부세액은 600,000원(= 전세보증금 3억원 × 1,000분의 2)이다.
> ⑤ 전세권 설정등기의 등록면허세 납세지는 부동산 소재지이다.
>
> 답 ④

4 출제 예상문제

01 「지방세법」상 등록에 대한 등록면허세 납세의무자로서 연결이 옳은 것은?

① 지상권설정등기시 납세의무자: 토지소유자

② 지역권설정등기시 납세의무자: 승역지소유자

③ 전세권설정등기시 납세의무자: 전세권설정자

④ 저당권설정등기시 납세의무자: 채권자

⑤ 임차권말소등기시 납세의무자: 임차인

해설 ✦ ① 지상권설정등기시 납세의무자: 지상권자인 건축물 소유자
② 지역권설정등기시 납세의무자: 지역권자인 요역지 소유자
③ 전세권설정등기시 납세의무자: 전세권자
⑤ 임차권말소등기시 납세의무자: 임차권설정자인 임대인

정답 ✦ ④

02 다음의 등록에 대하여는 등록면허세를 부과하지 아니한다. 옳은 것은 몇 개인가?

> • 대한민국 정부기관의 등록에 대하여 과세하는 외국정부의 등록
> • 지방자치단체가 자기를 위하여 받는 등록
> • 공부상 지목이 묘지인 토지의 등록
> • 행정구역의 변경, 주민등록번호의 변경, 지적(地籍) 소관청의 지번변경, 계량단위의 변경, 등록 담당 공무원의 착오 및 이와 유사한 사유로 인한 등록으로서 주소, 성명, 주민등록 번호, 지번, 계량단위 등의 단순한 표시변경·회복 또는 경정 등록

① 0개   ② 1개   ③ 2개   ④ 3개   ⑤ 4개

해설 ✦ 대한민국 정부기관의 등록에 대하여 과세하는 외국정부의 등록의 경우에는 상호주의에 따라 등록면허세를 부과한 다. 나머지는 비과세대상이다.

정답 ✦ ④

03 다음 중 등록면허세의 납세지에 관한 내용으로 옳지 <u>않은</u> 것은 몇 개인가?

> • 부동산 등기에 대한 납세지는 부동산 소유자의 주소지이다.
> • 같은 등록에 관계되는 재산이 둘 이상의 지방자치단체에 걸쳐 있어 등록면허세를 지방 자치단체별로 부과할 수 없을 때에는 등록관청 소재지를 납세지로 한다.
> • 같은 채권의 담보를 위하여 설정하는 둘 이상의 저당권을 등록하는 경우에는 이를 각각 의 등록으로 보아 그 등록에 관계되는 재산을 나중에 등록하는 등록관청 소재지를 납세 지로 한다.
> • 그 밖에 납세지가 분명하지 아니한 경우에는 등록관청 소재지를 납세지로 한다.

① 0개   ② 1개   ③ 2개   ④ 3개   ⑤ 4개

해설 ✦ • 부동산 등기에 대한 납세지는 부동산 소재지이다.
　　　 • 같은 채권의 담보를 위하여 설정하는 둘 이상의 저당권을 등록하는 경우에는 이를 하나의 등록으로 보아 그 등록에 관계되는 재산을 처음 등록하는 등록관청 소재지를 납세지로 한다.

정답 ✦ ③

04 「지방세법」상 등록면허세에 관한 다음의 설명 중 옳지 <u>않은</u> 것은?

① 등록면허세는 납세지를 관할하는 도, 구 또는 특별자치시·특별자치도가 부과한다.

② 납세의무자는 재산권과 그 밖의 권리의 설정·변경 또는 소멸에 관한 사항을 공부에 등기 또는 등록을 하는 외관상 권리자이다.

③ 甲이 乙소유 부동산에 관해 임차권설정등기를 하는 경우 등록면허세의 납세의무자는 甲이나, 만약 丙이 甲으로부터 임차권을 이전받아 등기하는 경우에는 丙이 납세의무자가 된다.

④ 등기·등록이 된 이후 법원의 판결 등에 의해 그 등기 또는 등록이 무효 또는 취소가 되어 등기·등록이 말소되는 경우에는 이미 납부한 등록면허세는 과오납으로 환급한다.

⑤ 지방세 체납처분으로 그 소유권을 지방자치단체명의로 이전하는 경우에 이미 그 물건에 대한 성명의 복구나 소유권의 보존 등 일체의 채권자 대위적 등기에 대하여는 그 소유자가 등록면허세를 납부하여야 한다.

해설 ✦ 형식주의 과세원칙을 취하는 등록면허세는 일단 등기·등록이 이루어진 이후에는 법원의 판결 등에 의해 그 등기 또는 등록이 무효 또는 취소가 되어 등기·등록이 말소된다 하더라도 이미 납부한 등록면허세는 과오납으로 환급할 수 없다.

정답 ✦ ④

테마 13 등록면허세 과세표준과 세율

1 출제예상과 학습포인트

✦ 최근 기출회수

　21회, 23회, 26회, 27회, 28회, 30회, 31회, 32회, 34회

✦ 35회 출제 예상

　최근 거의 매회 출제되는 부분으로서, 35회에서도 역시 출제될 가능성이 90% 이상이다.

✦ 35회 중요도

　★★★

✦ 학습범위

　과세표준과 세율에 대해서 꼼꼼하게 학습하여야 하며, 최근 개정내용도 숙지하여야 한다.

✦ 학습방법

　등록면허세의 과세표준은 취득세 과세표준과 비교정리하되, 등록면허세 과세표준의 특징은 반드시 숙지하여야 하고, 부동산등기의 종류에 따른 과세표준과 세율 및 최저한세는 등록면허세에서 가장 많이 출제되는 부분이므로 반드시 정리하여야 한다.

✦ 핵심쟁점

　❶ 등록면허세의 과세표준인 등록 당시의 가액 결정방법의 원칙과 예외 및 특례
　❷ 등록면허세 과세표준의 적용
　❸ 부동산 소유권취득의 과세표준과 취득유형별 세율
　❹ 물권과 임차권의 설정 및 이전등기의 과세표준과 세율
　❺ 최저한세

2 핵심 내용

❶ 부동산 등의 과세표준

1. 부동산의 등록에 대한 과세표준 : 등록 당시의 가액 20회

원칙	등록당시 신고한 가액.
예외	① 등록자의 신고가 없는 경우 21회, 31회, ② 신고가액이 시가표준액보다 적은 경우 34회 ⇒ 등록당시 시가표준액
취득을 원인으로 하는 등록의 경우	취득을 원인으로 하는 등록*의 경우 취득원인에 따른 취득세 과세표준 규정**에서 정하는 취득 당시가액

* 취득세 부과제척기간이 경과한 물건의 등기 또는 등록의 경우는 제외하여 등록당시 가액으로 한다. (2024년 개정안)
** 취득원인에 따른 취득세 과세표준 규정 : 법 제10조의2 무상취득부터 제10조의6 간주취득까지의 규정에서 정하는
취득당시가액을 말한다.

2. 과세표준의 적용

① 등록 당시에 자산재평가 또는 감가상각 등의 사유로 그 가액이 달라진 경우에는 ⇒ 변경된 가액.
이 경우 변경된 가액은 등기일 또는 등록일 현재의 법인장부 또는 결산서 등으로 증명되는 가액으
로 함 21회, 24회

② 채권금액에 의하여 과세액을 정하는 경우에 일정한 채권금액이 없을 때에는 ⇒ 채권의 목적이 된
것의 가액(채권최고액) 또는 처분의 제한의 목적이 된 금액 21회, 30회, 31회, 33회

※ 등록면허세 신고서상 금액과 공부상 금액이 다를 경우 ⇒ 공부상 금액을 과세표준으로 한다. 24회

3. 건수에 의한 과세표준

① 말소등기, 지목변경등기, 토지의 합병(합필)등기, 건물의 구조변경등기 등은 매 1건을 과세표준으
로 하여 등록면허세를 부과한다. 이에 대하여 일정금액을 부과하는 정액세율을 적용한다.

② 같은 채권을 위하여 담보물을 추가하는 등기 또는 등록 즉, 저당권 담보물의 추가설정등기 등에
대해서는 건수에 따라 등록면허세를 각각 부과한다.

② 부동산등기의 표준세율

1. 부동산등기의 과세표준과 세율 26회, 27회, 28회, 29회, 31회, 32회

구분		과세표준	세율
소유권의 보존등기		부동산가액	1,000분의 8
소유권의 이전등기	유상	부동산가액	1,000분의 20
	상속		1,000분의 8
	상속 외의 무상		1,000분의 15
소유권 외의 물권과 임차권의 설정 및 이전	가등기	부동산가액 또는 채권금액	1,000분의 2
	지상권	부동산가액	
	지역권	요역지가액	
	전세권	전세금액	
	임차권	월 임대차금액	
	저당권, 경매신청, 가압류, 가처분	채권금액	
그 밖의 등기(말소·변경등기)		매 1건당	6,000원

> **보충** 등록면허세 세율 적용
>
> 1. 부동산등기는 표준세율이 적용되어 지방자치단체의 장이 표준세율의 100분의 50범위 내에서 탄력세율을 적용할 수 있다. 28회, 31회, 34회
> 2. 소유권 및 물권과 임차권의 설정 및 이전에 따라 산출한 세액이 그 밖의 등기 또는 등록(말소·변경등기)세율(6,000원)보다 적을 때에는 그 밖의 등기 또는 등록세율(6,000원)을 적용한다. ⇒ 최저한세 22회
> 3. 유상으로 인한 소유권이전등기의 경우 부동산가액의 1,000분의 20을 그 세액으로 한다.
>   ✦ 유상거래로 인한 주택 취득시 세율을 적용받는 주택의 경우에는 해당 주택의 취득세율에 100분의 50을 곱한 세율을 적용하여 산출한 금액을 그 세액으로 한다.

③ 중과세율(대도시 내에서 법인설립 등의 등기시 표준세율의 3배) 28회, 30회

㉠ 본점·주사무소의 설립등기
㉡ 지점·분사무소의 설치등기
㉢ 본점 또는 주사무소의 전입등기

✦ 대도시 중과세 제외업종에 대하여는 중과세를 적용하지 않는다(예 은행업, 유통업, 사회기반시설사업, 첨단업종, 의료업, 도시형 공장을 경영하는 사업, 할부금융업 등).

3 대표 기출문제

제34회 출제

01 지방세법령상 등록에 대한 등록면허세에 관한 설명으로 틀린 것은? (단, 지방세관계법령상 감면 및 특례는 고려하지 않음)

① 같은 등록에 관계되는 재산이 둘 이상의 지방자치단체에 걸쳐 있어 등록면허세를 지방자치 단체별로 부과할 수 없을 때에는 등록관청 소재지를 납세지로 한다.

② 지방자치단체의 장은 조례로 정하는 바에 따라 등록면허세의 세율을 부동산 등기에 따른 표 준세율의 100분의 50의 범위에서 가감할 수 있다.

③ 주택의 토지와 건축물을 한꺼번에 평가하여 토지나 건축물에 대한 과세표준이 구분되지 아 니하는 경우에는 한꺼번에 평가한 개별주택가격을 토지나 건축물의 가액 비율로 나눈 금액 을 각각 토지와 건축물의 과세표준으로 한다.

④ 부동산의 등록에 대한 등록면허세의 과세표준은 등록자가 신고한 당시의 가액으로 하고, 신 고가 없거나 신고가액에 시가표준액보다 많은 경우에는 시가표준액으로 한다.

⑤ 채권자대위자는 납세의무자를 대위하여 부동산의 등기에 대한 등록면허세를 신고납부할 수 있다.

> **해설**
> ④ 부동산의 등록에 대한 등록면허세의 과세표준은 등록자가 등록당시의 신고한 가액으로 하고, 신고가 없거나 신고 가액이 시가표준액보다 적은 경우에는 시가표준액으로 한다.
>
> 답 ④

제31회 출제

02 지방세법상 부동산 등기에 대한 등록면허세의 표준세율로서 틀린 것은? (단, 부동산 등기에 대한 표준세율을 적용하여 산출한 세액이 그 밖의 등기 또는 등록세율보다 크다고 가정하며, 중과세 및 비과세와 지방세특례제한법은 고려하지 않음)

① 소유권 보존 : 부동산가액의 1천분의 8

② 가처분 : 부동산가액의 1천분의 2

③ 지역권 설정 : 요역지가액의 1천분의 2

④ 전세권 이전 : 전세금액의 1천분의 2

⑤ 상속으로 인한 소유권 이전 : 부동산가액의 1천분의 8

해설
가처분의 등록면허세 표준세율은 채권금액의 1천분의 2이다.

답 ②

4 출제 예상문제

01 부동산등기에 대한 등록면허세 과세표준과 세율에 대한 설명 중 틀린 것은?

① 감가상각의 사유로 변경된 가액을 과세표준으로 할 경우에는 등기·등록일 현재 법인장부 또는 결산서에 의하여 증명되는 가액을 과세표준으로 한다.

② 가압류등기의 경우 등록면허세는 채권금액의 1,000분의 2이다.

③ 소유권보존등기의 경우 등록면허세는 부동산가액의 1,000분의 8이다.

④ 임차권설정등기의 경우 등록면허세는 월 임대차금액의 1,000분의 2이다.

⑤ 토지의 지목변경등기에 대한 등록면허세는 증가한 가액에 6,000원의 세율을 적용한다.

해설 ✦ ⑤ 토지의 지목변경등기에 대한 등록면허세는 건당 6,000원의 세율을 적용한다.

정답 ✦ ⑤

02 부동산등기를 하는 경우 등록에 대한 등록면허세에 관한 내용 중 틀린 것은?

① 법인이 국가로부터 취득한 부동산을 등록 당시에 자산재평가의 사유로 가액이 증가한 것이 그 법인장부로 입증되는 경우에는 변경된 가액(등기·등록일 현재 법인장부나 결산서 등으로 입증되는 금액)을 과세표준으로 한다.

② 등록면허세의 과세표준은 등록 당시의 가액으로 한다.

③ 채권자대위자는 납세의무자를 대위하여 부동산의 등기에 대한 등록면허세를 신고납부할 수 있다. 이 경우 채권자대위자는 행정안전부령으로 정하는 바에 따라 납부확인서를 발급받을 수 있다.

④ 지방자치단체의 장은 ③에 따른 채권자대위자의 신고납부가 있는 경우 납세의무자에게 그 사실을 즉시 통보하여야 한다.

⑤ 대도시(대도시 중과세 제외업종은 중과세하지 않음)에서 법인설립 및 지점설치시 등기에 대해서는 표준세율의 100분의 300에서 중과기준세율의 100분의 200을 뺀 세율을 적용한다.

해설 ✦ ⑤ 대도시(대도시 중과세 제외업종은 중과세하지 않음)에서 법인설립등기에 대해서는 표준세율의 100분의 300의 세율을 적용한다.

정답 ✦ ⑤

03 「지방세법」상 등록면허세에 관한 설명으로 틀린 것은?

① 같은 등록에 관계되는 재산이 둘 이상의 지방자치단체에 걸쳐 있어 등록면허세를 지방자치단체별로 부과할 수 없을 때에는 등록관청 소재지를 납세지로 한다.

② 「여신전문금융업법」 제2조 제12호에 따른 할부금융업을 영위하기 위하여 대도시에서 법인을 설립함에 따른 등기를 할 때에는 그 세율을 해당 표준세율의 100분의 300으로 한다. 단, 그 등기일부터 2년 이내에 업종변경이나 업종추가는 없다.

③ 무덤과 이에 접속된 부속시설물의 부지로 사용되는 토지로서 지적공부상 지목이 묘지인 토지에 관한 등기에 대하여는 등록면허세를 부과하지 아니한다.

④ 재산권 기타 권리의 설정·변경 또는 소멸에 관한 사항을 공부에 등기 또는 등록을 받는 등기·등록부상에 기재된 명의자는 등록면허세를 납부할 의무를 진다.

⑤ 지방자치단체의 장은 조례로 정하는 바에 따라 등록면허세의 세율을 부동산등기에 대한 표준세율의 100분의 50의 범위에서 가감할 수 있다.

해설 ✦ ② 대도시에서 법인을 설립함에 따른 등기는 그 세율을 해당 표준세율의 100분의 300으로 중과세 한다. 다만, 「여신전문금융업법」 제2조 제12호에 따른 할부금융업을 영위하기 위한 경우에는 중과세 제외업종에 해당하므로 중과세하지 않는다.

정답 ✦ ②

등록면허세의 부과징수

1 출제예상과 학습포인트

✦ 최근 기출회수

  20회, 22회, 23회, 24회, 26회, 27회, 30회, 31회, 33회, 34회

✦ 35회 출제 예상

  부과징수 개별문제로 출제되기 보다는 종합문제에서 개별 보기지문으로 출제되는 부분으로 최근 계속 출제된 부분으로 35회에서 출제될 가능성은 90% 이상이다.

✦ 35회 중요도

  ★★★

✦ 학습범위

  등록면허세 신고납부기한, 채권자 대위권, 신고의제 등에 대해서는 정확하게 학습하여야 한다.

✦ 학습방법

  등록면허세의 부과징수도 기본적으로 취득세의 부과징수와 동일하게 신고납부를 원칙으로 하되 예외적으로 보통징수 방법을 취한다. 이 경우 등록면허세의 신고기한의 원칙과 예외를 반드시 취득세와 비교정리하고, 특히 신고의제규정이 가장 많이 출제되는 부분이므로 이 부분을 반드시 정리하여야 한다.

✦ 핵심쟁점

  ❶ 등록면허세의 신고납부와 채권자 대위권
  ❷ 등록면허세 신고기한의 원칙과 예외
  ❸ 신고의제
  ❹ 등록면허세의 보통징수 사유와 가산세

2 핵심 내용

❶ 원칙 : 납세절차

① **원칙: 신고납부**

  ㉠ 등록하기 전까지(상속·증여 포함)

  ㉡ **추가신고납부:** 사유발생일로부터 60일 이내, 가산세 제외한 금액 공제, 신고납부

ⓒ 신고의제: 등록면허세를 신고하여야 할 납세의무자가 법정신고기한 내에 신고를 하지 아니한 경우에도 등록면허세 산출세액을 등록하기 전까지(추가납부사유에 해당하는 경우에는 해당 신고기한 까지) 납부하였을 때에는 법정기한 내에 신고를 하고 납부한 것으로 본다. 이 경우 무신고 및 과소신고가산세를 징수하지 아니한다.

> **참고** 채권자대위자의 등록면허세 신고납부
>
> 1. 채권자대위자는 납세의무자를 대위하여 부동산의 등기에 대한 등록면허세를 신고납부할 수 있다. 이 경우 채권자 대위자는 행정안전부령으로 정하는 바에 따라 납부확인서를 발급받을 수 있다.
> 2. 지방자치단체의 장은 1.에 따른 채권자대위자의 신고납부가 있는 경우 납세의무자에게 그 사실을 즉시 통보하여 야 한다.

② 납세지: 부동산등기의 경우 부동산 소재지

❷ 예외 : 보통징수

① 예외: 보통징수 – 신고납부의무를 불성실한 경우

신고불성실가산세	의무위반의 정도에 따라 40%, 20%, 10%
(납세고지전) 납부지연가산세	해당 미납세액·부족세액 × 0.022% × 납부지연일자

* 등록면허세의 가산세는 취득세와 동일하나, 취득세의 80% 중가산세는 적용하지 않음!
* 특허권 등의 특별징수의무자가 미납부 또는 부족납부한 경우에 가산세는 적용 없다.

❸ 부가세 : 지방교육세 ➪ 납부세액의 20%

✦ 등록면허세 감면시 농어촌특별세 ➪ 감면세액의 20%

3 대표 기출문제

제26회 출제

01 지방세법상 등록면허세에 관한 설명으로 옳은 것은?

① 부동산 등기에 대한 등록면허세 납세지는 부동산 소유자의 주소지이다.

② 등록을 하려는 자가 신고의무를 다하지 않은 경우 등록면허세 산출세액을 등록하기 전까지 납부하였을 때에는 신고·납부한 것으로 보지만 무신고 가산세가 부과된다.

③ 상속으로 인한 소유권 이전 등기의 세율은 부동산 가액의 1천분의 15로 한다.

④ 부동산을 등기하려는 자는 과세표준에 세율을 적용하여 산출한 세액을 등기를 하기 전까지 납세지를 관할하는 지방자치단체의 장에게 신고·납부하여야 한다.

⑤ 대도시 밖에 있는 법인의 본점이나 주사무소를 대도시로 전입함에 따른 등기는 법인등기에 대한 세율의 100분의 200을 적용한다.

해설

① 부동산 등기에 대한 등록면허세 납세지는 부동산소유자의 주소지가 아니라 부동산소재지이다.

② 등록을 하려는 자가 신고의무를 다하지 않은 경우에도 등록면허세 산출세액을 등록하기 전까지 납부하였을 때에는 신고하고 납부한 것으로 본다. 따라서 무신고가산세 및 과소신고가산세를 부과하지 않는다.

③ 상속으로 인한 소유권 이전 등기의 세율은 부동산 가액의 1천분의 15가 아닌 1천분의 8을 적용한다.

⑤ 대도시에서 법인을 설립(설립 후 또는 휴면법인을 인수한 후 5년 이내에 자본 또는 출자액을 증가하는 경우를 포함한다)하거나 지점이나 분사무소를 설치함에 따른 등기 및 대도시 밖에 있는 법인의 본점이나 주사무소를 대도시로 전입함에 따른 등기는 법인등기에 대한 세율의 100분의 200이 아닌 100분의 300을 적용한다.

답 ④

02 지방세법상 등록에 대한 등록면허세에 관한 설명으로 틀린 것은?

① 채권금액으로 과세액을 정하는 경우에 일정한 채권금액이 없을 때에는 채권의 목적이 된 것의 가액 또는 처분의 제한의 목적이 된 금액을 그 채권금액으로 본다.

② 같은 채권의 담보를 위하여 설정하는 둘 이상의 저당권을 등록하는 경우에는 이를 하나의 등록으로 보아 그 등록에 관계되는 재산을 처음 등록하는 등록관청 소재지를 납세지로 한다.

③ 부동산 등기에 대한 등록면허세의 납세지가 분명하지 아니한 경우에는 등록관청 소재지를 납세지로 한다.

④ 지상권 등기의 경우에는 특별징수의무자가 징수할 세액을 납부기한까지 부족하게 납부하면 특별징수의무자에게 과소납부분 세액의 100분의 1을 가산세로 부과한다.

⑤ 지방자치단체의 장은 채권자대위자의 부동산의 등기에 대한 등록면허세 신고납부가 있는 경우 납세의무자에게 그 사실을 즉시 통보하여야 한다.

> **해설**
> ④ 특허권 등의 등록면허세 특별징수의무자가 징수하였거나 징수할 세액을 기한까지 납부하지 아니하거나 부족하게 납부하더라도 특별징수의무자에게 「지방세기본법」 제56조에 따른 가산세는 부과하지 아니한다.
>
> 답 ④

4 출제 예상문제

01 「지방세법」상 등록에 대한 등록면허세의 납세지에 관한 설명으로 틀린 것은?

① 같은 등록에 관계되는 재산이 둘 이상의 지방자치단체에 걸쳐 있어 등록면허세를 지방자치단체별로 부과할 수 없을 때에는 등록관청 소재지를 납세지로 한다.

② 부동산등기의 등록면허세 납세지는 부동산 소재지이다.

③ 같은 채권의 담보를 위하여 설정하는 둘 이상의 저당권을 등록하는 경우에는 이를 각각의 등록으로 보아 그 등록에 관계되는 재산을 나중에 등록하는 등록관청 소재지를 납세지로 한다.

④ 특허권, 실용신안권, 디자인권 등록의 경우에는 등록권자 주소지를 납세지로 한다.

⑤ 납세지가 분명하지 아니한 경우에는 등록관청 소재지를 납세지로 한다.

해설✦ ③ 같은 채권의 담보를 위하여 설정하는 둘 이상의 저당권을 등록하는 경우에는 이를 하나의 등록으로 보아 그 등록에 관계되는 재산을 처음 등록하는 등록관청 소재지를 납세지로 한다.

정답✦ ③

02 다음의 등록면허세에 관한 설명 중 옳은 것은 몇 개인가?

- 등록면허세 과세물건을 등록한 후에 해당 과세물건이 중과세율의 적용대상이 되었을 때에는 법령으로 정하는 날부터 30일 이내에 중과세율을 적용하여 산출한 세액에서 이미 납부한 세액(가산세 포함)을 공제한 금액을 세액으로 하여 납세지를 관할하는 지방자치단체의 장에게 신고하고 납부하여야 한다.
- 채권자대위자는 납세의무자를 대위하여 부동산의 등기에 대한 등록면허세를 신고납부하는 경우 채권자대위자는 납부확인서를 발급받을 수 있다
- 등록면허세 납세의무자가 신고 또는 납부의무를 다하지 아니하면 지방세법 제27조 및 제28조에 따라 산출한 세액 또는 그 부족세액에 가산세를 합한 금액을 세액으로 하여 보통징수의 방법으로 징수한다.
- 등록에 대한 등록면허세의 납세의무자는 납부하여야 할 등록에 대한 등록면허세액의 100분의 20을 그 세액으로 하여 지방교육세를 납부할 의무를 진다.

① 0개   ② 1개   ③ 2개   ④ 3개   ⑤ 4개

해설✦ 등록면허세 과세물건을 등록한 후에 해당 과세물건이 중과세율의 적용대상이 되었을 때에는 법령으로 정하는 날부터 60일 이내에 중과세율을 적용하여 산출한 세액에서 이미 납부한 세액(가산세 제외)을 공제한 금액을 세액으로 하여 납세지를 관할하는 지방자치단체의 장에게 신고하고 납부하여야 한다.

정답✦ ④

03 「지방세법」상 등록면허세에 관한 설명으로 틀린 것은?

① 부동산등기에 대한 등록면허세의 납세지는 부동산 소재지이다.

② 등록을 하려는 자가 법정신고기한까지 등록면허세 산출세액을 신고하지 않은 경우로서 등록 전까지 그 산출세액을 납부한 때에도 「지방세기본법」에 따른 무신고가산세가 부과된다.

③ 등기 담당공무원의 착오로 인한 지번의 오기에 대한 경정등기에 대해서는 등록면허세를 부과하지 아니한다.

④ 채권금액으로 과세액을 정하는 경우에 일정한 채권금액이 없을 때에는 채권의 목적이 된 것의 가액 또는 처분의 제한의 목적이 된 금액을 그 채권금액으로 본다.

⑤ 「한국은행법」 및 「한국수출입은행법」에 따른 은행업을 영위하기 위하여 대도시에서 법인을 설립함에 따른 등기를 한 법인이 그 등기일로부터 2년 이내에 업종변경이나 업종추가가 없는 때에는 등록면허세의 세율을 중과하지 아니한다.

해설 ✦ 등록을 하려는 자가 법정신고기한까지 등록면허세 산출세액을 신고하지 않은 경우로서 등록 전까지 그 산출세액을 납부한 때에도 「지방세기본법」에 따른 무신고가산세가 부과되지 아니한다.

정답 ✦ ②

04 개인이 토지의 지목을 변경하여 가액의 증가가 있는 경우 「지방세법」상 취득세 및 등록에 대한 등록면허세를 비교한 내용으로 틀린 것은? (단, 특별자치도 및 특별자치시에 소재하는 자산은 아님)

구분	취득세	등록면허세
① 과세주체	특별시·광역시·도	도·구
② 납세의무 확정방식	신고납부	신고납부
③ 중가산세	적용 없음	적용 없음
④ 과세표준	증가한 가액	증가한 가액
⑤ 면세점 규정	적용됨	적용 없음

해설 ✦ ④ 토지의 지목을 변경하여 지목변경등기를 하는 경우 등록면허세 과세표준은 건당 6,000원의 세율이 적용된다.

정답 ✦ ④

1 출제예상과 학습포인트

✦ 최근 기출회수

21회, 24~29회, 31회, 33회

✦ 35회 출제 예상

매우 자주 출제되는 부분으로서, 35회에서도 출제될 가능성은 80% 이상이다.

✦ 35회 중요도

★★★

✦ 학습범위

실질과세의 원칙과 예외, 과세대상의 종류와 범위, 납세의무자 등은 정확히 학습하여야 한다.

✦ 학습방법

납세의무자가 가장 많이 출제되는 부분으로서 원칙적인 납세의무자와 부동산 보유 상황에 따른 의제납세의무자를 우선적으로 정리하되, 과세대상에서 토지와 건축물의 범위, 겸용주택의 구분 등을 학습하여야 한다. 신고의무는 기간을 유의해서 알아두면 되고, 사유는 가볍게 살펴보면 충분하다.

✦ 핵심쟁점

❶ 실질과세의 원칙과 예외
❷ 과세대상(종류, 겸용주택, 다가구주택 과세)
❸ 납세의무자 원칙과 의제납세의무자
❹ 신고의무

2 핵심 내용

❶ 실질과세의 원칙

현황부과의 원칙: 공부상 현황과 사실상 현황이 상이한 경우에는 사실상 현황에 따라 과세.
다만, 공부상 등재 현황과 달리 이용함으로써 재산세 부담이 낮아지는 경우 등 대통령령으로 정하는
경우는 공부상 등재 현황에 따라 부과한다.

❷ 과세대상 31회, 33회

① **토지**: 모든 토지(사실상의 토지 포함, 주택의 부속토지 제외)
② **건축물**: 골프연습장 등 시설물과 무허가 건축물 포함, 주거용 건축물 제외
③ **주택**
　㉠ 주거용 건축물과 부속토지, 토지와 건축물을 통합하여 과세, 별장 포함
　㉡ 주택분 재산세는 주거용 건축물과 그 부속토지를 통합하여 주택분 재산세를 과세한다.
　㉢ 주택의 부속토지의 경계가 명백하지 아니한 경우에는 그 주택의 바닥면적의 10배에 해당하는
　　 토지를 주택의 부속토지로 한다.

참고	겸용주택	
1동의 건물	면적에 비례 ⇨ 주거부분만 주택	
1구의 건물	• 주거용 사용면적이 50% 이상 ⇨ (전부) 주택	
	• 주거용 사용면적이 50% 미만 ⇨ 주거부분만 주택	

✦ 무허가 주거용 건축물의 면적이 50% 이상인 건축물은 주택 ×, 그 부속토지는 종합합산대상토지로 과세.

④ **선박**: 모든 선박
⑤ **항공기**: 유인항공기

③ 납세의무자 21회, 24회, 28회, 31회, 33회

원칙	사실상 소유자	과세기준일 현재 재산을 사실상 소유하는 자
	지분권자	공유재산(지분의 표시가 없는 경우 균등한 것으로 봄)
	주택의 건물과 부속토지의 소유자	주택의 건물과 부속토지의 소유자가 다를 경우에는 그 주택에 대한 산출세액을 건축물과 그 부속토지의 시가표준액 비율로 안분계산한 부분에 대해서는 그 소유자를 납세의무자로 본다.
예외	공부상 소유자	① 권리의 변동 등 사실을 신고하지 아니하여 사실상 소유자를 알 수 없는 경우 ② 종중 소유임을 신고하지 않은 경우 ③ 파산선고 이후 종결까지의 파산재단인 경우
	사용자	소유권의 귀속이 불분명한 경우
	매수계약자	① 국가·지방자치단체(조합) + 연부로 매매계약 + 그 사용을 무상으로 하는 경우 ② 국가가 선수금을 받아 조성하는 매매용 토지로서 사실상 조성이 완료된 토지의 사용권을 무상으로 받은 경우 ⇨ 그 사용권을 무상으로 받은 자
	위탁자	「신탁법」에 의하여 수탁자 명의로 등기된 신탁재산의 경우 위탁자. 이 경우 위탁자가 신탁재산을 소유한 것으로 본다.
	주된 상속자	상속이 개시된 재산으로서 상속등기 ×, 사실상 소유자 신고 × ✦ 주된 상속자 결정순위 　• 1순위: 상속지분이 가장 높은 자 　• 2순위: 연장자
	사업시행자	체비지 또는 보류지
	양수인	과세기준일에 양도·양수가 있는 경우
	수입하는 자	외국인 소유의 항공기 및 선박을 임차하여 수입하는 경우

✦ 신탁재산의 수탁자의 물적납세의무: 신탁재산의 위탁자가 재산세·가산금 또는 체납처분비를 체납한 경우로서 그 위탁자의 다른 재산에 대하여 체납처분을 하여도 징수할 금액에 미치지 못할 때에는 해당 신탁재산의 수탁자는 그 신탁재산으로써 위탁자의 재산세 등을 납부할 의무가 있다.

④ 신고의무

① 다음의 어느 하나에 해당하는 자는 과세기준일부터 15일 이내에 그 소재지를 관할하는 지방자치단체의 장에게 그 사실을 알 수 있는 증거자료를 갖추어 신고하여야 한다.

✦ 신고를 하지 않은 경우에도 가산세는 없으나 재산세 납세의무를 부담하게 되는 것이다.

> ⊙ 재산의 소유권 변동 또는 과세대상 재산의 변동사유가 발생되었으나 과세기준일까지 그 등기·등록이 되지 아니한 재산의 공부상 소유자
> ⊙ 상속이 개시된 재산으로서 상속등기가 되지 아니한 경우에는 주된 상속자
> ⊙ 사실상 종중재산으로서 공부상에는 개인 명의로 등재되어 있는 재산의 공부상 소유자
> ⊙ 「신탁법」에 따라 수탁자명의로 등기된 신탁재산의 수탁자
> ⊙ 1세대가 둘 이상의 주택을 소유하고 있음에도 불구하고 법 제111조의2제1항에 따른 세율(1세대 1주택에 대한 주택 세율 특례)을 적용받으려는 경우에는 그 세대원
> ⊙ 공부상 등재현황과 사실상의 현황이 다르거나 사실상의 현황이 변경된 경우에는 해당 재산의 사실상 소유자

② ①의 신고가 사실과 일치하지 아니하거나 신고가 없는 경우에는 지방자치단체의 장이 직권으로 조사하여 과세대장에 등재할 수 있다. 이와 같이 시장·군수·구청장은 무신고재산을 과세대장에 등재한 때에는 그 사실을 관계인에게 통지하여야 한다.

3 대표 기출문제

제28회 출제

01 지방세법상 재산세의 과세기준일 현재 납세의무자에 관한 설명으로 틀린 것은?

① 공유재산인 경우 그 지분에 해당하는 부분(지분의 표시가 없는 경우에는 지분이 균등한 것으로 봄)에 대해서는 그 지분권자를 납세의무자로 본다.

② 소유권의 귀속이 분명하지 아니하여 사실상의 소유자를 확인할 수 없는 경우에는 그 사용자가 납부할 의무가 있다.

③ 상속이 개시된 재산으로서 상속등기가 이행되지 아니하고 사실상의 소유자를 신고하지 아니하였을 때에는 공동상속인 각자가 받았거나 받을 재산에 따라 납부할 의무를 진다.

④ 공부상에 개인 등의 명의로 등재되어 있는 사실상의 종중재산으로서 종중소유임을 신고하지 아니하였을 때에는 공부상 소유자를 납세의무자로 본다.

⑤ 지방자치단체와 재산세 과세대상 재산을 연부로 매매계약을 체결하고 그 재산의 사용권을 무상으로 받은 경우에는 그 매수계약자를 납세의무자로 본다.

상속이 개시된 재산으로서 상속등기가 이행되지 아니하고 사실상의 소유자를 신고하지 아니하였을 때에는 주된 상속자(「민법」상 상속지분이 가장 높은 사람으로 하되, 상속지분이 가장 높은 사람이 두 명 이상이면 그 중 나이가 가장 많은 사람)가 재산세를 납부할 의무가 있다.

정답 ③

제33회 출제

02 지방세법상 재산세 과세대상의 구분에 있어 주거용과 주거 외의 용도를 겸하는 건물 등에 관한 설명으로 옳은 것을 모두 고른 것은?

> ㄱ. 1동(棟)의 건물에 주거와 주거 외의 용도로 사용되고 있는 경우에는 주거용으로 사용되는 부분만을 주택으로 본다.
> ㄴ. 1구(構)의 건물이 주거와 주거 외의 용도로 사용되고 있는 경우 주거용으로 사용되는 면적이 전체의 100분의 60인 경우에는 주택으로 본다.
> ㄷ. 주택의 부속토지의 경계가 명백하지 아니한 경우에는 그 주택의 바닥면적의 10배에 해당하는 토지를 주택의 부속토지로 한다.

① ㄱ   ② ㄷ   ③ ㄱ, ㄴ   ④ ㄴ, ㄷ   ⑤ ㄱ, ㄴ, ㄷ

모두 옳은 지문이다.

정답 ⑤

4 출제 예상문제

01 「**지방세법**」상 재산세의 과세대상에 대한 설명 중 **틀린** 것은?

① 재산세 과세대상인 토지는 「공간정보의 구축 및 관리에 관한 법률」에 의하여 지적공부의 등록대상이 되는 토지와 그 밖에 사용되고 있는 사실상의 토지를 말하며 주택에 부속된 토지는 제외한다.

② 「건축법」 등 관계 법령에 따라 허가 등을 받아야 할 건축물로서 허가 등을 받지 아니하거나 사용승인을 받아야 할 주택으로서 사용승인을 받지 아니하고 주거용으로 사용 중인 건축물의 면적이 전체 건축물 면적의 100분의 50이상인 경우에는 그 건축물을 주택으로 보지 아니하고 그 부속토지는 종합합산대상에 해당하는 토지로 본다.

③ 공부상 등재 현황과 달리 이용함으로써 재산세 부담이 낮아지는 경우에도 사실상 현황에 따라 부과한다.

④ 건축물에 주거용 건축물은 제외한다.

⑤ 1구의 건물이 주거 외의 용도에 사용되고 있는 경우에는 주거용 사용면적이 100분의 50이상인 경우에는 주택으로 본다.

해설 ✦ 공부상 등재 현황과 달리 이용함으로써 재산세 부담이 낮아지는 경우 등 대통령령으로 정하는 경우는 공부상 등재 현황에 따라 부과한다.

정답 ✦ ③

02 다음 중 「지방세법」에 따른 재산세 납세의무자에 대한 내용이다. 옳은 것을 모두 고른 것은?

> ㉠ 매매 등의 사유로 소유권에 변동이 있었음에도 공부상의 소유자가 이를 신고하지 아니하여 사실상의 소유자를 알 수 없는 때에는 : 사용자
> ㉡ 주택의 건물과 부속토지의 소유자가 다를 경우 : 그 주택에 대한 산출세액을 건축물과 그 부속토지의 시가표준액 비율로 안분계산한 부분에 대하여 그 소유자
> ㉢ 「채무자 회생 및 파산에 관한 법률」에 따른 파산선고 이후 종결까지의 파산재단인 경우 : 사실상 소유자
> ㉣ 「신탁법」에 따라 수탁자의 명의로 등기 또는 등록된 신탁재산의 경우 : 수탁자

① ㉡
② ㉠, ㉡
③ ㉢, ㉣
④ ㉠, ㉢, ㉣
⑤ ㉠, ㉡, ㉢, ㉣

해설 ✦ ㉠ 매매 등의 사유로 소유권에 변동이 있었음에도 공부상의 소유자가 이를 신고하지 아니하여 사실상의 소유자를 알 수 없는 때에는 공부상의 소유자를 납세의무자로 본다.
㉢ 「채무자 회생 및 파산에 관한 법률」에 따른 파산선고 이후 종결까지의 파산재단인 경우 공부상 소유자를 납세의무자로 본다.
㉣ 「신탁법」에 따라 수탁자의 명의로 등기 또는 등록된 신탁재산의 경우 위탁자를 납세의무자로 본다. 다만, 「주택법」 제2조제11호가목에 따른 지역주택조합 및 같은 호 나목에 따른 직장주택조합이 조합원이 납부한 금전으로 매수하여 소유하고 있는 신탁재산의 경우에는 해당 지역주택조합 및 직장주택조합을 납세의무자로 한다.

정답 ✦ ①

1 출제예상과 학습포인트

✦ 최근 기출회수

20회, 25회, 29회

✦ 35회 출제 예상

최근 개별문제로는 출제되지 않았으나, 이 부분은 언제든지 출제될 수 있는 부분으로서 35회에서 출제될 가능성은 70% 이상이다.

✦ 35회 중요도

★★

✦ 학습범위

토지는 토지의 이용정도에 따라 분리과세토지, 별도합산과세토지 및 종합합산과세토지를 구분하여 과세하며, 이에 해당하는 토지를 구분은 핵심내용 위주로 먼저 정리하고, 이후에 보충 부분을 보완적으로 정리하여야 한다.

✦ 학습방법

토지의 분리과세대상토지 또는 종합합산과세대상토지를 구분하는 개별문제가 전형적인 출제형태였으나, 최근에는 분리과세대상토지, 별도합산과세토지 또는 종합합산과세대상토지를 동시에 물어보는 종합문제가 출제되고 경향을 보이고 있다. 따라서 우선적으로 분리과세토지를 저율과 고율로 구분하여 먼저 정리한 후, 비사업용토지인 종합합산과세대상인 토지를 정리한 후에 기타 0.07%, 0.2% 분리과세토지 및 대규모토지를 필요로 하는 사업용토지인 별도합산과세대상토지를 보완 정리하여야 한다.

특히 이 부분을 정리하여야만 후에 종합부동산세 과세대상토지와 연결할 수 있다.

✦ 핵심쟁점

❶ 분리과세대상토지의 구분

❷ 비사업용토지의 종합합산과세대상토지의 구분

❸ 사업용토지의 별도합산과세대상토지의 구분

124

2 핵심 내용

❶ 의의 및 과세대상별 토지의 구분 31회

토지에 대한 재산세 과세대상은 종합합산과세대상, 별도합산과세대상 및 분리과세대상으로 구분한다

구분	과세방법	세율
분리과세대상	토지별 개별과세	저율(0.07%, 0.2%) 또는 고율 4% 차등비례세율
별도합산과세대상	소유자별 기준으로 시·군·구별 합산과세	0.2 ~ 0.4% 3단계 초과누진세율
종합합산과세대상		0.2 ~ 0.5% 3단계 초과누진세율

❷ 토지의 구분 25회, 29회

(1) 분리과세대상 토지

① 0.07% 저율분리과세대상(농지, 목장, 임야)

  ㉠ 농지(전·답·과수원)

    ⓐ 개인 소유 자경농지

특별시· 광역시· 시지역	군·읍·면지역		분리과세
		도시지역 밖	
	도시 지역 내	개발제한구역, 녹지지역	
		그 외 상업지역 등	종합합산과세

    ⓑ 법인 및 단체 소유농지

     • 원칙: 종합합산과세

     • 예외(분리과세): 종중 소유농지, 농업법인 소유농지, 매립·간척한 법인이 직접 경작하는 농지, 사회복지사업자의 자가소비용 농지, 한국농어촌공사 소유농지

  ㉡ 목장용지(개인 또는 법인 소유의 축산용 토지)

특별시· 광역시· 시지역	군·읍·면지역		ⓐ 기준면적 이내: 분리과세 ⓑ 기준면적 초과: 종합합산과세
		도시지역 밖	
	도시 지역 내	개발제한구역, 녹지지역	
		그 외 상업지역 등	종합합산과세

    © 임야

      ⓐ 일반임야: 종합합산과세

      ⓑ 종중 소유임야 및 산림보호 육성 등을 위한 공익목적 임야: 분리과세

② 0.2% 저율분리과세대상

    ㉠ 공장용지

군·읍·면지역			
특별시· 광역시· 시지역	도시 지역 내	도시지역 밖	ⓐ 기준면적 이내: 분리과세 ⓑ 기준면적 초과: 종합합산과세
		산업단지, 공업지역	
		그 외 상업지역 등	ⓐ 기준면적 이내: 별도합산과세 ⓑ 기준면적 초과: 종합합산과세

    © 국가나 지방자치단체가 국방상의 목적 외에는 그 사용 및 처분 등을 제한하는 공장 구내의 토지, 염전, 여객자동차터미널 및 물류터미널용 토지, 한국토지주택공사 소유 토지 등

③ 4% 고율분리과세대상

    ㉠ 고급오락장용 토지

    © 회원제 골프장용 토지

(2) 별도합산과세대상 토지

① 일반건축물의 부속토지

    ㉠ 기준면적(건축물 바닥면적 × 용도지역별 적용배율) 이내: 별도합산과세

    © 기준면적 초과: 종합합산과세

② 별도합산의제토지: 자동차운전학원용 토지, 차고지, 법인묘지용 토지 등

③ 별도합산대상 제외 토지

    ㉠ 무허가 건축물의 부속토지: 종합합산과세

    © 공장용 건축물과 주거용 건축물 이외의 건축물의 시가표준액이 부속토지 시가표준액의 2%에 미달하는 건축물의 부속토지 중 해당 건축물의 바닥면적을 제외한 부속토지: 종합합산과세

(3) 종합합산과세대상 토지

① 나대지

② 잡종지

③ 농지: 법인 소유농지, 경작에 사용하지 않는 농지, 주거·상업·공업지역 내 농지

④ 목장: 주거·상업·공업지역 내 목장, 기준면적 초과 목장

⑤ 임야: 분리과세 임야를 제외한 임야

⑥ 공장용 건축물의 부속토지: 기준면적 초과 공장용지

⑦ 일반 건축물의 부속토지: 기준면적 초과 토지

⑧ 무허가 건축물의 부속토지, 무허가 주거용 건축물의 면적이 50% 이상인 건축물의 부속토지

⑨ 가액 미달(2%)의 저가격 건축물의 부속토지(바닥면적 제외)

3 대표 기출문제

제29회 출제

01 「지방세법」상 재산세 종합합산과세대상 토지는?

① 「문화재보호법」 제2조 제2항에 따른 지정문화재 안의 임야

② 국가가 국방상의 목적 외에는 그 사용 및 처분 등을 제한하는 공장 구 내의 토지

③ 「건축법」 등 관계 법령에 따라 허가 등을 받아야 할 건축물로서 허가 등을 받지 아니한 공장용 건축물의 부속토지

④ 「자연공원법」에 따라 지정된 공원자연환경지구의 임야

⑤ 「개발제한구역의 지정 및 관리에 관한 특별조치법」에 따른 개발제한구역의 임야. 단, 1989년 12월 31일 이전부터 소유(1990년 1월 1일 이후에 해당 목장용지 및 임야를 상속받아 소유하는 경우와 법인합병으로 인하여 취득하여 소유하는 경우를 포함)하는 것으로 한정한다.

> **해설**
>
> 「건축법」 등 관계 법령에 따라 허가 등을 받아야 할 건축물로서 허가 등을 받지 아니한 건축물의 부속토지는 종합합산과세대상 토지이며, ①②④⑤는 분리과세대상 토지이다.
>
> 답③

02 **지방세법상 토지에 대한 재산세를 부과함에 있어서 과세대상의 구분**(종합합산과세대상, 별도합산과세대상, 분리과세대상)**이 같은 것으로만 묶인 것은?**

> ㄱ. 1990년 5월 31일 이전부터 종중이 소유하고 있는 임야
> ㄴ. 「체육시설의 설치·이용에 관한 법률 시행령」에 따른 스키장 및 골프장용 토지 중 원형이 보전되는 임야
> ㄷ. 과세기준일 현재 계속 염전으로 실제 사용하고 있는 토지
> ㄹ. 「도로교통법」에 따라 등록된 자동차운전학원의 자동차운전학원용 토지로서 같은 법에서 정하는 시설을 갖춘 구역 안의 토지

① ㄱ, ㄴ   ② ㄴ, ㄷ   ③ ㄴ, ㄹ   ④ ㄱ, ㄴ, ㄷ   ⑤ ㄱ, ㄷ, ㄹ

해설

ㄱ : 0.07% 분리과세토지
ㄴ : 별도합산과세토지
ㄷ : 0.2% 분리과세토지
ㄹ : 별도합산과세토지

답 ③

4 출제 예상문제

01 **「지방세법」상 재산세의 분리과세대상 토지에 해당하는 것으로 틀린 것은?**

① 경작에 사용하지 않고 있는 개인 소유의 전·답·과수원
② 1990년 5월 31일 이전부터 종중이 소유하는 농지
③ 개인이 축산용으로 사용하는 도시지역 밖의 소정 기준면적 내의 목장용지
④ 「부동산투자회사법」 제49조의3 제1항에 따른 공모부동산투자회사가 목적사업에 사용하기 위하여 소유하고 있는 토지
⑤ 회원제 골프장용 부동산으로서 구분등록 대상이 되는 토지

해설 ✦ 경작에 사용하지 않고 있는 개인 소유의 전·답·과수원은 종합합산과세대상 토지이며,
②③④⑤는 분리과세대상 토지이다.

정답 ✦ ①

02 다음 「지방세법」상 재산세의 과세대상 토지 중 분리과세되는 토지는 모두 몇 개인가?

㉠ 나대지
㉡ 「건축법」 등 관계 법령에 따라 허가 등을 받아야 할 건축물로서 허가 등을 받지 아니
한 건축물의 부속토지
㉢ 군지역에 소재한 기준면적 이내의 공장용 건축물에 부속된 토지
㉣ 도로, 하천, 제방, 구거, 유지, 묘지
㉤ 도시지역 밖에 소재하는 법인 소유의 목장용지로서 기준면적 이내의 토지
㉥ 고급오락장용 토지
㉦ 건축물(공장용 건축물 제외)의 시가표준액이 해당 부속토지의 시가표준액의 100분의
2에 미달하는 건축물의 부속토지 중 그 건축물의 바닥면적을 제외한 부속토지

---

① 1개   ② 2개   ③ 3개   ④ 4개   ⑤ 5개

해설 ✦ 분리과세되는 토지는 ㉢㉤㉥이다.
㉠ 나대지: 종합합산과세
㉡ 「건축법」 등 관계 법령에 따라 허가 등을 받아야 할 건축물로서 허가 등을 받지 아니한 건축물의 부속토지:
종합합산과세
㉢ 군지역에 소재한 기준면적 이내의 공장용 건축물에 부속된 토지: 분리과세
㉣ 도로, 하천, 제방, 구거, 유지, 묘지: 비과세
㉤ 도시지역 밖에 소재하는 법인 소유의 목장용지로서 기준면적 이내의 토지: 분리과세
㉥ 고급오락장용 토지: 분리과세
㉦ 건축물(공장용 건축물 제외)의 시가표준액이 해당 부속토지의 시가표준액의 100분의 2에 미달하는 건축물의
부속토지 중 그 건축물의 바닥면적을 제외한 부속토지: 종합합산과세

정답 ✦ ③

03 다음 「지방세법」상 토지분 재산세 과세대상을 구분한 것 중 종합합산과세대상 토지에 해당하는 경우로 옳게 묶은 것은?

> ㉠ 일반영업용 건축물 부속토지로서 법정 기준면적 초과분
> ㉡ 무허가 주거용 건축물의 면적이 50% 이상인 건축물의 부속토지
> ㉢ 토지 시가표준액의 2%에 미달하는 건축물의 부속토지 중 그 건축물의 바닥면적에 해당하는 토지
> ㉣ 공장용지 중 주거지역 내 공장용 건축물 부속토지로서 기준면적 이내의 토지

① ㉠, ㉡   ② ㉢, ㉣   ③ ㉠, ㉡, ㉣
④ ㉡, ㉢, ㉣   ⑤ ㉠, ㉡, ㉢, ㉣

해설 ✦ ㉠㉡은 종합합산과세대상 토지이다.
　　　　㉢㉣은 별도합산과세대상 토지이다.

정답 ✦ ①

1 출제예상과 학습포인트

✦ 최근 기출회수
  20회, 21회, 22회, 26회~28회, 30회, 31회, 32회

✦ 35회 출제 예상
  최근까지 개별문제 및 종합문제의 보기로 매우 자주 출제된 부분으로서 35회에서 출제될 가능성은 80% 이상이다.

✦ 35회 중요도
  ★★★

✦ 학습범위
  비과세와 과세표준은 주요 내용을 숙지해야 하며, 2024년에 시행된 과세표준상한액도 학습하여야 한다.

✦ 학습방법
  재산세의 비과세는 개별문제는 물론 종합문제의 개별 보기지문으로도 자주 출제되는 부분으로서 특히 비과세의 요건을 잘 정리하여야 하며, 과세표준은 과세대상별 시가표준액과 공정시장가액비율을 반드시 정리하여야 하며, 과세표준상한액의 개정내용을 숙지하여야 한다.

✦ 핵심쟁점
  ❶ 재산세의 비과세의 종류와 제외대상
  ❷ 재산세의 과세표준의 구조와 특징
  ❸ 과세대상별 시가표준액과 공정시장가액비율
  ❹ 과세표준상한액

2 핵심 내용

❶ 비과세

(1) 국가 등에 대한 비과세 20회, 21회, 30회, 32회, 33회

① 국가·지방자치단체·지방자치단체조합·외국정부 및 주한국제기구의 소유 재산. 다만, 다음의 경우에는 재산세 부과.
  ㉠ 대한민국 정부기관의 재산에 대하여 과세하는 외국정부의 재산

ⓛ 국가, 지방자치단체, 지방자치단체조합과 연부로 매매계약을 체결하고 그 재산의 사용권을 무상
으로 부여받음으로써 매수계약자에게 납세의무가 있는 재산

② 국가·지방자치단체·지방자치단체조합이 1년 이상 공용 또는 공공용에 사용(1년 이상 사용할 것이
계약서 등에 의하여 입증되는 경우 포함)하는 재산. 다만, 다음의 경우에는 과세

　　㉠ 유료로 사용하는 경우 20회, 21회, 30회, 32회

　　㉡ 소유권의 유상이전을 약정한 경우로서 그 재산을 취득하기 전에 미리 사용하는 경우 33회

(2) 용도구분에 의한 비과세 28회, 30회

✦ 다음의 경우에는 과세
- 사치성 재산
- 당해 목적에 사용하지 않을 때
- 수익사업용에 사용
- 유료로 사용되는 경우 그 사용부분[(3)과 (5)는 제외]

① 도로·하천·제방·구거·유지 및 묘지

✦ • 도로: 「도로법」에 따른 도로(도로의 부속물 중 도로관리시설, 휴게시설, 주유소, 충전소, 교통·관광안내소 및 도로
　　에 연접하여 설치한 연구시설은 제외)와 그 밖에 일반인의 자유로운 통행을 위하여 제공할 목적으로 개설한 사설
　　도로. 다만, 「건축법 시행령」 제80조의2에 따른 대지 안의 공지는 제외
- 하천: 「하천법」에 따른 하천과 「소하천정비법」에 따른 소하천
- 제방: 「공간정보의 구축 및 관리 등에 관한 법률」에 따른 제방. 다만, 특정인이 전용하는 제방은 제외
- 구거(溝渠): 농업용 구거와 자연유수의 배수처리에 제공하는 구거
- 유지(溜池): 농업용 및 발전용에 제공하는 댐·저수지·소류지와 자연적으로 형성된 호수·늪
- 묘지: 무덤과 이에 접속된 부속시설물의 부지로 사용되는 토지로서 지적공부상 지목이 묘지인 토지

② 「군사기지 및 군사시설 보호법」에 따른 군사기지 및 군사시설 보호구역 중 통제보호구역에 있는 토지(전·
답·과수원 및 대지는 제외)

> ㉠ 통제보호구역 내 전·답·과수원·대지: 과세
> ㉡ 군사시설보호구역 중 제한보호구역 내 임야: 분리과세
> ㉢ 군사시설보호구역 중 통제보호구역 내 임야: 비과세

③ 산림보호구역 및 채종림·시험림

④ 「자연공원법」에 따른 공원자연보존지구의 임야

　　✦ 「자연공원법」에 따른 공원자연환경지구의 임야: 분리과세

⑤ 백두대간보호지역의 임야

(3) 임시로 사용하기 위하여 건축된 건축물로서 재산세 과세기준일 현재 1년 미만의 것

(4) 비상재해구조용, 무료도선용, 선교(船橋) 구성용 및 본선에 속하는 전마용(傳馬用) 등으로 사용하는 선박

(5) 행정기관으로부터 철거명령을 받은 건축물 등 재산세를 부과하는 것이 적절하지 아니한 건축물 또는 주택(건축물 부분에 한한다). 다만, 주택의 부속토지인 대지는 과세한다.

❷ 과세표준 22회, 23회, 26회, 30회, 31회, 32회

(1) **과세표준**: 개인·법인 소유 구별 없이 과세기준일(6월 1일) 현재 시가표준액을 기준

토지	개별공시지가 × 공정시장가액비율(70%)
건축물	시가표준액 × 공정시장가액비율(70%)
주택	개별주택가격(공동주택가격) × 공정시장가액비율(60%) 단, 1세대1주택의 경우에는 시가표준액에 따라 시가표준액 3억원 이하: 43%, 3억원 초과 6억원 이하: 44%, 6억원 초과: 45%의 공정시장가액 비율이 적용.
선박·항공기	시가표준액

> **참고** 과세표준 상한액
>
> 주택의 과세표준이 다음 계산식에 따른 과세표준상한액보다 큰 경우에는 해당 주택의 과세표준은 과세표준상한액으로 한다.
> 1. 과세표준상한액 = 직전연도 해당 주택의 과세표준 상당액 + (과세기준일 당시 시가표준액으로 산정한 과세표준 × 과세표준 상한율)
> 2. 과세표준상한율 = 소비자물가지수, 주택가격변동율, 지방재정여건 등을 고려하여 0에서 100분의 5 범위 이내로 대통령령이 정하는 비율

(2) **시가표준**

구분	시가표준액
토지	개별공시지가. 단 개별공시지가가 공시되지 아니한 경우에는 특별자치시장·특별자치도지사·시장·군수·구청장이 토지가격비준표를 사용하여 산정한 가액 23회, 32회
주택	개별주택가격 또는 공동주택가격. 단, 개별주택가격이 공시되지 아니한 경우에는 특별자치시장·특별자치도지사·시장·군수·구청장이 주택가격비준표를 사용하여 산정한 가액으로 하고, 공동주택가격이 없는 경우에는 시장·군수가 산정한 가액 19회, 23회, 32회
건축물	오피스텔 외 건축물 ⇒ 거래가격, 수입가격, 신축·건조·제조가격 등을 고려하여 정한 기준가격에 종류, 구조, 용도, 경과연수 등 과세대상별 특성을 고려하여 대통령령으로 정하는 기준에 따라 지방자치단체의 장이 결정한 가액 23회, 32회

3 대표 기출문제

제30회 출제

01 **지방세법상 재산세 비과세 대상에 해당하는 것은?** (단, 주어진 조건 외에는 고려하지 않음)

① 지방자치단체가 1년 이상 공용으로 사용하는 재산으로서 유료로 사용하는 재산

② 「한국농어촌공사 및 농지관리기금법」에 따라 설립된 한국농어촌공사가 같은 법에 따라 농가에 공급하기 위하여 소유하는 농지

③ 「공간정보의 구축 및 관리 등에 관한 법률」에 따른 제방으로서 특정인이 전용하는 제방

④ 「군사기지 및 군사시설 보호법」에 따른 군사기지 및 군사시설 보호구역 중 통제보호구역에 있는 전·답

⑤ 「산림자원의 조성 및 관리에 관한 법률」에 따라 지정된 채종림·시험림

해설

「산림자원의 조성 및 관리에 관한 법률」에 따라 지정된 채종림·시험림이 비과세 대상이다.

① 국가, 지방자치단체 또는 지방자치단체조합이 1년 이상 공용 또는 공공용으로 무료사용하는 재산이 비과세대상이다. 따라서 유료사용하는 경우에는 재산세를 부과한다.

② 「한국농어촌공사 및 농지관리기금법」에 따라 설립된 한국농어촌공사가 같은 법에 따라 농가에 공급하기 위하여 소유하는 농지는 0.07%분리과세한다.

③ 「공간정보의 구축 및 관리 등에 관한 법률」에 따른 제방은 비과세대상이나, 특정인이 전용하는 제방은 비과세대상에서 제외한다.

④ 「군사기지 및 군사시설 보호법」에 따른 군사기지 및 군사시설 보호구역 중 통제보호구역에 있는 토지는 비과세대상이나, 전·답·과수원 및 대지는 비과세대상에서 제외한다.

답 ⑤

02 지방세법상 재산세 과세표준에 관한 설명으로 옳은 것은?

① 단독주택의 재산세 과세표준은 토지·건물을 일체로 한 개별주택가격으로 한다.

② 건축물의 재산세 과세표준은 거래가격 등을 고려하여 시장·군수·구청장이 결정한 가액으로
한다.

③ 토지의 재산세 과세표준은 개별공시지가로 한다.

④ 공동주택(1세대1주택 아님)의 재산세 과세표준은 법령에 따른 시가표준액에 100분의 60을
곱하여 산정한 가액으로 한다.

⑤ 건축물의 재산세 과세표준은 법인의 경우 법인장부에 의해 증명되는 가격으로 한다.

> **해설**
>
> 부동산에 대한 재산세의 과세표준은 기본적으로 시가표준액에 공정시장가액비율을 곱한 금액으로 한다.
> ① 단독주택(1세대1주택 아님)의 재산세 과세표준은 개별주택가격에 공정시장가액비율 60%를 곱한 금액으로 한다.
> ② 건축물의 재산세 과세표준은 시장·군수·구청장이 결정한 가액에 공정시장가액비율 70%를 곱한 금액으로 한다.
> ③ 토지의 재산세 과세표준은 개별공시지가에 공정시장가액비율 70%를 곱한 금액으로 한다.
> ⑤ 법인이 소유하는 재산으로서 법인장부 등에 의해 사실상 거래가격이 증명되는 경우에도 재산세의 과세표준은
> 시가표준액을 기준으로 한다.
>
> 답 ④

PART 2 지방세

4 출제 예상문제

01 토지에 대한 재산세 과세표준의 설명으로 틀린 것은?

① 법 소정의 요건을 충족하는 농지, 목장용지, 임야 및 공장용지는 다른 토지와 합산하지 아니하고 해당 토지의 가액만을 과세표준으로 분리하여 저율의 단일세율을 적용한다.

② 골프장 등 사치성 재산으로 간주되는 토지는 다른 토지와 합산하지 아니하고 해당 토지의 가액만을 과세표준으로 분리하여 고율의 단일세율을 적용한다.

③ 건축물 부속토지로서 법 소정의 요건을 충족하는 토지는 해당 토지의 소유자별로 합산한 가액을 과세표준으로 하여 누진세율을 적용하여 과세한다.

④ 별도합산과세대상과 분리과세대상을 제외한 토지는 해당 토지의 가액을 소유자별로 합산한 가액을 과세표준으로 하여 누진세율을 적용한다.

⑤ 별도합산과세와 종합합산과세에 해당하는 토지는 전국의 모든 토지를 합산하여 과세하는 것을 원칙으로 한다.

해설 ✦ ⑤ 별도합산과세와 종합합산과세에 해당하는 토지는 해당 지방자치단체 내의 해당 토지를 합산하여 과세하는 것을 원칙으로 한다.

정답 ✦ ⑤

02 시가표준액이 1억원인 주택과 선박의 재산세 과세표준 금액은 얼마인가? 단, 1세대 1주택은 아니며, 주택의 경우 과세표준상한액을 넘지 않은 경우이다.

	주택	선박
①	6천만원	1억원
②	7천만원	1억원
③	8천만원	6천만원
④	1억원	8천만원
⑤	1억원	1억원

해설 ✦ 1세대1주택이 아닌 경우 주택분 재산세 과세표준은 시가표준액에 공정시장가액비율을 곱한 금액이다. 즉, 시가표준액 1억원에 공정시장가액비율(60%)를 곱한 6천만원이다. 선박의 과세표준은 시가표준액 1억원이다.

정답 ✦ ①

03 재산세의 과세표준에 대한 설명으로 **틀린** 것은 몇 개인가? 단, 주택을 소유하는 자는 1세대1주택은 아니다.

> ㉠ 토지·건축물 및 주택에 대한 재산세의 과세표준은 시가표준액으로 한다.
> ㉡ 토지와 건축물 및 별장·고급주택의 공정시장가액비율은 70%이며, 별장·고급주택을 제외한 주택의 공정시장가액비율은 60%이다.
> ㉢ 토지 및 주택의 시가표준액은 관련 법률에 의하여 공시된 가액인 개별공시지가 및 개별주택가격 또는 공동주택가격으로 한다.
> ㉣ 법인이 소유하는 재산으로서 법인장부 등에 의하여 사실상의 거래가액이 입증되는 경우에는 장부가액으로 한다.

① 0개   ② 1개   ③ 2개   ④ 3개   ⑤ 4개

해설 ✦ ㉠ 토지·건축물 및 주택에 대한 재산세의 과세표준은 시가표준액에 공정시장가액배율을 곱한 금액으로 한다.
　　 ㉡ 모든 토지와 건축물의 공정시장가액비율은 70%이며, 별장·고급주택을 포함한 주택의 공정시장가액비율은 60%이다.
　　 ㉣ 법인이 소유하는 재산으로서 법인장부 등에 의하여 사실상의 거래가액이 입증되는 경우에도 시가표준액을 과세표준으로 한다.

정답 ✦ ④

04 「지방세법」상 재산세의 비과세에 대한 설명으로 **틀린** 것은?

① 국가·지방자치단체·지방자치단체조합의 소유에 속하는 재산에 대하여는 재산세를 부과하지 않는다.
② 「군사기지 및 군사시설보호법」에 의한 군사시설보호구역(해군기지구역 포함) 중 통제보호구역 내의 토지로서 전·답·과수원 및 대지는 비과세한다.
③ 국가, 지방자치단체, 지방자치단체조합이 1년 이상 공용 또는 공공용으로 무상사용하는 재산에 대하여는 재산세를 부과하지 않는다.
④ 임시로 사용하기 위하여 건축된 건축물로서 재산세 과세기준일 현재 1년 미만의 것은 재산세를 부과하지 않는다.
⑤ 「백두대간 보호에 관한 법률」에 의하여 지정된 백두대간 보호지역 안의 임야에 대하여는 재산세를 비과세한다.

해설 ✦ ② 「군사기지 및 군사시설 보호법」에 따른 군사기지 및 군사시설 보호구역 중 통제보호구역에 있는 토지는 재산세를 비과세한다. 다만, 전·답·과수원 및 대지는 제외한다.

정답 ✦ ②

PART 2 지방세

1 출제예상과 학습포인트

✦ 최근 기출회수

  21회, 23회, 24회, 26회, 27회, 30회, 31회, 32회, 34회

✦ 35회 출제 예상

  최근에 자주 출제된 부분으로서 34회에서도 출제되었으며, 35회에서 출제될 가능성은 80% 이상이다.

✦ 35회 중요도

  ★★★

✦ 학습범위

  과세대상에 따른 표준세율을 중심으로 중과세율, 세율적용을 학습범위로 하면 되고, 도시지역분은 대략적으로 파악하면 된다.

✦ 학습방법

  과세대상의 종류에 따른 표준세율은 반드시 정리하되, 중과세율과 세율적용은 핵심을 숙지하여야 한다. 도시지역분은 기본적 개념만 정리하면 된다.

✦ 핵심쟁점

  ❶ 과세대상에 따른 표준세율
  ❷ 비례세율적용대상과 누진세율적용대상의 구분
  ❸ 1세대 1주택에 대한 특례세율과 적용방법
  ❹ 주택에 대한 재산세 과세방법
  ❺ 탄력세율

2 핵심 내용

(1) 표준세율 21회, 22회, 23회, 24회, 27회, 31회, 32회, 34회

① 재산세 세율구조는 차등비례세율과 초과누진세율이 적용

② 지방자치단체의 장은 특별한 재정수요나 재해 등의 발생으로 재산세의 세율조정이 불가피하다고 인정되는 경우 조례가 정하는 바에 의하여 재산세의 세율을 표준세율의 50% 범위 안에서 가감 조정할 수 있다. 다만, 가감 조정한 세율은 해당 연도에 한하여 적용한다.

재산의 종류(과세대상)		세율
토지	분리과세대상	0.07%, 0.2%, 4%(차등 비례세율)
	종합합산과세대상	(소유자별 합산) 3단계 초과누진세율
	별도합산과세대상	(소유자별 합산) 3단계 초과누진세율
건축물	일반 건축물	0.25%(비례세율)
	시지역의 주거지역 및 지방자치단체의 조례로 정하는 지역 내 공장용 건축물	0.5%(0.25%의 2배)
	골프장 내 건축물·고급오락장용 건축물	4%
주택	주택(별장·고급주택 포함)	• 주택: 0.1~0.4% 4단계 초과누진세율 • 1세대 1주택자가 보유한 공시가격 9억원 이하 주택: 0.05~0.35% 4단계 초과누진세율 • 주택별(소유자별 합산 ×) • 주택가액에 따라 • 별장·고급주택도 일반주택과 동일하게 과세한다.
	선박	0.3%(고급선박 5%)
	항공기	0.3%

참고 1세대 1주택자에 대한 세율 특례

1. 대통령령으로 정하는 시가표준액이 9억원 이하인 1세대 1주택에 대해서는 0.05~ 0.35%의 세율을 적용한다.
2. 1.의 1세대 1주택의 해당 여부를 판단할 때 「신탁법」에 따라 신탁된 주택은 위탁자의 주택 수에 가산한다.
3. 1.에도 불구하고 「지방세법」 제111조 제3항에 따라 지방자치단체의 장이 조례로 정하는 바에 따라 가감한 세율을 적용한 세액이 1.의 세율을 적용한 세액보다 작은 경우에는 1.을 적용하지 아니한다.
4. 「지방세특례제한법」에도 불구하고 동일한 주택이 1.과 「지방세특례제한법」에 따른 재산세 경감 규정(「지방세특례제한법」 제92조의2에 따른 자동이체 등 납부에 대한 세액공제를 제외)의 적용 대상이 되는 경우에는 중복하여 적용하지 아니하고 둘 중 경감 효과가 큰 것 하나만을 적용한다.

(2) 중과세율

과밀억제권역 내 공장(도시형 공장 제외) 신·증설의 경우 건축물에 대한 재산세 세율: 최초의 과세기준일부터 5년간 1,000분의 2.5(0.25%)의 100분의 500에 해당하는 세율로 한다. 즉, 1,000분의 2.5 × 5배 = 1,000분의 12.5이다.

PART 2 지방세

(3) 재산세 도시지역분

① 지방자치단체의 장은 「국토의 계획 및 이용에 관한 법률」 규정에 따른 도시지역 중 해당 지방의회의 의결을 거쳐 고시한 지역 안에 있는 토지, 건축물 또는 주택에 대하여는 조례로 정하는 바에 따라 다음의 ㉠과 ㉡의 세액을 합산하여 산출한 세액을 재산세액으로 부과할 수 있다.

> ㉠ 재산세 세율을 적용하여 산출한 세액
> ㉡ 재산세 과세표준에 1,000분의 1.4를 적용하여 산출한 세액

② 지방자치단체의 장은 해당 연도분의 위 ㉡의 세율을 조례로 정하는 바에 따라 1,000분의 2.3을 초과하지 아니하는 범위에서 다르게 정할 수 있다.

③ 재산세 도시지역분 적용대상 지역 안에 있는 토지 중 「국토의 계획 및 이용에 관한 법률」에 따라 지형도면이 고시된 공공시설용지 또는 개발제한구역으로 시성된 토지 중 지상건축물, 골프장, 유원지, 그 밖의 이용시설이 없는 토지는 도시지역분을 적용하지 아니한다.

(4) 세율 적용

① 토지에 대한 재산세는 다음에서 정하는 바에 따라 세율을 적용한다. 다만, 법 또는 관계 법령에 따라 재산세를 경감할 때에는 과세표준에서 경감대상 토지의 과세표준액에 경감비율(비과세 또는 면제의 경우에는 이를 100분의 100으로 본다)을 곱한 금액을 공제하여 세율을 적용한다.

구분	세율 적용
종합합산과세대상	납세의무자가 소유하고 있는 해당 지방자치단체 관할 구역에 있는 종합합산과세대상이 되는 토지의 가액을 모두 합한 금액을 과세표준으로 하여 종합합산대상 토지의 해당 세율 적용
별도합산과세대상	납세의무자가 소유하고 있는 해당 지방자치단체 관할 구역에 있는 별도합산과세대상이 되는 토지의 가액을 모두 합한 금액을 과세표준으로 하여 별도합산대상 토지의 해당 세율 적용
분리과세대상	분리과세대상이 되는 해당 토지의 가액을 과세표준으로 하여 분리과세대상 토지의 해당 세율 적용

② 주택에 대한 재산세는 주택별로 주택에 대한 세율을 적용한다. 이 경우 주택별로 구분하는 기준 등에 관하여 필요한 사항은 법령으로 정한다.

③ 주택을 2명 이상이 공동으로 소유하거나 토지와 건물의 소유자가 다를 경우 해당 주택에 대한 세율을 적용할 때 해당 주택의 토지와 건물의 가액을 합산한 과세표준에 주택의 세율을 적용한다.

④ 「지방자치법」 제5조 제1항에 따라 둘 이상의 지방자치단체가 통합된 경우에는 통합지방자치단체의 조례로 정하는 바에 따라 5년 범위에서 통합 이전 지방자치단체 관할 구역별로 종합합산과세대상 및 별도합산과세대상의 세율을 적용할 수 있다.

3 대표 기출문제

제34회 출제

01 지방세법령상 재산세의 표준세율에 관한 설명으로 틀린 것은? (단, 지방세관계법령상 감면 및 특례는 고려하지 않음)

① 법령에서 정하는 고급선박 및 고급오락장용 건축물의 경우 고급선박의 표준세율이 고급오락장용 건축물의 표준세율보다 높다.

② 특별시 지역에서 「국토의 계획 및 이용에 관한 법률」과 그 밖의 관계 법령에 따라 지정된 주거지역 및 해당 지방자치단체의 조례로 정하는 지역의 대통령령으로 정하는 공장용 건축물의 표준세율은 과세표준의 1,000분의 5이다.

③ 주택(법령으로 정하는 1세대 1주택 아님)의 경우 표준세율은 최저 1,000분의 1에서 최고 1,000분의 4까지 4단계 초과누진세율로 적용한다.

④ 항공기의 표준세율은 1,000분의 3으로 법령에서 정하는 고급선박을 제외한 그 밖의 선박의 표준세율과 동일하다.

⑤ 지방자치단체의 장은 특별한 재정수요나 재해 등의 발생으로 재산세의 세율 조정이 불가피하다고 인정되는 경우 조례로 정하는 바에 따라 표준세율의 100분의 50의 범위에서 가감할 수 있다. 다만, 가감한 세율은 해당 연도를 포함하여 3년간 적용한다.

해설

⑤ 지방자치단체의 장은 특별한 재정수요나 재해 등의 발생으로 재산세의 세율 조정이 불가피하다고 인정되는 경우 조례로 정하는 바에 따라 표준세율의 100분의 50의 범위에서 가감할 수 있다. 다만, 가감한 세율은 해당 연도에만 적용한다.

정답 ⑤

02 지방세법상 다음에 적용되는 재산세의 표준세율이 가장 높은 것은? (단, 재산세 도시지역분은 제외하고 지방세관계법에 의한 특례는 고려하지 않음)

① 과세표준이 5천만원인 종합합산과세대상 토지
② 과세표준이 2억원인 별도합산과세대상 토지
③ 과세표준이 1억원인 광역시의 군지역에서 「농지법」에 따른 농업법인이 소유하는 농지로서 과세기준일 현재 실제 영농에 사용되고 있는 농지
④ 과세표준이 5억원인 「수도권정비계획법」에 따른 과밀억제권역 외의 읍·면 지역의 공장용 건축물
⑤ 과세표준이 1억5천만원인 주택(1세대 1주택에 해당되지 않음)

해설

①, ② 0.2%   ③ 0.07%   ④ 0.25%   ⑤ 0.15%

답 ④

---

4 출제 예상문제

01 「지방세법」상 재산세 표준세율이 초과누진세율로 되어 있는 재산세 과세대상을 모두 고른 것은?

㉠ 별도합산과세대상 토지
㉡ 분리과세대상 토지
㉢ 광역시(군 지역은 제외) 지역에서 「국토의 계획 및 이용에 관한 법률」과 그 밖의 관계 법령에 따라 지정된 주거지역의 대통령령으로 정하는 공장용 건축물
㉣ 주택(「지방세법」에 따른 별장 포함)

① ㉠, ㉡   ② ㉠, ㉢   ③ ㉠, ㉣   ④ ㉡, ㉢   ⑤ ㉢, ㉣

해설 ✦ ㉠ 별도합산과세대상 토지: 0.2%~0.4% 3단계 초과누진세율
　　　 ㉡ 분리과세대상 토지: 0.07%, 0.2%, 4% 비례세율
　　　 ㉢ 광역시(군 지역은 제외) 지역에서 「국토의 계획 및 이용에 관한 법률」과 그 밖의 관계 법령에 따라 지정된
　　　　 주거지역의 대통령령으로 정하는 공장용 건축물: 0.5% 비례세율
　　　 ㉣ 주택(「지방세법」에 따른 별장 포함): 0.1%~0.4% 4단계 초과누진세율(시가표준액 6억원 이하 1세대 1주택:
　　　　 0.05~ 0.35% 4단계 초과누진세율)

정답 ✦ ③

02 「지방세법」상 재산세 과세대상에 대한 표준세율 적용에 관한 설명으로 틀린 것은?

① 납세의무자가 해당 지방자치단체 관할 구역에 소유하고 있는 종합합산과세대상 토지의 가액을 모두 합한 금액을 과세표준으로 하여 종합합산과세대상의 세율을 적용한다.

② 납세의무자가 해당 지방자치단체 관할 구역에 소유하고 있는 별도합산과세대상 토지의 가액을 모두 합한 금액을 과세표준으로 하여 별도합산과세대상의 세율을 적용한다.

③ 분리과세대상이 되는 해당 토지의 가액을 과세표준으로 하여 분리과세대상의 세율을 적용한다.

④ 납세의무자가 해당 지방자치단체 관할 구역에 2개 이상의 주택을 소유하고 있는 경우 그 주택의 가액을 모두 합한 금액을 과세표준으로 하여 주택의 세율을 적용한다.

⑤ 주택에 대한 토지와 건물의 소유자가 다를 경우 해당 주택의 토지와 건물의 가액을 합산한 과세표준에 주택의 세율을 적용한다.

해설 ✦ ④ 납세의무자가 해당 지방자치단체 관할 구역에 2개 이상의 주택을 소유하고 있는 경우 그 주택의 가액을 과세표준으로 하여 주택별로 세율을 적용한다.

정답 ✦ ④

03 「지방세법」제111조의2 규정과 「지방세법시행령」제110조의2에 따른 1세대 1주택에 대한 주택 세율 특례와 재산세 세율 특례 대상 1세대 1주택의 범위에 대한 내용으로 <u>틀린</u> 것은?

① 대통령령으로 정하는 1세대 1주택(시가표준액이 9억원 이하인 주택에 한정)에 대해서는 1,000분의 0.5에서 1,000분의 3.5의 세율을 적용한다.

② 위 ①에 따른 1세대 1주택의 해당여부를 판단할 때 「신탁법」에 따라 신탁된 주택은 수탁자의 주택 수에 가산한다.

③ 「지방세법」제111조 제3항에 따라 지방자치단체의 장이 조례로 정하는 바에 따라 가감한 세율을 적용한 세액이 위 ①의 세율을 적용한 세액보다 적은 경우에는 ①을 적용하지 아니한다.

④ 「지방세특례제한법」에도 불구하고 동일한 주택이 위 ①과 「지방세특례제한법」에 따른 재산세 경감 규정(같은 법 제92조의2에 따른 자동이체 등 납부에 대한 세액공제는 제외한다)의 적용 대상이 되는 경우에는 중복하여 적용하지 아니하고 둘 중 경감 효과가 큰 것 하나만을 적용한다.

⑤ 「문화재보호법」제2조제3항에 따른 지정문화재 또는 같은 조 제4항에 따른 등록문화재에 해당하는 주택은 1세대1주택 주택 수 계산에서 제외한다.

해설✦ 1세대 1주택의 해당 여부를 판단할 때 「신탁법」에 따라 신탁된 주택은 위탁자의 주택 수에 가산한다.

정답✦ ②

04 재산세에서 과밀억제권역 내 공장 신·증설시 공장용 건축물에 대한 중과세 내용으로 <u>틀린</u> 것은?

① 과밀억제권역이란 「수도권정비계획법」제6조에 따른 과밀억제권역으로 산업단지 및 유치지역은 제외한다.

② 중과세대상에서 도시형 공장은 제외한다.

③ 중과세되는 재산은 공장용 건축물에 한하며 연면적 500㎡ 이상이다.

④ 최초의 공장 신·증설일부터 5년간 일반 건축물의 표준세율(0.25%)의 100분의 500에 해당하는 세율(1.25%)을 적용한다.

⑤ 재산세가 중과되는 '과밀억제권역 내에서 공장을 신설 또는 증설하는 경우'란 취득세가 중과세되는 과밀억제권역 안에서 공장을 신설 또는 증설하는 경우를 말한다.

해설✦ ④ 최초의 과세기준일부터 5년간 일반 건축물의 표준세율(0.25%)의 100분의 500에 해당하는 세율(1.25%)을 적용한다.

정답✦ ④

테마 19 재산세의 부과징수

1 출제예상과 학습포인트

✦ 최근 기출회수

20회, 23회~26회, 29회, 30회, 31회, 32회, 34회

✦ 35회 출제 예상

최근 29회부터 계속하여 개별문제 및 종합문제의 개별보기지문으로 출제된 부분으로서, 35회에 출제될 가능성은 90% 이상이다.

✦ 35회 중요도

★★★

✦ 학습범위

핵심내용 위주로 우선 반복하여 정리하되, 신탁자의 물적납세의무와 분납 및 물납의 요건도 숙지하여야 한다.

✦ 학습방법

재산세의 보통징수에 의한 부과징수와 과세대상별 납부기한과 주택의 납기 특징을 우선적으로 정리한 후 징수절차, 세부담 상한, 부가세와 병기세 및 납세의무편의제도인 분납과 물납 대상과 절차방법 등을 정리하여야 한다.

✦ 핵심쟁점

❶ 보통징수 및 징수절차   ❷ 과세기준일과 납부기한
❸ 소액징수면제   ❹ 세부담 상한, 부가세와 병기세
❺ 분납과 물납

2 핵심 내용

❶ 재산세 납세절차 등

① **보통징수**: 납기 개시 5일 전까지 납세고지서 발부 20회, 25회, 26회, 29회, 31회

> ✦ 토지에 대한 재산세는 ⇒ 한 장의 납세고지서로 발급하며, 26회
> ✦ 토지 외의 재산에 대한 재산세는 ⇒ 건축물·주택·선박 및 항공기로 구분하여 과세대상 물건마다 각각 한 장의 납세고지서로 발급하거나, 물건의 종류별로 한 장의 고지서로 발급할 수 있다.

② 과세기준일: 매년 6월 1일 34회
③ 정기분 납기

건축물, 선박, 항공기	7월 16일~7월 31일23회, 24회, 33회
토지	9월 16일~9월 30일20회, 27회, 29회, 30회, 31회, 33회
주택	㉠ 해당 연도에 부과·징수할 세액의 2분의 1: 7월 16일~7월 31일 ㉡ 나머지 2분의 1: 9월 16일~9월 30일22회, 24회, 25회, 26회, 27회, 29회 ✦ 다만, 20만원 이하인 경우 7월 16일~7월 31일에 한꺼번에 부과·징수할 수 있다.34회

* 수시분 : 과세대상 누락, 위법·착오 등으로 이미 부과한 세액을 변경하거나 수시부과하여야 할 사유가 발생한 때에는 수시로 부과징수할 수 있다. 21회, 22회, 33회

④ 납세지: 해당 재산 소재지 관할 시·군·구·특별자치시·특별자치도
⑤ 권리변동 등의 경우에 납세의무자 신고: 과세기준일부터 15일 이내(불이행시 가산세 ×)
⑥ 소액징수면제: 고지서 1장당 재산세로 징수할 세액이 2,000원 미만 징수× 25회, 26회, 34회
⑦ 세 부담 상한
  ㉠ 개정내용 :해당 재산에 대한 재산세의 산출세액(도시지역분 포함)이 대통령령으로 정하는 방법에 따라 계산한 직전 연도의 해당 재산에 대한 재산세액 상당액의 100분의 150을 초과하는 경우에는 100분의 150에 해당하는 금액을 해당 연도에 징수할 세액으로 한다. 다만, 주택의 경우에는 적용하지 아니한다. 2024.1.1. 시행
  ㉡ 개정규정 시행 전 주택분 세 부담의 상한

구분		세 부담 상한
토지, 건축물, 법인 및 법인으로 보는 단체 소유주택		직전 연도 세액의 150%
주택의 공시가격 등	3억원 이하	직전 연도 세액의 105%
	3억원 초과 ~ 6억원 이하	직전 연도 세액의 110%
	6억원 초과	직전 연도 세액의 130%

제15조(주택 세부담상한제 폐지에 관한 경과조치) 제122조(과세표준 상한액)의 개정규정 시행 전에 주택 재산세가 과세된 주택에 대해서는 제122조(과세표준 상한액)의 개정규정에도 불구하고 2028년 12월 31일까지는 종전의 규정에 따른다.
⑧ 물납: 납부세액 1천만원 초과시 과세 관할 구역 내 소재하는 부동산에 한하여 물납신청 및 허가
  ㉠ 신청 및 허가
    ⓐ 신청: 납부기한 10일 전까지
    ⓑ 허가: 신청받은 날부터 5일 이내 서면으로 통지

* 불허가 통지를 받은 납세의무자는 그 통지를 받은 날부터 10일 이내 해당 시·군·구의 관할구역에 있는 부동산으로서 관리·처분이 가능한 다른 부동산으로 변경 신청 가능 28회

ⓛ 물납허가 부동산의 평가: 과세기준일 현재의 시가 21회, 23회, 29회, 32회

ⓒ 관리·처분이 부적당한 부동산의 처리

ⓐ 시장·군수·구청장은 물납신청을 받은 부동산이 관리·처분하기가 부적당하다고 인정되는 경우 허가하지 아니할 수 있다.

ⓑ 물납허가를 받은 부동산을 물납한 때에는 납기 내에 납부한 것으로 본다.

⑨ 분할납부: 납부세액 250만원 초과시 납부할 세액의 일부를 납부기한이 경과한 날부터 2개월 이내 분할납부 27회, 29회, 31회

분할납부 방법

구분	분할납부할 세액
납부할 세액이 500만원 이하인 경우	250만원을 초과하는 금액
납부할 세액이 500만원 초과하는 경우	그 세액의 50% 이하의 금액

⑩ 재산세의 고지서에 병기되는 세목 – 지역자원시설세(소방분)

⑪ 부가세: 지방교육세(20%)

② 신탁재산 수탁자의 물적납세의무

1. 신탁재산의 위탁자가 다음의 어느 하나에 해당하는 재산세·가산금 또는 체납처분비를 체납한 경우로서 그 위탁자의 다른 재산에 대하여 체납처분을 하여도 징수할 금액에 미치지 못할 때에는 해당 신탁재산의 수탁자는 그 신탁재산으로써 위탁자의 재산세 등을 납부할 의무가 있다.

① 신탁 설정일 이후에 「지방세기본법」 제71조 제1항에 따른 법정기일이 도래하는 재산세 또는 가산금(재산세에 대한 가산금으로 한정)으로서 해당 신탁재산과 관련하여 발생한 것. 다만, 같은 법 제113조 제1항 제1호 및 제2호에 따라 신탁재산과 다른 토지를 합산하여 과세하는 경우에는 신탁재산과 관련하여 발생한 재산세 등을 같은 법 제4조에 따른 신탁재산과 다른 토지의 시가표준액 비율로 안분계산한 부분 중 신탁재산 부분에 한정한다.

② 위 ①의 금액에 대한 체납처분 과정에서 발생한 체납처분비

2. 1.에 따라 수탁자로부터 납세의무자의 재산세 등을 징수하려는 지방자치단체의 장은 다음의 사항을 적은 납부통지서를 수탁자에게 고지하여야 한다.

① 재산세 등의 과세표준, 세액 및 그 산출 근거

② 재산세 등의 납부기한

③ 그 밖에 재산세 등의 징수를 위하여 필요한 사항

3. 2.에 따른 고지가 있은 후 납세의무자인 위탁자가 신탁의 이익을 받을 권리를 포기 또는 이전하거나 신탁재산을 양도하는 등의 경우에도 2.에 따라 고지된 부분에 대한 납세의무에는 영향을 미치지 아니한다.

4. 신탁재산의 수탁자가 변경되는 경우에 새로운 수탁자는 2.에 따라 이전의 수탁자에게 고지된 납세의무를 승계한다.

5. 지방자치단체의 장은 최초의 수탁자에 대한 신탁 설정일을 기준으로 1.에 따라 그 신탁재산에 대한 현재 수탁자에게 납세의무자의 재산세 등을 징수할 수 있다.

6. 신탁재산에 대하여 「지방세징수법」에 따라 체납처분을 하는 경우 「지방세기본법」 제71조 제1항에도 불구하고 수탁자는 「신탁법」 제48조 제1항에 따른 신탁재산의 보존 및 개량을 위하여 지출한 필요비 또는 유익비의 우선변제를 받을 권리가 있다.

3 대표 기출문제

제26회 출제

01 지방세법상 재산세의 부과·징수에 관한 설명으로 틀린 것은?

① 재산세는 관할지방자치단체의 장이 세액을 산정하여 특별징수의 방법으로 부과·징수한다.

② 재산세를 징수하려면 토지, 건축물, 주택, 선박 및 항공기로 각각 구분된 납세고지서에 과세표준과 세액을 적어 늦어도 납기개시 5일 전까지 발급하여야 한다.

③ 토지에 대한 재산세는 납세의무자별로 한 장의 납세고지서로 발급하여야 한다.

④ 재산세로 납부할 세액이 400만원인 경우 250만원을 초과하는 금액을 납부기한이 지난 날부터 2개월 이내 분할납부할 수 있다.

⑤ 고지서 1장당 징수할 세액이 2천원 미만인 경우에는 해당 재산세를 징수하지 아니한다.

> **해설**
> 재산세는 관할 지방자치단체의 장이 세액을 산정하여 보통징수의 방법으로 부과·징수한다.
>
> 답 ①

제31회 출제

02 지방세법상 재산세의 부과·징수에 관한 설명으로 옳은 것은 모두 몇 개인가? (단, 비과세는 고려하지 않음)

- 재산세의 과세기준일은 매년 6월 1일로 한다.
- 토지의 재산세 납기는 매년 7월 16일부터 7월 31일까지이다.
- 지방자치단체의 장은 재산세의 납부할 세액이 500만원 이하인 경우 250만원을 초과하는 금액은 납부기한이 지난 날부터 2개월 이내 분할납부하게 할 수 있다.
- 재산세는 관할지방자치단체의 장이 세액을 산정하여 특별징수의 방법으로 부과·징수한다.

① 0개　　　　② 1개　　　　③ 2개　　　　④ 3개　　　　⑤ 4개

해설
- 토지의 재산세 납기는 매년 9월 16일부터 9월 30일까지이다.
- 재산세는 관할 지방자치단체의 장이 세액을 산정하여 보통징수의 방법으로 부과·징수한다.

답 ③

4 출제 예상문제

01 「지방세법」상 2024년도 귀속 재산세의 부과·징수에 관한 설명으로 틀린 것은? (단, 세액변경이나 수시부과사유는 없음)

① 토지분 재산세 납기는 매년 9월 16일부터 9월 30일까지이다.

② 선박분 재산세 납기는 매년 7월 16일부터 7월 31일까지이다.

③ 재산세를 징수하려면 재산세 납세고지서를 납기개시 5일 전까지 발급하여야 한다.

④ 주택분 재산세로서 해당 연도에 부과할 세액이 20만원 이하인 경우 9월 30일을 납기로 하여 한꺼번에 부과·징수한다.

⑤ 재산세를 물납하려는 자는 납부기한 10일 전까지 납세지를 관할하는 시장·군수·구청장에게 물납을 신청하여야 한다.

해설 ✦ 주택분 재산세로서 해당 연도에 부과할 세액이 20만원 이하인 경우 7월 16일부터 7월 31일까지 납기로 하여 한꺼번에 부과·징수한다.

정답 ✦ ④

02 「지방세법」상 재산세 납부에 관한 설명으로 **틀린** 것은?

① 건축물에 대한 재산세의 납기는 매년 7월 16일부터 7월 31일까지이다.

② 주택에 대한 재산세(해당 연도에 부과할 세액이 20만원을 초과)의 납기는 해당 연도에 부과·징수할 세액의 2분의 1은 매년 7월 16일부터 7월 31일까지, 나머지 2분의 1은 매년 9월 16일부터 9월 30일까지이다.

③ 지방자치단체의 장은 재산세 납부세액이 1천만원을 초과하는 경우 납세의무자의 신청을 받아 관할 구역에 관계없이 해당 납세자의 부동산에 대하여 법령으로 정하는 바에 따라 물납을 허가할 수 있다.

④ 재산세 납부세액이 1천만원을 초과하여 재산세를 물납하려는 자는 법령으로 정하는 서류를 갖추어 그 납부기한 10일 전까지 납세지를 관할하는 시장·군수·구청장에게 신청하여야 한다.

⑤ 재산세 납부세액이 250만원을 초과하여 재산세를 분할납부하려는 자는 재산세 납부기한까지 법령으로 정하는 신청서를 시장·군수·구청장에게 제출하여야 한다.

해설 ✦ 지방자치단체의 장은 재산세의 납부세액이 1천만원을 초과하는 경우 납세의무자의 신청을 받아 해당 지방자치단체의 관할 구역에 있는 부동산에 대하여만 법령으로 정하는 바에 따라 물납을 허가할 수 있다.

정답 ✦ ③

03 「지방세법」상 재산세의 부과·징수에 관한 설명으로 **틀린** 것을 모두 고른 것은? 제22회

> ㉠ 해당 연도에 부과할 토지분 재산세액이 20만원 이하인 경우 조례로 정하는 바에 따라 납기를 7월 16일부터 7월 31일까지로 하여 한꺼번에 부과·징수할 수 있다.
> ㉡ 지방자치단체의 장은 과세대상의 누락 등으로 이미 부과한 재산세액을 변경하여야 할 사유가 발생하더라도 수시로 부과·징수할 수 없다.
> ㉢ 재산세 물납을 허가하는 부동산의 가액은 매년 12월 31일 현재의 시가로 평가한다.

① ㉠　　　　② ㉡　　　　③ ㉠, ㉢　　　　④ ㉡, ㉢　　　　⑤ ㉠, ㉡, ㉢

해설 ✦ ㉠㉡㉢ 모두 틀린 설명이다.
　㉠ 해당 연도에 부과할 주택분 재산세액이 20만원 이하인 경우, 조례로 정하는 바에 따라 납기를 7월 16일부터 7월 31일까지로 하여 한꺼번에 부과·징수할 수 있다. 즉, 토지분 재산세는 20만원 이하인 경우에도 납기는 9월 16일부터 9월 30일까지로 한다.
　㉡ 지방자치단체의 장은 과세대상의 누락 등으로 이미 부과한 재산세액을 변경하여야 할 사유가 발생하더라도 수시로 부과·징수할 수 있다.
　㉢ 재산세 물납을 허가하는 부동산의 가액은 과세기준일(매년 6월 1일) 현재의 시가로 평가한다.

정답 ✦ ⑤

04 「지방세법」상 재산세에 대한 설명으로 옳은 것은?

① 재산세는 원칙적으로 보통징수방법에 의하여 부과·징수되지만, 납세자가 신고를 선택하는 경우에는 신고납부를 할 수 있다.
② 과밀억제권역 내에서 공장을 신설·증설한 경우 해당 건축물에 대한 재산세의 세율은 신설·증설일로부터 5년간 일반건축물 표준세율(0.25%)의 5배를 중과세한다.
③ 공부상 등재현황과 사실상의 현황이 다르거나 사실상의 현황이 변경된 경우에는 해당 재산의 사실상 소유자는 그 사유발생일로부터 10일 이내에 그 소재지를 관할하는 시장·군수에게 그 사실을 알 수 있는 증빙자료를 갖추어 신고하여야 한다.
④ 세부담상한을 적용하는 경우 공시가격 6억원을 초과하는 법인소유주택은 직전연도 세액의 100분의 130에 해당하는 금액을 해당 연도에 징수할 세액으로 한다.
⑤ 건물분 재산세 납부할 세액이 400만원인 경우 9월 30일까지 최대 150만원을 분할납부할 수 있다.

해설 ✦ ① 재산세는 보통징수방법에 의하여 부과·징수되므로 납세자가 신고를 선택할 수 없다.
　② 과밀억제권역 내에서 공장을 신설·증설한 경우 해당 건축물에 대한 재산세의 세율은 최초 과세기준일로부터 5년간 표준세율의 5배를 중과세한다.
　③ 공부상 등재현황과 사실상의 현황이 다르거나 사실상의 현황이 변경된 경우에는 해당 재산의 사실상 소유자는 과세기준일로부터 15일 이내에 그 소재지를 관할하는 시장·군수에게 그 사실을 알 수 있는 증빙자료를 갖추어 신고하여야 한다.
　④ 법인소유주택은 공시가격에 관계없이 100분의 150에 해당하는 금액을 해당 연도에 징수할 세액으로 한다.

정답 ✦ ⑤

PART 3
국세

---

1 출제예상과 학습포인트

✦ 최근 기출회수

20회~24회, 26회, 29회, 30회, 31회

✦ 35회 출제 예상

개별문제 및 종합문제의 개별보기 지문으로 자주 출제되었던 부분이며, 35회에서 출제될 가능성은 80% 이상이다.

✦ 35회 중요도

★★★

✦ 학습범위

종합부동산세 과세대상에 해당여부와 납세의무자 기준, 신탁재산의 수탁자 물적납세의무 등을 정확히 숙지하여야 한다.

✦ 학습방법

종합부동산세 과세대상에 해당하는 것과 해당하지 않는 것을 비교하여 숙지하여야 하며, 주택분과 토지분에 대한 납세의무자 기준을 정확히 숙지하여야 한다. 또한, 신탁재산의 종합부동산세 납세의무자와 수탁자의 물적납세의무의 규정도 이해하고 있어야 한다.

✦ 핵심쟁점

❶ 종합부동산세 과세대상

❷ 납세의무자

❸ 신탁재산의 수탁자 물적납세의무

❹ 법률규정과 조례에 대한 재산세 규정 준용

---

2 핵심 내용

❶ 종합부동산세의 특징

① 국세, 보통세, 직접세, 종가세(정률세)

② 보유과세, 과세기준일(매년 6월 1일)

③ 인세, 인별 합산과세

*개인은 개인별 합산(세대별 합산 ×), 법인 및 단체는 법인별 합산

④ 사실주의과세, 현황부과 원칙

⑤ 정부부과과세(12월 1일~12월 15일), 선택적 신고납세

⑥ 물납 ×, 분할납부 ○(납부할 세액 250만원 초과, 6개월 이내)

⑦ 세 부담 상한 적용

❷ 과세대상 20회, 22회, 23회, 24회, 26회, 30회, 32회

① 주택: 고급주택 및 별장 포함

> **합산배제대상 주택**
> - 「민간임대주택에 관한 특별법」에 따른 민간임대주택, 「공공주택 특별법」에 따른 공공임대주택 및 다가구 임대주택
>   - ✦ 1주택 이상 소유한 1세대가 조정대상지역에 새로 취득한 주택은 임대등록시에도 종합부동산세 합산과세대상이다(2018년 9월 14일 이후 새로 취득하는 주택부터 적용).
> - 종업원의 주거에 공하기 위한 기숙사 및 사원용 주택
> - 주택건설사업자가 건축하여 소유하고 있는 미분양주택
> - 「영유아보육법」 규정에 의한 어린이집으로 운영하는 주택
> - 등록문화재 주택

② 토지: 종합합산과세대상 토지, 별도합산과세대상 토지

　　　* 분리과세대상 토지 : 과세대상×

구분		재산세	종합부동산세
주택	주택(별장·고급주택 포함)	○	○
토지	종합합산과세대상 토지	○	○
	별도합산과세대상 토지	○	○
	분리과세대상 토지	○	×
건축물	건축물 (공장용, 상가용, 고급오락장용 포함)	○	×
	상가 건축물의 부속토지	○	○
	고급오락장용 건축물	○	×
	고급오락장용 건축물의 부속토지	○	×

❸ 납세의무자

① 주택에 대한 납세의무자 27회
  ㉠ 일반적인 경우: 과세기준일 현재 주택분 재산세의 납세의무자는 종합부동산세 납부할 의무가 있다.
    ⓐ 개인의 경우: 납세의무자별로 공시가격 합계액이 9억원을 초과하는 자. 다만, 1세대1주택자는 12억원을 초과하는 자
    ⓑ 법인의 경우: 공시가격에 관계없이 납세의무자
  ㉡ 신탁주택의 경우
    ⓐ 「신탁법」 제2조에 따른 수탁자의 명의로 등기 또는 등록된 신탁재산으로서 신탁주택의 경우에는 ①에도 불구하고 위탁자가 종합부동산세를 납부할 의무가 있다.
    ⓑ 위탁자가 신탁주택을 소유한 것으로 본다.
② 토지에 대한 납세의무자
  ㉠ 일반적인 경우: 과세기준일 현재 토지분 재산세의 납세의무자는 종합부동산세 납부할 의무가 있다.
    ⓐ 별도합산: 국내 소재 별도합산과세대상 토지의 공시가격을 합한 금액이 80억원을 초과하는 자
    ⓑ 종합합산: 국내 소재 종합합산과세대상 토지의 공시가격을 합한 금액이 5억원을 초과하는 자
  ㉡ 신탁토지의 경우
    ⓐ 「신탁법」 제2조에 따른 수탁자의 명의로 등기 또는 등록된 신탁재산으로서 신탁토지의 경우에는 ㉠에도 불구하고 위탁자가 종합부동산세를 납부할 의무가 있다.
    ⓑ 위탁자가 신탁토지를 소유한 것으로 본다.

> **신탁주택 및 토지 관련 수탁자의 물적 납세의무**
> 신탁주택 및 토지의 위탁자가 종합부동산세 또는 강제징수비를 체납한 경우로서 그 위탁자의 다른 재산에 대하여 강제징수를 하여도 징수할 금액에 미치지 못할 때에는 해당 신탁주택 및 토지의 수탁자는 그 신탁주택 및 토지로써 위탁자의 종합부동산세 등을 납부할 의무가 있다.

❹ 과세대상과 준용

1. 과세구분 및 세액

① 종합부동산세는 주택에 대한 종합부동산세와 토지에 대한 종합부동산세의 세액을 합한 금액을 그 세액으로 한다.

② 토지에 대한 종합부동산세의 세액은 토지분 종합합산세액과 토지분 별도합산세액을 합한 금액으로 한다.

➡ **종합부동산세액의 구분**

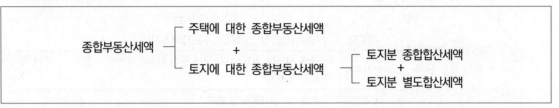

2. 비과세 및 감면의 재산세 준용

① 법률의 준용 ⇒ 「지방세특례제한법」 또는 「조세특례제한법」에 의한 재산세의 비과세·과세면제 또는 경감에 관한 규정은 종합부동산세를 부과함에 있어서 이를 준용 20회, 21회

② 조례의 준용 ⇒ 「지방세특례제한법」 제4조에 따른 시·군의 감면조례에 의한 재산세의 감면규정은 종합부동산세를 부과함에 있어서 이를 준용. 이 경우 그 감면대상인 주택 또는 토지의 공시가격에서 그 공시가격에 재산세 감면비율(비과세 또는 과세면제의 경우에는 이를 100%로 본다)을 곱한 금액을 공제한 금액을 공시가격으로 본다.

3 대표 기출문제

제33회 수정

01 종합부동산세법상 주택에 대한 과세 및 납세지에 관한 설명으로 옳은 것은?

① 납세의무자가 법인이며 3주택 이상을 소유한 경우 소유한 주택 수에 따라 과세표준에 1.2%~6%의 세율을 적용하여 계산한 금액을 주택분 종합부동산세액으로 한다.

② 납세의무자가 법인으로 보지 않는 단체인 경우 주택에 대한 종합부동산세 납세지는 해당 주택의 소재지로 한다.

③ 과세표준 합산의 대상에 포함되지 않는 주택을 보유한 납세의무자는 해당 연도 10월 16일부터 10월 31일까지 관할 세무서장에게 해당 주택의 보유현황을 신고하여야 한다.

④ 종합부동산세 과세대상 1세대 1주택자로서 과세기준일 현재 해당 주택을 12년 보유한 자의 보유기간별 세액공제에 적용되는 공제율은 100분의 50이다.

⑤ 과세기준일 현재 주택분 재산세의 납세의무자는 종합부동산세를 납부할 의무가 있다.

해설

① 납세의무자가 법인인 경우에는 소유한 주택 수에 따라 과세표준에 2주택 이하는 2.7%, 3주택 이상의 경우는 5%의 비례세율을 적용하여 계산한 금액을 주택분 종합부동산세액으로 한다.
② 종합부동산세 납세지는 다음과 같다.

구분		납세지
개인 또는 법인으로 보지 않는 단체	거주자	「소득세법」상 납세지인 주소지(거소지)
	비거주자	국내 사업장 소재지 ⇨ 국내 원천소득이 발생하는 장소 ⇨ 주택 및 토지 소재지
법인	내국법인	본점 및 주사무소 소재지
	외국법인	국내 사업장 소재지 ⇨ 국내 원천소득이 발생하는 장소 ⇨ 주택 및 토지 소재지

③ 과세표준 합산의 대상에 포함되지 않는 주택을 보유한 납세의무자는 해당 연도 9월 16일부터 9월 30일까지 납세지 관할 세무서장에게 해당 주택의 보유현황을 신고하여야 한다.
④ 종합부동산세 과세대상 1세대 1주택자로서 과세기준일 현재 해당 주택을 12년 보유한 자의 보유기간별 세액공제에 적용되는 공제율은 100분의 40이다.
⑤ 옳은 지문이다.

답 ⑤

제24회 출제

02 「종합부동산세법」상 종합부동산세의 과세대상이 <u>아닌</u> 것을 모두 고른 것은

> ㉠ 종중이 1990년 1월부터 소유하는 농지
> ㉡ 1990년 1월부터 소유하는 「수도법」에 따른 상수원보호구역의 임야
> ㉢ 「지방세법」에 따라 재산세가 비과세되는 토지
> ㉣ 취득세 중과세대상인 고급오락장용 건축물

① ㉠, ㉡   ② ㉡, ㉢   ③ ㉢, ㉣
④ ㉠, ㉡, ㉣   ⑤ ㉠, ㉡, ㉢, ㉣

> **해설**
>
> ㉠㉡㉢㉣ 모두 종합부동산세 과세대상이 아니다.
> 종합부동산세의 과세대상은 재산세 과세대상 중 토지(분리과세대상 토지 제외)와 주택(별장 제외)이다.
> ㉠ 종중이 1990년 1월부터 소유하는 농지 ⇨ 재산세에서 분리과세대상 토지에 해당하므로 과세대상이 아니다.
> ㉡ 1990년 1월부터 소유하는 「수도법」에 따른 상수원보호구역의 임야 ⇨ 재산세에서 분리과세대상 토지에 해당하므로 과세대상이 아니다.
> ㉢ 「지방세법」에 따라 재산세가 비과세되는 토지 ⇨ 재산세의 비과세는 종합부동산세에서 준용하므로 종합부동산세에서도 비과세되어 과세대상이 아니다.
> ㉣ 취득세 중과세대상인 고급오락장용 건축물 ⇨ 건축물은 종합부동산세 과세대상이 아니다.
>
> 답 ⑤

4 출제 예상문제

01 주택에 대한 종합부동산세의 과세대상 및 납세의무자에 대한 설명으로 틀린 것은?

① 주택은 「지방세법」 제104조 제3호에 의한 주택을 말하며, 별장과 고급주택을 포함한다.

② 과세기준일 현재 주택분 재산세의 납세의무자는 종합부동산세를 납부할 의무가 있다.

③ 개인(1세대1주택자 아님)의 경우 납세의무자별로 공시가격 합계액이 9억원을 초과하는 자가 납세의무가 있으며, 법인의 경우에는 공시가격에 관계없이 납세의무자가 된다.

④ 「신탁법」 제2조에 따른 수탁자의 명의로 등기 또는 등록된 신탁재산으로서 신탁주택의 경우에는 수탁자가 종합부동산세를 납부할 의무가 있다. 이 경우 수탁자가 신탁주택을 소유한 것으로 본다.

⑤ 신탁주택의 위탁자가 종합부동산세 또는 강제징수비를 체납한 경우로서 그 위탁자의 다른 재산에 대하여 강제징수를 하여도 징수할 금액에 미치지 못할 때에는 해당 신탁주택의 수탁자는 그 신탁주택으로써 위탁자의 종합부동산세 등을 납부할 의무가 있다.

해설 ✦ ④ 「신탁법」 제2조에 따른 수탁자의 명의로 등기 또는 등록된 신탁재산으로서 신탁주택의 경우에는 위탁자가 종합부동산세를 납부할 의무가 있다. 이 경우 위탁자가 신탁주택을 소유한 것으로 본다.

정답 ✦ ④

02 **다음 중 종합부동산세 납세의무자로서 옳은 것은?** (단, 모두 6월 1일 현재 재산세 납세의무자임)

① 공시가격이 각각 5억원과 3억원인 주택을 각자가 소유하고 있는 거주자와 그 배우자

② 공시가격이 6억원인 재산세에서 분리과세 되는 농지를 소유하고 있는 개인

③ 공시가격이 90억원인 상가건물을 소유하고 있는 단체

④ 공시가격이 6억원인 나대지를 소유하고 있는 개인

⑤ 공시가격이 70억원인 상가부속토지(법령에 정하는 기준면적 이내)를 소유하고 있는 법인

해설✦ ④ 나대지는 종합합산과세대상 토지로서 공시가격합계액이 5억원을 초과하므로 납세의무자가 된다.

정답✦ ④

21 종합부동산세 과세표준 및 세율

1 출제예상과 학습포인트

✦ 최근 기출회수

　20회, 21회, 27회, 28회, 30회, 31회, 32회, 34회

✦ 35회 출제 예상

　종합부동산세 과세표준 및 세율은 최근 자주 개별문제 또는 종합문제로 출제되고 있으며, 35회에 출제될 가능성이 80% 이상이다.

✦ 35회 중요도

　★★★

✦ 학습범위

　가끔 깊이 있는 내용을 묻는 문제가 출제되는 분야이다. 과세표준과 세율, 세액계산 등의 내용을 심도있게 학습하여야 한다.

✦ 학습방법

　주택분 종합부동산세의 납세의무자와 세액계산내용을 개인과 법인으로 구분하여 정리한 후, 1세대 1주택의 요건과 특례내용 및 공동명의 1주택자 특례 등을 정리하여야 한다.

✦ 핵심쟁점

　❶ 주택에 대한 과세표준

　❷ 1세대 1주택자의 요건과 과세표준 계산 및 세액공제

　❸ 세율 및 세부담 상한

　❹ 공동명의 1주택자에 대한 특례

　❺ 개인과 법인의 주택분 종합부동산세의 비교

2 핵심 내용

❶ 과세표준

(1) 주택

① 주택분 과세표준 34회

> 주택의 과세표준 = (주택의 공시가격 합산액 − 공제금액) × 공정시장가액비율(60%)

> ✦ 공제금액
> ㉠ (단독소유 또는 1주택 신고한 부부공동소유) 1세대1주택: 12억원
> ㉡ 법인: 0원
> ㉢ ㉠과 ㉡ 이외: 9억원

③ 위 규정을 적용할 때 1주택(주택의 부속토지만을 소유한 경우를 제외)과 다른 주택의 부속토지(주택의 건물과 부속토지의 소유자가 다른 경우의 부속토지만을 말한다)를 함께 소유하고 있는 경우에는 1세대 1주택자로 본다. 34회

④ 1세대 1주택자

㉠ 의의: 세대원 중 1명만이 주택분 재산세 과세대상인 1주택을 소유한 경우로서 그 주택을 소유한 거주자를 말한다. 이 경우 다가구주택은 1주택으로 보되, 합산배제 임대주택으로 신고한 경우에는 1세대가 독립하여 구분 사용할 수 있도록 구획된 부분을 각각 1주택으로 본다.

㉡ 제외대상: 1세대 1주택자 여부를 판단할 때 다음의 주택은 1세대가 소유한 주택 수 계산에서 제외한다. 다만, ⓐ는 다음의 주택 외의 주택을 소유하는 자가 과세기준일 현재 그 주택에 주민 등록이 되어 있고 실제로 거주하고 있는 경우에 한정하여 적용한다.

ⓐ 합산배제 임대주택으로서 합산배제신고를 한 주택

ⓑ 법 제4조 제1항 각 호에 해당하는 주택으로서 합산배제 사원용 주택 등

참고 1세대

1. 「종합부동산세법」에서 정하는 세대라 함은 주택 또는 토지의 소유자 및 그 배우자가 그들과 동일한 주소 또는 거소에서 생계를 같이하는 가족과 함께 구성하는 1세대를 말한다.
2. 혼인함으로써 1세대를 구성하는 경우에는 혼인한 날부터 5년 동안은 위 1.에도 불구하고 주택 또는 토지를 소유하는 자와 그 혼인한 자별로 각각 1세대로 본다. 34회

3. 60세 이상의 직계존속(직계존속 중 어느 한 사람이 60세 미만인 경우를 포함)을 동거봉양하기 위하여 합가함으로써 1세대를 구성하는 경우에는 최초로 합가한 날부터 10년 동안(합가한 당시에는 60세 미만이었으나 합가한 후 과세기준일 현재 60세에 도달한 경우에는 10년의 기간 중에서 60세 이상인 기간 동안)은 1.에도 불구하고 주택 또는 토지를 소유하는 자와 그 합가한 자별로 각각 1세대로 본다.

(2) 토지

① 별도합산

$$(토지의 \ 공시가격을 \ 합한 \ 금액 - 80억원) \times 공정시장가액비율(100\%)$$

② 종합합산

$$(토지의 \ 공시가격을 \ 합한 \ 금액 - 5억원) \times 공정시장가액비율(100\%)$$

❷ 세율 및 세액

(1) 주택

종합부동산세액 = (과세표준 × 종합부동산세율) − 주택분 과세표준금액에 대한 주택분 재산세 부과세액 − 1세대 1주택자의 세액공제

① **세율** : 주택에 대한 종합부동산세는 다음과 같이 납세의무자가 소유한 주택 수에 따라 과세표준에 해당 세율을 적용하여 계산한 금액을 주택분 종합부동산세액으로 한다.

   ㉠ 2주택 이하 소유: 0.5~2.7% 7단계 초과누진세율, 3주택 이상을 소유: 0.5~ 5% 7단계 초과누진세율

   ㉡ 납세의무자가 법인 또는 법인으로 보는 단체인 경우: 2주택 이하는 2.7%, 3주택 이상은 5%의 차등비례세율33회, 34회

② **이중과세액 공제(주택분 과세표준금액에 대한 주택분 재산세 부과세액 공제)**

   ㉠ 주택분 과세표준 금액에 대하여 해당 과세대상 주택의 주택분 재산세로 부과된 세액은 주택분 종합부동산세액에서 이를 공제한다.

   ㉡ 위 ㉠의 경우 주택분 재산세로 부과된 세액이 「지방세법」 제111조 제3항에 따라 가감조정된 세율이 적용된 경우에는 그 세율이 적용된 세액, 제122조에 따라 세 부담 상한을 적용받은 경우에는 그 상한을 적용받은 세액을 말한다.

③ (단독소유 또는 1주택 신고한 부부공동소유) 1세대 1주택 자에 대한 세액공제

　㉠ 연령별 세액공제: 만 60세 이상 20회, 21회, 29회

만 60세 이상 65세 미만	20%
만 65세 이상 70세 미만	30%
만 70세 이상	40%

　㉡ 보유기간별 세액공제: 5년 이상 보유 29회, 33회

5년 이상 10년 미만	20%
10년 이상 15년 미만	40%
15년 이상	50%

　㉢ 위 연령별 공제와 보유기간별 공제는 80% 범위 내에서 중복공제한다. 30회, 32회

참고 　공동명의 1주택자에 대한 납세의무 등의 특례

1. 「종합부동산세법」 제7조 제1항에도 불구하고 과세기준일 현재 세대원 중 1인이 그 배우자와 공동으로 1주택을 소유하고 해당 세대원 및 다른 세대원이 다른 주택을 소유하지 아니한 경우에는 배우자와 공동으로 1주택을 소유한 자 또는 그 배우자 중 대통령령으로 정하는 자(공동명의 1주택자)를 해당 1주택에 대한 납세의무자로 할 수 있다.
2. 1.을 적용받으려는 납세의무자는 당해 연도 9월 16일부터 9월 30일까지 대통령령이 정하는 바에 따라 관할 세무서장에게 신청하여야 한다.
3. 1.을 적용하는 경우에는 공동명의 1주택자를 1세대 1주택자로 보아 동법 제8조에 따른 과세표준과 동법 제9조에 따른 세율 및 세액을 계산한다.

---

(2) 토지

① 별도합산과세대상 토지

　㉠ 0.5~0.7% 3단계 초과누진세율

　㉡ 이중과세액 공제

　　ⓐ 토지분 과세표준 금액에 대하여 해당 과세대상 토지의 토지분 재산세로 부과된 세액은 토지분 별도합산세액에서 이를 공제한다.

　　ⓑ 위 ⓐ의 경우 가감조정된 세율이 적용된 세액, 세 부담 상한이 적용된 세액을 적용한다.

② 종합합산과세대상 토지

　㉠ 1~3% 3단계 초과누진세율

ⓛ 이중과세액 공제

ⓐ 토지분 과세표준 금액에 대하여 해당 과세대상 토지의 토지분 재산세로 부과된 세액은 토지분 종합합산세액에서 이를 공제한다.

ⓑ 위 ⓐ의 경우 가감조정된 세율이 적용된 세액, 세 부담의 상한이 적용된 세액을 적용한다.

(3) 세 부담의 상한선 20회, 28회

구분		세 부담 상한
주택	개인	(주택 수 관계없이) 100분의 150
	법인	적용없음
토지	별도합산대상 토지	(개인·법인)100분의 150
	종합합산대상 토지	

▶ 법인의 주택분 종합부동산세 과세방법

구분	법인* 주택분 종합부동산세
납세의무자	공시가격 관계없이 납세의무자가 된다
과세표준	(주택 공시가격 합산액 - 0원) × 공정시장가액비율(60%)
세율	2주택 이하: 2.7%, 3주택 이상: 5% 비례세율
세액공제	연령별 및 보유기간별 세액공제는 적용×
세부담상한	적용×

* 「공공주택특별법」 제4조에 따른 공공주택사업자 등 사업의 특성을 고려하여 대통령령으로 정하는 사회적기업·종중 등은 제외

➡ **개인과 법인의 주택분* 종합부동산세 비교**

구분	개인	법인
납세의무자	과세기준일 현재 재산세 납세의무자	
	주택 공시가격 합산금액 9억원 초과자	공시가격 관계없이 과세
과세표준	(주택 공시가격 합산액 – 공제금액*) × 공정시장가액비율(60%) * 공제금액 • 1세대 1주택: 12억원 공제 • 1세대 다주택 등: 9억원 공제	(주택 공시가격 합산액 – 0원) × 공정시장가액비율(60%)
세율	2주택 이하: 0.5~2.7%, 3주택 이상: 0.5~5% 7단계 초과누진세율	2주택 이하: 2.7%, 3주택 이상: 5% 비례세율
1세대 1주택 세액공제	연령별세액공제와 보유기간별 세액공제 (80% 범위 내에서 중복공제 가능)	적용 ×
세부담 상한선	150%	적용 ×

* 토지에 대한 종합부동산세는 개인과 법인을 구별하지 않음

3 대표 기출문제

제30회 출제

01 **2024년 귀속 종합부동산세에 관한 설명으로 틀린 것은?**

① 과세기준일 현재 토지분 재산세의 납세의무자로서 「자연공원법」에 따라 지정된 공원자연환경지구의 임야를 소유하는 자는 토지에 대한 종합부동산세를 납부할 의무가 있다.

② 주택분 종합부동산세 납세의무자가 1세대 1주택자에 해당하는 경우의 주택분 종합부동산세액 계산시 연령에 따른 세액공제와 보유기간에 따른 세액공제는 공제율 합계 100분의 80의 범위에서 중복하여 적용할 수 있다.

③ 「문화재보호법」에 따른 등록문화재에 해당하는 주택은 과세표준 합산의 대상이 되는 주택의 범위에 포함되지 않는 것으로 본다.

④ 관할세무서장은 종합부동산세로 납부하여야 할 세액이 400만원인 경우 최대 150만원의 세액을 납부기한이 경과한 날부터 6개월 이내에 분납하게 할 수 있다.

⑤ 주택분 종합부동산세액을 계산할 때 1주택을 여러 사람이 공동으로 매수하여 소유한 경우 공동 소유자 각자가 그 주택을 소유한 것으로 본다.

해설

종합부동산세 과세대상인 토지는 종합합산과세대상 토지와 별도합산과세대상 토지이다.
그러나 「자연공원법」에 따라 지정된 공원자연환경지구의 임야는 산림의 보호육성을 위하여 필요한 임야로서 0.07%
분리과세대상 토지이다. 따라서 종합부동산세 과세대상 토지가 아니다.

정답 ①

02 **종합부동산세법령상 주택의 과세표준 계산과 관련한 내용으로 틀린 것은?** (단, 2024년 납세의무 성립분임)

① 대통령령으로 정하는 1세대 1주택자(공동명의 1주택자 제외)의 경우 주택에 대한 종합부동 산세의 과세표준은 납세의무자별로 주택의 공시가격을 합산한 금액에서 12억원을 공제한 금액에 100분의 60을 곱한 금액으로 한다. 다만, 그 금액이 영보다 작은 경우에는 영으로 본다.

② 대통령령으로 정하는 다가구 임대주택으로서 임대기간, 주택의 수, 가격, 규모 등을 고려하 여 대통령령으로 정하는 주택은 과세표준 합산의 대상이 되는 주택의 범위에 포함되지 아니 하는 것으로 본다.

③ 1주택(주택의 부속토지만을 소유한 경우는 제외)과 다른 주택의 부속토지(주택의 건물과 부 속토지의 소유자가 다른 경우의 그 부속토지)를 함께 소유하고 있는 경우는 1세대 1주택자 로 본다.

④ 혼인으로 인한 1세대 2주택의 경우 납세의무자가 해당 연도 9월 16일부터 9월 30일까지 관할 세무서장에게 합산배제를 신청하면 1세대 1주택자로 본다.

⑤ 2주택을 소유하여 1,000분의 27의 세율이 적용되는 법인의 경우 주택에 대한 종합부동산 세의 과세표준은 납세의무자별로 주택의 공시가격을 합산한 금액에서 0원을 공제한 금액에 100분의 60을 곱한 금액으로 한다. 다만, 그 금액이 영보다 작은 경우에는 영으로 본다.

해설

④ 혼인으로 인한 1세대 2주택의 경우 납세의무자의 신청여부와 관계없이 혼인한 날부터 5년 동안은 주택을 소유하 는 자와 그 혼인한 자별로 각각 1세대로 본다.

답 ④

4 출제 예상문제

01 2024년 과세기준일 현재 1세대가 국내에 단독소유 1주택(주택공시가액 13억원)만을 소유하고 있는 경우 종합부동산세 과세표준으로 옳은 것은? (단, 공정시장가액비율은 60%로 함)

① 1,000만원   ② 6,000만원   ③ 8,500만원

④ 1억원   ⑤ 6억원

해설 ✦ 주택에 대한 종합부동산세는 납세의무자별 주택의 공시가격을 합한 금액에서 공제금액(1세대 1주택의 경우에는 12억원)을 공제한 금액에 100분의 60를 곱한 금액으로 한다.

∴ (13억원 – 12억원) × 60% = 6,000만원

정답 ✦ ②

02 1세대의 세대주인 甲이 2024년 과세기준일 현재 다음과 같이 주택을 소유하고 있는 경우 종합부동산세의 과세표준과 납세지로 옳게 연결된 것은? (단, 공정시장가액비율은 60%로 함)

> 甲은 과세기준일 현재 65세이며, 서울특별시 서초구에 거주하고 있는 거주자이다(관할 세무서: 서초세무서).
> • A주택: 주택공시가액   500,000,000원(경기도 성남시 소재)
> • B주택: 주택공시가액   1,000,000,000원(서울특별시 서초구 소재)

	과세표준	납세지
①	60,000,000원	서울특별시청
②	180,000,000원	경기도청
③	360,000,000원	서초세무서
④	900,000,000원	서초세무서
⑤	1,500,000,000원	서초세무서

해설 ✦ 1세대 1주택이 아니므로 종합부동산세의 과세표준은 주택공시가액의 합계액에서 9억원을 공제한 금액에 공정시장가액비율(60%)을 곱한 금액으로 한다. 또한 거주자이므로 납세지는 거주자의 주소지 관할 세무서가 된다.

• 과세표준 = (1,500,000,000 – 900,000,000) × 60% = 360,000,000원
• 납세지: 서초세무서

정답 ✦ ③

03 「종합부동산세법」상 종합부동산세 세율 및 세액에 관한 설명으로 틀린 것은?

① 주택에 대한 종합부동산세는 납세의무자가 개인과 법인에 따라 세율이 다르게 적용된다.
② 별도합산과세대상인 토지에 대한 종합부동산세의 세액은 과세표준에 0.5%~0.7%의 세율을 적용하여 계산한 금액으로 한다.
③ 종합합산과세대상인 토지에 대한 종합부동산세의 세액은 과세표준에 1%~3%의 세율을 적용하여 계산한 금액으로 한다.
④ 법인(사회적 기업 등이 아님) 또는 법인으로 보는 단체가 3주택 이상을 소유하는 경우에는 0.5~5% 7단계 초과누진세율을 적용한다.
⑤ 주택분 과세표준 금액에 대하여 해당 과세대상 주택의 주택분 재산세로 부과된 세액(「지방세법」 제111조 제3항에 따라 가감조정된 세율이 적용된 경우에는 그 세율이 적용된 세액, 같은 법 제122조에 따라 세 부담 상한을 적용받은 경우에는 그 상한을 적용받은 세액을 말한다)은 주택분 종합부동산세액에서 이를 공제한다.

해설 ✦ 법인소유주택은 주택 수에 따라 2주택 이하는 2.7%, 3주택 이상은 5%의 비례세율이 적용된다.

정답 ✦ ④

04 종합부동산세법상 공동명의 1주택자의 납세의무에 관한 특례의 내용으로 옳은 것은?

> ㉠ 과세기준일 현재 세대원 중 1인이 그 배우자와 공동으로 1주택을 소유하고 있는 경우 공동으로 1주택을 소유한 자 또는 그 배우자를 해당 1주택에 대한 납세의무자로 할 수 있다.
> ㉡ 해당 세대원 및 다른 세대원은 다른 주택(합산배제대상의 어느 하나에 해당하는 주택 제외)을 소유하지 아니하지 아니하여야 한다.
> ㉢ 특례규정은 강행적 규정이므로 납세의무자의 신청이 없어도 적용한다.
> ㉣ 특례를 적용받는 경우에도 공동명의 1주택자는 1세대 1주택자의 연령별 및 보유기간별 세액공제를 적용받을 수 없다.

① ㉠, ㉡　　② ㉢, ㉣　　③ ㉠, ㉡, ㉢　　④ ㉡, ㉢, ㉣　　⑤ ㉠, ㉡, ㉢, ㉣

해설 ✦ ㉢ 특례규정은 선택적 규정이므로, 이를 적용받으려는 납세의무자는 공동명의 1주택자 신청서를 당해 연도 9월 16일부터 9월 30일까지 관할세무서장에게 신청하여야 한다.
　　　 ㉣ 특례를 적용받는 경우에는 공동명의 1주택자를 1세대 1주택자로 보아 과세표준과 세율 및 세액을 계산한다. 따라서 공동소유자 중 과세기준일 현재 60세 이상이거나 5년 이상 보유한 경우에는 연령별 및 보유기간별 세액공제를 적용 받을 수 있다.

정답 ✦ ①

1 출제예상과 학습포인트

✦ 최근 기출회수

제20회, 27회, 29회, 30회, 31회, 32회, 33회, 34회

✦ 35회 출제 예상

개별문제로도 출제되기도 하며, 주로는 종합문제로 거의 매년 출제되는 부분으로서, 35회에 출제될 가능성은 90% 이상이다.

✦ 35회 중요도

★★★

✦ 학습범위

종합부동산세 납세절차와 납세지에 대해서 정확한 학습을 하여야 한다.

✦ 학습방법

정부부과세하는 경우의 납기와 신고납부를 선택하는 경우의 신고기한, 납부지연가산세, 개인의 경우 거주자와 비거주자에 따른 납세지, 물납과 분할납부 등에 대해서 정확히 숙지해야 한다.

✦ 핵심쟁점

❶ 부과과세하는 경우와 신고납부 선택하는 경우의 납기와 신고기한
❷ 납부지연가산세와 신고납부 선택하는 경우의 과소신고가산세
❸ 납세지
❹ 종합부동산세의 분납과 부가세

2 핵심 내용

❶ 과세기준일 및 납기

① **과세기준일**: 매년 6월 1일
② **납기**: 당해 연도 12월 1일부터 12월 15일까지
③ 관할 세무서장은 종합부동산세를 징수하고자 하는 때에는 납세고지서에 주택 및 토지로 구분한 과세표준과 세액을 기재하여 납부기간 개시 5일 전까지 발부하여야 한다.

✦ 재산세의 경우에도 납부기간 개시 5일 전까지 납세고지서를 발부하여야 한다.

❷ 징수방법

① **원칙:** 정부부과 과세(부과징수)
② **예외:** 부과징수에도 불구하고 종합부동산세를 신고납부방식으로 납부하고자 하는 납세의무자는 종합부동산세의 과세표준과 세액을 당해 연도 12월 1일부터 12월 15일까지 관할 세무서장에게 신고하여야 한다. 이 경우 관할 세무서장의 결정은 없었던 것으로 본다.

✦ 원칙적으로 (납부고지 후)납부지연가산세에 관한 규정(3% + 1일 0.022%)이 적용되지만, 신고납부를 선택하는 경우에 예외적으로 과소신고가산세가 적용될 수 있다.

❸ 부가세: 농어촌특별세(20%)

❹ 분할납부

① 납부할 세액이 250만원을 초과하는 경우
② **분할납부기간:** 납부기한이 경과한 날부터 6개월 이내
③ 분할납부처리 기준

구분	분할납부할 세액
납부할 세액이 250만원 초과 500만원 이하인 경우	해당 세액에서 250만원을 차감한 금액
납부할 세액이 500만원 초과하는 경우	그 세액의 50% 이하의 금액

✦ 단, 물납은 허용되지 않는다.

❺ 납세지

구분		납세지
개인 또는 법인으로 보지 않는 단체	거주자	「소득세법」상 납세지인 주소지(거소지)
	비거주자	국내 사업장 소재지 ⇨ 국내 원천소득이 발생하는 장소 ⇨ 주택 및 토지 소재지(주택 또는 토지가 둘 이상인 경우 공시가격이 가장 높은 주택 또는 토지의 소재지를 납세지로 한다)
법인	내국법인	본점 및 주사무소 소재지
	외국법인	국내 사업장 소재지 ⇨ 국내 원천소득이 발생하는 장소 ⇨ 주택 및 토지 소재지

➦ **과세대상별 종합부동산세 과세방법**

구분	주택분 종합부동산세	토지분 종합부동산세	
		종합합산과세	별도합산과세
과세대상	별장 제외, 고급주택 포함	나대지, 잡종지 등	상가 부속토지 등
납세 의무자	㉠ 개인: 해당 주택의 공시가격 합계액이 9억원을 초과하는 자. 단, 1세대1주택자: 12억원을 초과하는 자 ㉡ 법인: 공시가격에 관계없이 납세의무자	해당 토지의 공시가격 합계액이 5억원을 초과하는 자	해당 토지의 공시가격 합계액이 80억원을 초과하는 자
과세표준	• (공시가격합계액 – 공제금액) × 공정시장가액비율(60%) ＊ 공제금액 ㉠ 1세대1주택 : 12억원 ㉡ 법인: 0원 ㉢ ㉠과 ㉡ 이외주택: 9억원	(공시가격 합계액 – 5억원) × 공정시장가액비율 (100%)	(공시가격 합계액 – 80억원)× 공정시장가액비율 (100%)
세율	㉠ 개인 : 2주택 이하는 0.5~2.7%, 3주택 이상은 0.5~5% 7단계 초과누진세율 ㉡ 법인 : 2주택 이하: 2.7%, 3주택 이상: 5% 비례세율	1~3% 3단계 초과누진세율	0.5~0.7% 3단계 초과누진세율
이중세액 공제	해당 주택분 과세표준금액에 대한 주택분 재산세액	해당 토지분 과세표준금액에 대한 토지분 재산세액	
1세대 1주택자 세액공제	㉠ 60세 이상의 연령별 세액공제: 20%, 30%, 40% ㉡ 5년 이상의 보유기간별 세액공제: 20%, 40%, 50% ㉢ 80% 범위 내 중복공제 허용	–	
세 부담 상한	㉠ 개인 : 150% ㉡ 법인: 적용 없음	(개인·법인 구별없이)150%	

3 대표 기출문제

제34회 출제

01 종합부동산세법령상 종합부동산세의 부과·징수에 관한 내용으로 <u>틀린</u> 것은?

① 관할 세무서장은 납부하여야 할 종합부동산세의 세액을 결정하여 해당 연도 12월 1일부터 12월 15일까지 부과·징수한다.

② 종합부동산세를 신고납부방식으로 납부하고자 하는 납세의무자는 종합부동산세의 과세표준과 세액을 관할 세무서장이 결정하기 전인 해당 연도 11월 16일부터 11월 30일까지 관할 세무서장에게 신고하여야 한다.

③ 관할 세무서장은 종합부동산세로 납부하여야 할 세액이 250만원을 초과하는 경우에는 대통령령으로 정하는 바에 따라 그 세액의 일부를 납부기한이 지난 날부터 6개월 이내에 분납하게 할 수 있다.

④ 관할 세무서장은 납세의무자가 과세기준일 현재 1세대 1주택자가 아닌 경우 주택분 종합부동산세액의 납부유예를 허가할 수 없다.

⑤ 관할 세무서장은 주택분 종합부동산세액의 납부가 유예된 납세의무자가 해당 주택을 타인에게 양도하거나 증여하는 경우에는 그 납부유예 허가를 취소하여야 한다.

> **해설**
>
> ② 관할세무서장의 결정에도 불구하고 종합부동산세를 신고납부방식으로 납부하고자 하는 납세의무자는 종합부동산세의 과세표준과 세액을 해당 연도 12월 1일부터 12월 15일까지 대통령령으로 정하는 바에 따라 관할세무서장에게 신고하여야 한다. 이 경우 관할세무서장의 결정은 없었던 것으로 본다.
>
> 답 ②

02 **「종합부동산세법」상 종합부동산세에 관한 설명으로 틀린 것은?** (단, 감면 및 비과세와 「지방세특례 제한법」 또는 「조세특례제한법」은 고려하지 않음)

① 종합부동산세의 과세기준일은 매년 6월 1일로 한다.

② 종합부동산세의 납세의무자가 비거주자인 개인으로서 국내사업장이 없고 국내원천소득이 발생하지 아니하는 1주택을 소유한 경우 그 주택 소재지를 납세지로 정한다.

③ 과세기준일 현재 토지분 재산세의 납세의무자로서 국내에 소재하는 종합합산과세대상 토지 의 공시가격을 합한 금액이 5억원을 초과하는 자는 해당 토지에 대한 종합부동산세를 납부 할 의무가 있다.

④ 종합합산과세대상 토지의 재산세로 부과된 세액이 세 부담 상한을 적용받는 경우 그 상한을 적용받기 전의 세액을 종합합산과세대상 토지분 종합부동산세액에서 공제한다.

⑤ 관할 세무서장은 종합부동산세를 징수하고자 하는 때에는 납세고지서에 주택 및 토지로 구 분한 과세표준과 세액을 기재하여 납부기간 개시 5일 전까지 발부하여야 한다.

> **해설**
>
> 종합합산과세대상 토지의 재산세로 부과된 세액이 세 부담 상한을 적용받는 경우 그 상한을 적용받은 후의 세액을 종합합산과세대상 토지분 종합부동산세액에서 공제한다.
>
> 답 ④

4 출제 예상문제

01 **2024년 귀속 종합부동산세에 관한 설명으로 틀린 것은?**

① 과세대상 토지가 매매로 유상이전되는 경우로서 매매계약서 작성일이 2024년 6월 1일이고 잔금지급 및 소유권이전등기일이 2024년 6월 29일인 경우, 종합부동산세의 납세의무자는 매도인이다.

② 납세의무자가 국내에 주소를 두고 있는 개인의 경우 납세지는 주소지이다.

③ 종합부동산세를 납부기한 내에 납부하지 않은 경우에 납부하지 아니한 세액의 100분의 3과 1일 10만분의 22의 납부지연가산세가 적용될 수 있다.

④ 납세의무자는 선택에 따라 신고납부할 수 있으나, 신고를 함에 있어 납부세액을 과소하게 신고한 경우라도 과소신고가산세가 적용되지 않는다.

⑤ 종합부동산세는 물납이 허용되지 않는다.

해설 ✦ 종합부동산세는 신고납부를 선택하는 경우에 무신고가산세는 적용될 수 없으나 과소신고가산세는 적용될 수가 있다.

정답 ✦ ④

02 **2024년 귀속 토지분 종합부동산세에 관한 설명으로 옳은 것은?** (단, 감면과 비과세와 「지방세특례제한법」 또는 「조세특례제한법」은 고려하지 않음)

① 재산세 과세대상 중 분리과세대상 토지는 종합부동산세 과세대상이다.

② 종합부동산세의 분납은 허용되지 않는다.

③ 종합부동산세의 물납은 허용되지 않는다.

④ 납세자에게 부정행위가 없으며 특례제척기간에 해당하지 않는 경우 원칙적으로 납세의무성립일부터 3년이 지나면 종합부동산세를 부과할 수 없다.

⑤ 별도합산과세대상인 토지의 재산세로 부과된 세액이 세 부담 상한을 적용받는 경우 그 상한을 적용받기 전의 세액을 별도합산과세대상 토지분 종합부동산세액에서 공제한다.

해설 ✦ ① 재산세 과세대상 중 분리과세대상 토지는 종합부동산세 과세대상이 아니다.
② 종합부동산세의 분납은 허용된다.
④ 납세자에게 부정행위가 없으며 특례제척기간에 해당하지 않는 경우 원칙적으로 납세의무 성립일부터 5년이 지나면 종합부동산세를 부과할 수 없다.
⑤ 별도합산과세대상인 토지의 재산세로 부과된 세액이 세 부담 상한을 적용받는 경우 그 상한을 적용받은 세액을 별도합산과세대상 토지분 종합부동산세액에서 공제한다.

정답 ✦ ③

1 출제예상과 학습포인트

✦ 최근 기출회수

20회~25회, 28회, 31회, 33회, 34회

✦ 35회 출제 예상

부동산임대사업소득은 매회 출제되는 부문은 아니나 33회 시험에서는 2문제가 출제되었으며, 34회에서도 계산문제 1문제가 출제되었다. 35회에 출제될 가능성은 50% 이상이다.

✦ 35회 중요도

★

✦ 학습범위

부동산 임대소득의 범위, 비과세, 전세주택, 분리과세 등에 대해 주요내용을 학습하여야 한다.

✦ 학습방법

부동산임대소득의 과세대상과 특히 비과세 해당되는 경우의 요건, 분리과세와 사업소득금액계산 구조를 정리하되, 월세주택과 전세주택의 요건비교, 주택에 대한 간주임대료 계산요건과 주택 외의 부동산인 토지나 상가 등의 간주임대료 계산요건 등을 정리하여야 한다.

✦ 핵심쟁점

❶ 부동산임대사업소득의 범위와 과세대상
❷ 부동산임대사업소득의 비과세와 분리과세 및 주택 수의 계산
❸ 총수입금액인 임대료, 간주임대료, 관리비 등의 구성과 주택에 대한 간주임대료 계산 여부
❹ 부동산임대소득의 수입시기
❺ 결손금과 이월결손금의 처리방법

2 핵심 내용

❶ 부동산임대 관련 사업소득의 범위

① 부동산 또는 부동산상의 권리의 대여로 인하여 발생하는 소득 20회, 28회

┌───
│ ㉠ 부동산 ⇒ 미등기부동산 포함. 즉, 미등기 부동산 대여 소득도 사업소득이다. 23회
└───

ⓒ 부동산상의 권리 ⇒ 전세권·임차권 또는 지상권·지역권 등의 부동산에 관한 권리. 단, 공익사업과 관련하여 지역권·지상권을 설정하거나 대여함으로써 발생하는 소득은 제외한다.

※ 공익사업관련 지상권 및 지역권의 설정·대여소득은 기타소득이나, 그 밖의 지상권 및 지역권의 설정·대여소득은 부동산임대사업소득으로 과세 23회, 28회, 31회

② 공장재단 또는 광업재단의 대여로 인하여 발생하는 소득
③ 광업권자·조광권자·덕대가 채굴에 관한 권리를 대여함으로 인하여 발생하는 소득
④ 기타 포함되는 경우
　ⓐ 자기 소유의 부동산을 타인의 담보물로 사용하게 하고 그 사용대가를 받는 것은 부동산상의 권리의 대여로 인하여 발생하는 소득으로 본다.
　ⓑ 부동산매매업 또는 건설업자가 판매를 목적으로 취득한 토지 등의 부동산을 일시적으로 대여하고 얻는 소득은 부동산임대사업소득으로 본다.
　ⓒ 광고용으로 토지·가옥의 옥상 또는 측면 등을 사용하게 하고 받는 대가는 부동산임대사업소득으로 본다.

▶ 양도와 대여의 비교

구분			양도	대여
토지·건물			양도소득	사업소득 (부동산임대사업소득)
전세권				
지상권				
지역권			–	
부동산 임차권	등기		양도소득	
	미등기	점포임차권	기타소득	
		기타	–	

* 공익사업과 관련된 지역권·지상권의 설정·대여소득은 기타소득이다.

❷ 비과세 부동산임대사업소득

① 논·밭을 작물생산에 이용하게 하여 발생하는 임대소득 31회
　✦ 단, 논·밭을 주차장 등으로 사용하게 함으로써 발생하는 소득은 과세한다.
② 비과세 주택임대사업소득: 1개의 주택을 소유하는 자의 주택임대소득 20회, 21회, 22회, 23회, 24회, 25회, 31회

✦ 단, 고가주택의 임대소득과 국외소재 주택의 임대소득은 과세한다. 22회, 24회

*고가주택 : 과세기간 종료일 또는 해당 주택 양도일 현재 기준시가가 12억원을 초과하는 주택을 말한다.

▶ 비과세 주택 수 계산

구분	주택 수의 계산
다가구주택	1개의 주택으로 보되, 구분등기된 경우 각각을 1개의 주택으로 계산
공동 소유주택	지분이 가장 큰 사람의 소유로 계산(다만, 소수지분자도 주택 수에 가산하는 경우 있음)
임차 또는 전세받은 주택을 전대하거나 전전세하는 경우	해당 임차 또는 전세받은 주택을 임차인 또는 전세받은 자의 주택으로 계산
본인과 배우자가 각각 주택을 소유하는 경우	이를 합산하여 계산

> **참고** 공동소유주택의 주택 수 계산방법
>
> 1. 다음 중 하나에 해당하면 소수지분자도 주택 수에 가산한다.
>   ① 해당 주택에서 발생하는 임대소득이 연간 600만원 이상
>   ② 기준시가가 9억원을 초과하는 주택의 30%를 초과하는 공유지분을 소유
> 2. 동일 주택을 부부가 일정 지분 이상 소유한 경우 다음 순서(① ⇨ ②)로 부부 중 1인의 소유주택으로 계산
>   ① 부부 중 지분이 더 큰 자
>   ② 부부의 지분이 동일한 경우, 부부사이의 합의에 따라 소유주택에 가산하기로 한 자

❸ 부동산임대 관련 사업소득금액의 계산

- 부동산임대 관련 사업소득금액 = 총 수입금액(비과세소득 제외) − 필요경비
- 부동산임대 사업소득 총 수입금액 = 임대료 + 간주임대료 + 관리비수입 + 보험차익 34회

✦ 관리비수입: 공공요금은 제외한다.

　① 주택을 제외한 부동산
　　㉠ 일반적인 경우 33회

간주임대료 = (해당 과세기간의 보증금 등의 적수 − 임대용 부동산의 건설비 상당액의 적수)

$$\times \frac{1}{365} \times 정기예금이자율 − 해당 과세기간의 임대사업에서 발생한 금융수익$$

ⓛ 추계결정·경정의 경우

$$간주임대료 = 해당\ 과세기간의\ 보증금\ 등의\ 적수 \times \frac{1}{365} \times 정기예금이자율$$

② 주택
  ㉠ 원칙: 주택을 대여하고 보증금 등을 받은 경우에는 원칙적으로 소득세를 과세하지 아니한다.
  ㉡ 3주택 이상 다주택자에 대한 전세보증금의 소득세 과세 20회, 22회, 24회, 25회, 33회
    ⓐ 주택을 대여하고 보증금 등을 받은 경우에는 3주택 이상을 소유하고 보증금 등의 합계액이 3억원을 초과하는 경우 그 보증금 등을 사업소득금액을 계산할 때 총수입금액에 산입한다 (주택 부수토지만 임대하는 경우 제외).
    ⓑ ⓐ의 주택 수 계산시에 주거의 용도로만 쓰이는 면적이 1호(戶) 또는 1세대당 40㎡ 이하인 주택으로서 해당 과세기간의 기준시가가 2억원 이하인 주택은 2026년 12월 31일까지는 주택 수에 포함하지 아니한다.
  ㉢ 계산
    ⓐ 일반적인 경우

$$간주임대료 = (해당\ 과세기간의\ 보증금\ 등 - 3억원)의\ 적수 \times \frac{60}{100} \times \frac{1}{365}$$
$$\times 정기예금이자율 - 해당\ 과세기간의\ 임대사업에서\ 발생한\ 금융수익$$

    ⓑ 추계결정·경정의 경우

$$간주임대료 = (해당\ 과세기간의\ 보증금\ 등 - 3억원)의\ 적수 \times \frac{60}{100} \times \frac{1}{365}$$
$$\times 정기예금이자율$$

참고 간주임대료의 계산

1. 보증금 등을 받은 주택이 2주택 이상인 경우 보증금 등의 적수가 가장 큰 주택의 보증금 순서로 3억원을 뺀다.
2. 윤년의 경우는 366일로 계산한다.
3. 정기예금이자율이란 금융회사 등의 정기예금이자율을 고려하여 기획재정부령으로 정하는 이자율(연간 1.2%)을 말한다.
4. 해당 과세기간의 임대사업부문에서 발생한 금융수익이란 수입이자와 할인료 및 배당금의 합계액을 말하며, 유가증권처분이익은 포함하지 않는다. 28회

보충 총 수입금액에 포함되는 관리비 수입

1. 사업자가 부동산을 임대하고 임대료 외에 유지비와 관리비 등의 명목으로 지급받는 금액이 있는 경우에는 이를 총수입금액에 산입한다.
2. 사업자가 부동산을 임대하고 임대료 외에 유지비나 관리비 등의 명목으로 지급받는 금액이 있는 경우에는 전기료·수도료 등의 공공요금을 제외한 청소비·난방비 등(부동산임대업과 객관적으로 구분되는 경우가 아님)은 부동산임대업에서 발생하는 소득의 총 수입금액에 산입한다(「소득세법」 기본통칙 24-51 … 1 제1항).
3. 전기료·수도료 등의 공공요금의 명목으로 지급받은 금액이 공공요금의 납부액을 초과할 때 그 초과하는 금액은 부동산임대소득의 총 수입금액에 산입한다(「소득세법」 기본통칙 24-51 … 1 제1항).

❹ 주택임대소득에 대한 세액 계산의 특례

분리과세시 주택임대소득의 산출세액 = [수입금액 × (1 − 필요경비율) − 공제금액] × 14%

✦ 1. 주택임대수입금액이 2천만원 이하인 경우 분리과세와 종합과세 중 선택 가능하다.
 2. 필요경비율: 임대주택 등록자 60%, 임대주택 미등록자 50%
 3. 공제금액: 임대주택 등록자 400만원, 임대주택 미등록자 200만원

▶ 상가임대와 주택임대의 비교

구분	상가임대	주택임대(월세)	주택임대(전세)
1개	과세	비과세 ✦ 고가주택과 국외소재 주택의 경우: 과세	비과세(고가주택 포함)
2개	과세	과세 ✦ 해당 과세기간의 총수입금액의 합계액이 2천만원 이하인 자: 분리과세와 종합과세 중 선택	비과세
3개	과세	과세 ✦ 해당 과세기간의 총수입금액의 합계액이 2천만원 이하인 자: 분리과세와 종합과세 중 선택	3주택 이상 + 보증금 합계액 3억원 초과: 과세

❺ 임대소득의 수입시기

① 계약 또는 관습에 의하여 지급일이 정해진 경우: 그 정해진 날
② 계약 또는 관습에 의하여 지급일이 정해지지 않은 경우: 그 지급을 받은 날

❻ 주택임대사업자의 미등록가산세

주택임대수입금액의 1,000분의 2(0.2%)

❼ 결손금 공제

주거용 건물 임대업에서 발생한 결손금은 다른 종합소득과 공제한다. 31회 다만, 해당 과세기간의 주거
용 건물 임대업을 제외한 부동산임대업에서 발생한 결손금은 그 과세기간의 종합소득과세표준을 계산
할 때 공제하지 않는다.

3 대표 기출문제

제33회 출제

01 소득세법상 부동산임대업에서 발생한 소득에 관한 설명으로 틀린 것은?

① 해당 과세기간의 주거용 건물 임대업을 제외한 부동산임대업에서 발생한 결손금은 그 과세
기간의 종합소득과세표준을 계산할 때 공제하지 않는다.

② 사업소득에 부동산임대업에서 발생한 소득이 포함되어 있는 사업자는 그 소득별로 구분하
여 회계처리하여야 한다.

③ 3주택(주택 수에 포함되지 않는 주택 제외) 이상을 소유한 거주자가 주택과 주택부수토지를
임대(주택부수토지만 임대하는 경우 제외)한 경우에는 법령으로 정하는 바에 따라 계산한
금액(간주임대료)을 총수입금액에 산입한다.

④ 간주임대료 계산 시 3주택 이상 여부 판정에 있어 주택 수에 포함되지 않는 주택이란 주거
의 용도로만 쓰이는 면적이 1호 또는 1세대당 40㎡ 이하인 주택으로서 해당 과세기간의 기
준시가가 2억원 이하인 주택을 말한다.

⑤ 해당 과세기간에 분리과세 주택임대소득이 있는 거주자(종합소득과세표준이 없거나 결손금
이 있는 거주자 포함)는 그 종합소득 과세표준을 그 과세기간의 다음 연도 5월 1일부터 5월
31일까지 신고하여야 한다.

③ 3주택(주택 수에 포함되지 않는 주택 제외) 이상을 소유하고 보증금 등의 합계액이 3억원을 초과하는 경우 그 보증금 등을 사업소득금액을 계산할 때 총수입금액에 산입하므로, 3주택(주택 수에 포함되지 않는 주택 제외) 이상을 소유한 거주자가 주택과 주택부수토지를 임대(주택부수토지만 임대하는 경우 제외)한 경우에는 법령으로 정하는 바에 따라 계산한 금액(간주임대료)을 총수입금액에 산입하지 않는다.

답③

제31회 출제

02 소득세법상 거주자의 부동산과 관련된 사업소득에 관한 설명으로 옳은 것은?

① 국외에 소재하는 주택의 임대소득은 주택 수에 관계없이 과세하지 아니한다.
② 공익사업을 위한 토지 등의 취득 및 보상에 관한 법률에 따른 공익사업과 관련하여 지역권을 대여함으로서 발생하는 소득은 부동산업에서 발생하는 소득으로 한다.
③ 부동산임대업에서 발생하는 사업소득의 납세지는 부동산 소재지로 한다.
④ 국내에 소재하는 논·밭을 작물 생산에 이용하게 함으로써 발생하는 사업소득은 소득세를 과세하지 아니한다.
⑤ 주거용 건물 임대업에서 발생한 결손금은 종합소득 과세표준을 계산할 때 공제하지 아니한다.

① 국외에 소재하는 주택의 임대소득은 주택 수에 관계없이 과세한다.
② 공익사업과 관련하여 지상권 및 지역권의 설정·대여소득은 기타소득으로 한다.
③ 소득세법상 납세지는 기본적으로 거주자의 주소지이다.
⑤ 주거용 건물 임대업에서 발생한 결손금은 종합소득 과세표준을 계산할 때 공제한다.

답④

4 출제 예상문제

01 「소득세법」상 거주자의 부동산임대업에서 발생하는 소득에 관한 설명으로 옳은 것은?

① 공익사업과 무관한 지역권을 대여함으로써 발생하는 소득은 기타소득이다.

② 공익사업과 관련된 지상권을 대여함으로써 발생하는 소득은 사업소득이다.

③ 미등기 부동산을 임대하고 그 대가로 받는 것은 사업소득이 아니다.

④ 자기 소유의 부동산을 타인의 담보로 사용하게 하고 그 사용대가로 받는 것은 사업소득이다.

⑤ 국외 소재 주택을 임대하고 그 대가로 받는 것은 사업소득이 아니다.

> 해설 ✦ ①② 공익사업과 무관한 지역권·지상권의 설정·대여소득은 사업소득 이지만, 공익사업과 관련된 지역권·지상권의 설정·대여소득은 기타소득이다.
> ③ 미등기 부동산을 임대하고 그 대가로 받은 것은 사업소득이다.
> ⑤ 국외 소재 주택을 임대하고 그 대가로 받은 것은 사업소득이다.
>
> 정답 ✦ ④

02 「소득세법」상 국내에 소재한 주택을 임대한 경우 발생하는 소득에 관한 설명으로 틀린 것은?
(단, 아래의 주택은 상시 주거용으로 사용하고 있음)

① 주택 1채만을 소유한 거주자가 과세기간 종료일 현재 기준시가 13억원인 해당 주택을 전세금을 받고 임대하여 얻은 소득에 대해서는 소득세가 과세되지 아니한다.

② 주택 2채를 소유한 거주자가 1채는 월세계약으로 나머지 1채는 전세계약의 형태로 임대한 경우, 월세계약에 의하여 받은 임대료에 대해서만 소득세가 과세된다.

③ 거주자의 보유주택 수를 계산함에 있어서 다가구주택은 1개의 주택으로 보되, 구분등기된 경우에는 각각을 1개의 주택으로 계산한다.

④ 주택의 임대로 인하여 얻은 과세대상 소득은 사업소득으로서 해당 거주자의 종합소득금액에 합산된다.

⑤ 주택을 임대하여 얻은 소득은 거주자가 사업자등록을 한 경우에 한하여 소득세 납세의무가 있다.

> 해설 ✦ ⑤ 주택을 임대하여 얻은 소득은 사업자등록 여부에 관계없이 소득세 납세의무가 있다.
>
> 정답 ✦ ⑤

03 소득세법상 거주자의 부동산임대사업소득의 과세에 관한 내용으로 옳은 것은 몇 개인가?

- 부동산임대업에서 발생한 소득은 사업소득에 해당한다.
- 주택임대소득이 있는 사업자가 관련법령에 따른 기한(사업개시일부터 20일 이내)까지 등록을 신청하지 아니한 경우에는 사업개시일부터 등록을 신청한 날의 직전일까지의 주택임대수입금액의 1,000분의 2를 가산세로 해당 과세기간의 종합소득 결정세액에 더하여 납부하여야 한다.
- 과세기간 종료일 현재 주택과 부수토지의 기준시가가 12억원을 초과하는 1주택을 소유한 자의 주택임대소득은 소득세를 과세하지 아니한다.
- 해당 과세기간에 주거용 건물 임대업에서 발생한 수입금액의 합계액이 2천만원 이하인 자의 주택임대소득은 소득세를 과세하지 아니한다.

① 0개   ② 1개   ③ 2개   ④ 3개   ⑤ 4개

해설 ✦ • 1개의 주택을 소유하는 자의 주택임대소득에 대해서는 소득세를 과세하지 아니한다. 그러나 국외소재주택과 과세기간 종료일 현재 주택과 부수토지의 기준시가가 12억원을 초과하는 고가주택은 소득세를 과세한다.
　　　• 해당 과세기간에 주거용 건물 임대업에서 발생한 수입금액의 합계액이 2천만원 이하인 자의 주택임대소득은 소득세를 과세한다. 다만, 14%분리과세와 종합과세를 선택할 수 있다.

정답 ✦ ③

1 출제예상과 학습포인트

✦ 최근 기출회수

　20회, 23회, 24회~28회, 34회

✦ 35회 출제 예상

　자주 출제되었으나 최근 출제되지 않다가 34회에 출제되었다. 35회에서 출제될 가능성은 60% 이상이다.

✦ 35회 중요도

　★★

✦ 학습범위

　실질과세의 원칙을 이해하고, 열거된 과세대상의 종류를 숙지하여야 한다.

✦ 학습방법

　토지, 건물, 부동산에 관한 권리, 기타자산을 중심으로 숙지하되, 부동산 등을 위주로 정리하고, 주식이나 파생상품 등은 거의 무시하여도 무방하다. 과세대상인 것과 과세대상이 아닌 것을 비교하며 정리하여야 한다.

✦ 핵심쟁점

❶ 과세대상의 부동산 등, 주식등, 파생상품 및 신탁수익권의 4가지 종류 구분

❷ 부동산 등에서 부동산, 부동산에 관한 권리 및 기타자산으로 분류

❸ 부동산임차권, 영업권 및 이축권의 과세요건

❹ 신탁수익권 및 제외 대상

2 핵심 내용

❶ 양도소득세의 의의

개인이 해당 과세기간에 부동산 등의 일정한 자산을 사업성 없이 유상으로 양도함으로 인하여 발생한 소득을 과세대상으로 하여 부과하는 국세

❷ 특징

① 국세, 보통세, 직접세, 종가세, 정률세

② 유통과세, 인세(양도자별 합산과세), 분류과세

③ 사업성 없이 비경상적·비반복적 양도에 과세, 열거주의 과세

④ 사실주의 과세

⑤ 차등비례세율, 초과누진세율

⑥ 신고납세제도: 예정신고납부, 확정신고납부

⑦ 부가세: 납부세액의 부가세는 없음, 감면시 농어촌특별세(20%)

⑧ 분할납부(1천만원 초과, 2개월 이내) 적용 ○(단, 물납은 폐지)

❸ 과세대상자산 21회, 24회, 25회, 26회, 28회, 34회

구분	내용
토지	관련 법률에 따른 지적공부에 등록하여야 할 지목에 해당하는 것
건물	건물에 부속된 시설물과 구축물 포함
부동산에 관한 권리	① 지상권, 전세권, 등기된 부동산임차권 ✦ • 지상권·전세권은 등기와 무관하게 과세대상 ○ 　• 미등기 부동산임차권은 과세대상 × 　• 지역권은 과세대상 × ② 부동산을 취득할 수 있는 권리(아파트 당첨권, 분양권 등, 주택상환사채, 토지상환채권, 부동산매매계약을 체결한 자가 계약금만 지급한 상태에서 양도하는 권리) ✦ 점포임차권·저작권 등 무체재산권은 과세대상 ×
기타 자산	① 특정시설물이용·회원권(예 골프회원권 등) ✦ 법인의 주식 등을 소유하는 것만으로 시설물을 배타적으로 이용하거나 일반이용자보다 유리한 조건으로 시설물이용권을 부여받게 되는 경우 그 주식 등을 포함 ② 사업에 사용하는 자산(토지, 건물, 부동산에 관한 권리)과 함께 양도하는 영업권 ✦ 사업에 사용하는 자산과 분리되어 양도하는 영업권은 과세대상 × ③ 과점주주가 소유한 특정법인 주식 ✦ 50%(법인 부동산 보유비율), 50%(주주 주식 보유비율), 3년 내 50%(주주 주식 양도비율) ④ 특수업종(골프장, 스키장, 콘도 등)을 영위하는 부동산 과다보유법인주식 ✦ 80%(법인 부동산 보유비율), 단 1주(주주 양도주식 수) ⑤ 이축권 　㉠ 부동산과 함께 양도하는 「개발제한구역의 지정 및 관리에 관한 특별조치법」 제12조 제1항 제2호 및 제3호의2에 따른 이축을 할 수 있는 권리(이축권)는 과세대상 　㉡ 다만, 해당 이축권 가액을 별도로 평가하여 구분 신고하는 경우에는 기타소득으로 과세

주식 또는 출자지분	① 주권상장법인의 주식: 대주주의 양도 또는 장외거래 ② 주권비상장법인의 주식 ③ 외국법인이 발행하였거나 외국에 있는 시장에 상장된 주식 등으로서 대통령령으로 정하는 주식
파생상품	파생상품 등의 거래 또는 행위로 발생하는 소득(이자소득 및 배당소득에 따른 파생상품의 거래 또는 행위로부터의 이익 제외)
신탁 수익권	① 신탁의 이익을 받을 권리(「자본시장과 금융투자업에 관한 법률」 제110조에 따른 수익증권 및 같은 법 제189조에 따른 투자신탁의 수익권 등 대통령령으로 정하는 수익권은 제외)의 양도로 발생하는 소득은 양도소득세 과세대상이 된다. ② 다만, 신탁수익권의 양도를 통하여 신탁재산에 대한 지배·통제권이 사실상 이전되는 경우는 신탁재산 자체의 양도로 본다.

3 대표 기출문제

제34회 출제

01 소득세법령상 거주자의 양도소득세 과세대상은 모두 몇 개인가? (단, 국내소재 자산을 양도한 경우임)

- 전세권
- 등기되지 않은 부동산임차권
- 사업에 사용하는 토지 및 건물과 함께 양도하는 영업권
- 토지 및 건물과 함께 양도하는 「개발제한구역의 지정 및 관리에 관한 특별조치법」에 따른 이축권(해당 이축권의 가액을 대통령령으로 정하는 방법에 따라 별도로 평가하여 신고함)

① 0개   ② 1개   ③ 2개   ④ 3개   ⑤ 4개

해설
- 전세권: 과세대상
- 등기되지 않은 부동산임차권: 과세대상 아님
- 사업에 사용하는 토지 및 건물과 함께 양도하는 영업권: 과세대상
- 토지 및 건물과 함께 양도하는 「개발제한구역의 지정 및 관리에 관한 특별조치법」에 따른 이축권(해당 이축권의 가액을 대통령령으로 정하는 방법에 따라 별도로 평가하여 신고함): 과세대상 아님(기타소득)

정답 ③

제28회 출제

02 소득세법상 거주자의 양도소득세 과세대상에 관한 설명으로 **틀린** 것은? (단, 양도자산은 국내자산임)

① 무상이전에 따라 자산의 소유권이 변경된 경우에는 과세대상이 되지 아니한다.

② 부동산에 관한 권리 중 지상권의 양도는 과세대상이다.

③ 등기되지 않은 부동산임차권의 양도는 과세대상이다.

④ 사업에 사용하는 건물과 함께 양도하는 영업권은 과세대상이다.

⑤ 법인의 주식을 소유하는 것만으로 시설물을 배타적으로 이용하게 되는 경우 그 주식의 양도는 과세대상이다.

> **해설**
>
> 미등기된 부동산임차권은 과세대상이 아니다.
>
> 답 ③

4 출제 예상문제

01 「소득세법」상 양도소득에 해당하지 **않는** 것은?

① 부동산을 취득할 수 있는 권리의 양도로 인하여 발생하는 소득

② 신탁의 이익을 받을 권리(「자본시장과 금융투자업에 관한 법률」 제110조에 따른 수익증권 및 같은 법 제189조에 따른 투자신탁의 수익권 등 대통령령으로 정하는 수익권은 제외)의 양도로 발생하는 소득

③ 부동산과 함께 양도하는 「개발제한구역의 지정 및 관리에 관한 특별조치법」 제12조 제1항 제2호 및 제3호의2에 따른 이축을 할 수 있는 권리의 양도로 발생하는 소득

④ 행정관청으로부터 인가·허가·면허 등을 받음으로써 발생한 영업권의 단독양도로 인하여 발생하는 소득

⑤ 시설물을 배타적으로 이용하거나 일반이용자에 비하여 유리한 조건으로 시설물을 이용할 수 있는 권리가 부여된 주식의 양도로 인하여 발생하는 소득

해설 ✦ ④ 사업에 사용하는 자산(토지·건물·부동산에 관한 권리를 말함)과 함께 양도하는 영업권은 양도소득세 과세대상이 된다. 다만, 영업권을 단독으로 양도함으로써 발생하는 소득은 종합소득 중 기타소득에 해당한다.

정답 ✦ ④

02 다음 중 「소득세법」상 양도소득세 과세대상에 해당하는 것은 몇 개인가?

> ㉠ 등기되지 아니한 지상권의 양도로 인하여 발생하는 소득
> ㉡ 소액주주가 유가증권시장에서 상장주식을 양도하는 경우
> ㉢ 사업소득이 발생하는 점포임차권의 양도로 인하여 발생하는 소득
> ㉣ 채무에 대하여 토지를 대물변제하는 경우
> ㉤ 이축권의 가액을 별도로 평가하여 구분신고하는 경우
> ㉥ 담보목적으로 토지를 이전하는 경우
> ㉦ 상가 건축물이 수용되는 경우
> ㉧ 재산세를 관할 구역 내의 토지로 물납하는 경우

① 2개   ② 3개   ③ 4개   ④ 5개   ⑤ 6개

해설 ✦ ③ 과세대상에 해당하는 것은 ㉠㉣㉦㉧ 4개 이다.
　　　　㉡ 소액주주가 유가증권시장에서 상장주식을 양도하는 경우: 과세대상 제외
　　　　㉢ 사업소득이 발생하는 점포임차권의 양도로 인하여 발생하는 소득: 기타소득
　　　　㉤ 이축권의 가액을 별도로 평가하여 구분신고하는 경우 : 기타소득
　　　　㉥ 담보목적으로 토지를 이전하는 경우: 과세대상 제외

정답 ✦ ③

테마 25 양도의 개념과 비과세의 종류

1 출제예상과 학습포인트

✦ 최근 기출회수

23회, 24회, 26회, 27회, 28회, 30회

✦ 35회 출제 예상

자주 출제되었으나 최근에 출제가 되지 않은 부분이지만, 언제든지 출제될 수 있는 부분이다. 35회에서 출제될 가능성은 80% 이상이다.

✦ 35회 중요도

★★★

✦ 학습범위

양도의 개념을 이해하고 양도에 해당하는 경우와 해당하지 않는 경우를 비교 정리하되, 법령 위주로 정리하고 소득세법 기본통칙이나 판례에서 중요내용을 학습하여야 한다. 비과세의 종류는 핵심내용 위주로만 정리하면 된다.

✦ 학습방법

양도의 개념에서 양도로 보는 경우와 양도로 보지 않는 경우의 구분 문제와 부담부 증여에 대한 개별문제가 시험에 자주 출제되므로 이 부분을 중점적으로 하고, 비과세의 종류를 확인한 후에 농지의 교환·분합에 대한 비과세 요건은 한번쯤 핵심요건을 살펴보면 된다.

✦ 핵심쟁점

❶ 양도의 의의
❷ 양도로 보는 경우와 양도로 보지 않는 경우의 구분
❸ 부담부 증여에 대한 과세 원칙과 예외
❹ 양도소득세 비과세의 종류
❺ 농지의 교환·분합에 대한 비과세 요건

2 핵심 내용

❶ 양도의 의의

자산에 대한 등기 또는 등록에 관계없이 매도·교환·법인에 대한 현물출자 등으로 그 자산이 유상으로 사실상 이전되는 것을 말한다.

※ 상속·증여 등 무상이전에 따라 자산의 소유권이 변경된 경우 ⇒ 양도로 보지 아니한다. 28회
※ 주택건설업자가 당초부터 판매목적으로 신축한 주택의 양도시 ⇒ 사업행위 ⇒ 양도 × 23회

❷ 양도의 형태 23회, 24회, 26회, 28회, 30회

양도에 해당하는 경우(사실상 유상이전)	양도에 해당하지 않는 경우
① 매매	① 무상이전
② 교환(거래당사자 모두)	② 양도담보
③ 법인에 현물출자	③ 공유물의 단순분할
④ 대물변제	④ 환지로 인한 지번 또는 지목변경
㉠ 금전적 채무에 갈음하여 부동산 등을 이전	⑤ 보류지(공공용지, 체비지)로 충당되는 토지
㉡ 이혼의 위자료지급에 갈음하여 부동산 등을 이전	⑥ 지적경계선 변경을 위한 토지의 교환(단, 분할된 토지
㉢ 손해배상의 위자료지급에 갈음하여 부동산등을 이전	의 전체 면적이 분할 전 토지의 전체 면적의 100분의
㉣ 조세 물납	20을 초과하지 아니할 것)
✦ 1세대 1주택 비과세 요건을 갖춘 주택을 대물변	⑦ 매매원인무효의 소에 의하여 그 매매사실이 원인무효
제하는 경우에는 비과세	로 판시되어 소유권이 환원
⑤ 배우자·직계존비속 이외의 자간의 부담부증여(수증자	⑧ 법원의 확정판결에 의하여 신탁해지를 원인으로 소유
가 인수하는 채무상당액)	권이전등기를 하는 경우
⑥ 수용	⑨ 배우자·직계존비속간의 양도(증여로 추정)
⑦ 경매·공매	✦ 대가관계가 입증되는 경우에는 양도 ○
⑧ 담보로 이전된 부동산을 채무불이행으로 매각(변제충당)	⑩ 「민법」 규정에 의한 재산분할로 인한 경우
⑨ 매입한 체비지를 매각하는 경우	⑪ 경매된 자산을 자기가 재취득하는 경우
⑩ 환지처분에 의하여 환지받은 토지로서 해당 권리면적	
이 감소된 경우	
⑪ 지분변동(지분감소)하는 공유물 분할	

❸ 비과세의 종류

(1) 비과세 양도소득의 종류 20회, 27회, 30회, 34회

① 파산선고에 의한 처분으로 인하여 발생하는 소득
② 법령에 의한 농지의 교환
③ 법령에 의한 농지의 분합
④ 「지적재조사에 관한 특별법」 제18조에 따른 경계의 확정으로 지적공부상의 면적이 감소되어 지급
   받은 조정금
⑤ 1세대 1주택(고가주택 제외)과 부수토지

(2) 농지의 교환 또는 분합으로 인한 비과세

① 교환 또는 분합의 요건: 교환 또는 분합하는 쌍방토지가액의 차액이 큰 편의 4분의 1 이하 34회

② 교환 또는 분합의 사유

    ㉠ 국가·지방자치단체의 시행사업으로 인하여 교환·분합하는 농지

    ㉡ 국가·지방자치단체 소유의 토지와 교환·분합하는 농지

    ㉢ 「농어촌정비법」 등에 의하여 교환·분합하는 농지

    ㉣ 경작상 필요에 의하여 교환하는 농지(신농지에서 3년 이상 거주경작에 한함)

        ⓐ 신농지 취득 후 3년 이내에 수용되는 경우에는 3년 이상 거주경작한 것으로 본다.

        ⓑ 신농지 취득 후 3년 이내에 농지소유자가 사망한 경우로서 상속인이 계속 경작한 때에는 피상속인의 경작기간과 상속인의 경작기간을 통산한다.

        * 농지란 논·밭이나 과수원으로서 지적공부의 지목과 관계없이 실제로 경작에 사용되는 토지를 말한다. 30회

---

3 ｜ 대표 기출문제

제28회 출제

01 소득세법상 양도에 해당하는 것은? (단, 거주자의 국내자산으로 가정함)

① 「도시개발법」이나 그 밖의 법률에 따른 환지처분으로 지목이 변경되는 경우

② 부담부 증여 시 그 증여가액 중 채무액에 해당하는 부분을 제외한 부분

③ 「소득세법 시행령」 제151조 제1항에 따른 양도담보계약을 체결한 후 채무불이행으로 인하여 당해 자산을 변제에 충당한 때

④ 매매원인 무효의 소에 의하여 그 매매사실이 원인무효로 판시되어 소유권이 환원되는 경우

⑤ 본인 소유 자산을 경매로 인하여 본인이 재취득한 경우

> **해설**
>
> 양도담보계약체결 후 채무불이행으로 인하여 당해 자산을 변제에 충당한 때에는 양도로 본다.
>
> 답 ③

02 「소득세법」상 농지교환으로 인한 양도소득세와 관련하여 (   )에 들어갈 내용으로 옳은 것은?

> 경작상의 필요에 의하여 농지를 교환하는 경우, 교환에 의하여 새로이 취득하는 농지를
> (㉠) 이상 농지소재지에 거주하면서 경작하는 경우[새로운 농지의 취득 후 (㉡)
> 이내에 법령에 따라 수용 등이 되는 경우 포함]로서 교환하는 쌍방 토지가액의 차액이 가
> 액이 큰 편의 (㉢) 이하이면 농지의 교환으로 인하여 발생하는 소득에 대한 양도소득
> 세를 비과세한다.

	㉠	㉡	㉢
①	3년	2년	3분의 1
②	2년	3년	4분의 1
③	3년	1년	2분의 1
④	3년	3년	4분의 1
⑤	2년	2년	2분의 1

해설

쌍방토지가액의 차액이 큰 편의 4분의 1 이하인 경우로서 경작상 필요에 의하여 농지를 교환하는 경우 「조세특례제한
법」상 교환에 의하여 취득한 신농지에서 3년 이상 재촌·자경하여야 한다. 다만, 신농지를 취득한 후 3년 이내에
관련 법령에 의하여 수용 등이 되는 경우에는 3년 이상 재촌·자경한 것으로 본다.

답 ④

4 출제 예상문제

01 「소득세법」상 양도에 해당하는 것으로 옳은 것은?　　　　　　　　　　　　제26회

① 법원의 확정판결에 의하여 신탁해지를 원인으로 소유권이전등기를 하는 경우
② 법원의 확정판결에 의한 이혼위자료로 배우자에게 토지의 소유권을 이전하는 경우
③ 공동소유의 토지를 공유자 지분 변경 없이 2개 이상의 공유토지로 분할하였다가 공동지분의 변경 없이 그 공유토지를 소유지분별로 단순히 재분할하는 경우
④ 본인소유 자산을 경매·공매로 인하여 자기가 재취득하는 경우
⑤ 매매원인무효의 소에 의하여 그 매매사실이 원인무효로 판시되어 환원될 경우

해설 ✦ ② 이혼시 위자료로 양도소득세 과세대상의 소유권을 이전하는 경우에는 양도에 해당한다. 한편, 재산분할로 이전하는 경우에는 양도에 해당하지 아니한다.

정답 ✦ ②

02 다음 중 소득세법상 양도소득세에서 양도로 보는 경우가 <u>아닌</u> 것은?

> ㄱ. 「도시개발법」에 따라 토지의 일부가 보류지로 충당되는 경우
> ㄴ. 지방자치단체가 빌행하는 토지상환채권을 양도하는 경우
> ㄷ. 이혼으로 인하여 혼인 중에 형성된 부부공동재산을 「민법」 제839조의2에 따라 재산분할하는 경우
> ㄹ. 개인이 토지를 법인에 현물출자하는 경우
> ㅁ. 주거용 건물건설업자가 당초부터 판매할 목적으로 신축한 다가구주택을 양도하는 경우

① ㄱ, ㄴ, ㄹ　　② ㄱ, ㄷ, ㅁ　　③ ㄴ, ㄷ, ㄹ　　④ ㄴ, ㄹ, ㅁ　　⑤ ㄱ, ㄴ, ㄷ, ㄹ

해설 ✦ ㉠㉢㉤은 양도소득세 과세대상에 해당하지 않는다. 반면, ㉡㉣은 양도소득세 과세대상에 해당한다.

정답 ✦ ②

03 다음 중 「소득세법」상 양도소득세 과세대상이 <u>아닌</u> 것은? (단, 거주자가 국내에 소재하는 자산을 양도하는 경우이며, 배우자 또는 직계존비속간의 거래는 아님)

㉠ 관련 법령에 따른 지적경계선 변경에 따른 토지의 교환(관련 요건은 모두 충족함)의 경우

㉡ 부담부증여의 경우에 수증자가 증여자의 채무를 인수하는 경우 채무인수액

㉢ 상가 건물을 무상으로 이전하는 경우

㉣ 토지가 공매되는 경우

㉤ 「도시개발법」이나 그 밖의 법률에 따른 환지처분으로 지목이 변경되는 경우

---

① ㉠, ㉡, ㉢   ② ㉠, ㉢, ㉤   ③ ㉡, ㉢, ㉣

④ ㉡, ㉣, ㉤   ⑤ ㉢, ㉣, ㉤

해설 ✦ ㉠㉢㉤은 양도소득세 과세대상에 해당하지 않는다. 반면, ㉡㉣은 양도소득세 과세대상에 해당한다.

정답 ✦ ②

04 다음 중 소득세법상 비과세 대상소득은 모두 몇 개인가? (단, 제시되지 않은 비과세요건은 모두 충족하였다)

• 파산선고 처분에 의한 양도소득

• 8년 이상 자경한 농지의 양도소득

• 1세대 1주택과 그 부수토지의 양도소득

• 「지적재조사에 관한 특별법」 제18조에 따른 경계의 확정으로 지적공부상의 면적이 증가되어 같은 법 제20조에 따라 징수한 조정금

---

① 0개   ② 1개   ③ 2개   ④ 3개   ⑤ 4개

해설 ✦ 8년 이상 자경한 농지의 양도소득은 조세특례제한법에 따라 100%감면 대상소득이며, 비과세 대상소득이 아니다.

정답 ✦ ③

1 출제예상과 학습포인트

✦ 최근 기출회수

　20회~24회, 26회~29회, 31회, 33회

✦ 35회 출제 예상

　자주 출제되는 부분이며, 35회에 출제될 가능성은 70% 이상이다.

✦ 35회 중요도

　★★★

✦ 학습범위

　1세대 1주택의 비과세 요건, 1세대2주택 특례 및 보유기간 요건의 예외, 겸용주택, 고가주택의 개념 등의 핵심적인 내용을 위주로 정리하여야 한다.

✦ 학습방법

　1세대1주택의 보유기간 및 조정대상지역내 주택 양도시 거주기간 요건, 1세대 2주택 특례 적용시 핵심요건, 2년 보유 요건의 예외 등을 비교정리하여야 한다. 겸용주택의 판정기준과 고가주택의 개념은 반드시 숙지 하여야 한다.

✦ 핵심쟁점

　❶ 1세대 1주택의 비과세 요건
　❷ 비과세 배제 대상
　❸ 1세대 2주택 비과세 특례
　❹ 2년 보유요건의 예외
　❺ 겸용주택, 다가구주택, 고가주택의 개념

2 핵심 내용

❶ 1세대 1주택 및 부수토지 양도로 인한 비과세

> **참고** 1세대 1주택 및 부수토지 비과세 요약
>
> • 1세대
> • 양도일 현재 국내에 1주택 보유(예외 있음)
> • 양도일 현재 2년 이상 보유(예외 있음)
> • 미등기 아닐 것
> • 비과세되는 부수토지 범위
> 1. 「국토의 계획 및 이용에 관한 법률」 제6조 제1호에 따른 도시지역 내의 토지: 다음에 따른 배율
>   • 「수도권정비계획법」 제2조 제1호에 따른 수도권내의 토지 중 주거지역·상업지역 및 공업지역 내의 토지: 3배
>   • 수도권 내의 토지 중 녹지지역 내의 토지: 5배
>   • 수도권 밖의 토지: 5배
> 2. 그 밖의 토지: 건물 정착면적의 10배

① 1세대
  ㉠ **원칙**: 거주자 및 그 배우자(법률상 이혼을 하였으나 생계를 같이 하는 등 사실상 이혼한 것으로 보기 어려운 관계에 있는 자 포함)가 그들과 동일한 주소 또는 거소에서 생계를 같이하는 가족을 말함
  ㉡ **예외**: 배우자가 없는 경우에도 1세대로 보는 경우
    ⓐ 연령이 30세 이상
    ⓑ 배우자의 사망 또는 이혼
    ⓒ 「소득세법」에서 정하는 일정한 소득이 있는 경우
② 양도일 현재 1주택(고가주택 제외) 보유
  ㉠ 양도일 현재 국내에 1주택을 보유
    ✦ 국외 소재 주택은 주택 수에 포함 ×
  ㉡ 1주택의 보유 여부는 양도시점을 기준으로 판단
  ㉢ **주택의 판정**: 사실상 현황에 의하여 판정
    ✦ 주택 아닌 것: 별장, 콘도미니엄, 기숙사, 합숙소 등
  ㉣ 2개 이상의 주택을 같은 날에 양도하는 경우에는 당해 거주자가 선택하는 순서에 따라 주택을 양도한 것으로 본다.

ⓜ 1세대 2주택 중 비과세 특례 21회, 24회, 29회, 33회

구분	2주택 해소기간		비과세대상 주택	2년 보유요건
주거이전	종전 주택 취득 후 1년 경과 및 다른 주택 취득일부터 3년 이내		종전의 주택	양도하는 해당 주택만 양도일 현재 2년 이상 보유
노부모 동거봉양	합가일부터	10년 이내	먼저 양도하는 주택	
혼인	혼인한 날부터	5년 이내		
수도권 밖의 주택	사유해소일부터	3년 이내	일반 주택	
상속주택	해소기간 제한 없음 ✦ 귀농주택은 그 귀농주택 취득일로부터 5년 이내 일반주택을 양도하여야 함			
농어촌주택				
등록문화재주택				
장기임대주택			거주주택	그 보유기간 중 2년 이상 거주
장기어린이집주택				

③ 2년 이상 보유

㉠ 원칙

ⓐ 일반적인 경우: 2년(비거주자가 거주자로 전환된 경우에는 3년) 이상 보유

ⓑ 조정대상지역 내 주택의 경우: 취득 당시에 조정지역에 있는 주택을 조정대상지역공고일 이후에 취득한 경우에는 해당 주택의 보유기간이 2년(비거주자가 해당 주택을 3년 이상 계속 보유하고 그 주택에서 거주한 상태로 거주자로 전환된 해당하는 거주자의 주택인 경우에는 3년) 이상이고 그 보유기간 중 거주기간이 2년 이상인 것이어야 한다.

보유기간 계산

① 일반적인 경우: 취득일로부터 양도일까지

② 소실·노후 등으로 재건축한 경우

보유기간 및 거주기간 포함 여부		
종전주택	공사기간	재건축주택
포함	포함 ×	포함

ⓒ 보유기간 및 거주기간의 예외20회, 24회, 27회

보유기간 및 거주기간의 제한×	건설임대주택 특례: 민간건설임대주택 또는 공공건설임대주택을 취득하여 양도하는 경우로서 해당 건설임대주택의 임차일부터 해당 주택의 양도일까지의 기간 중 세대전원이 거주(취학, 근무상의 형편, 질병의 요양, 그 밖에 부득이한 사유로 세대의 구성원 중 일부가 거주하지 못하는 경우를 포함)한 기간이 5년 이상인 경우
	주택 및 그 부수토지(사업인정 고시일 전에 취득한 주택 및 그 부수토지에 한함)의 전부 또는 일부가 협의매수·수용 및 그 밖의 법률에 의하여 수용되는 경우 ✦ 주택 및 부수토지의 일부만 수용된 경우 잔존부분의 경우 수용일부터 5년 이내 양도하는 경우에는 비과세
	해외이주의 경우: 「해외이주법」에 따른 해외이주로 세대전원이 출국하는 경우 ✦ 출국일 현재 1주택을 보유하고 있는 경우로서 출국일부터 2년 이내에 양도하는 경우에 한함
	장기 국외거주의 경우: 1년 이상 계속하여 국외거주를 필요로 하는 취학 또는 근무상의 형편으로 세대전원이 출국하는 경우 ✦ 출국일 현재 1주택을 보유하고 있는 경우로서 출국일부터 2년 이내에 양도하는 경우에 한함
	취학 등 부득이한 사유로 양도: 1년 이상 거주한 주택을 취학, 근무상의 형편, 질병의 요양, 학교폭력으로 인한 전학 기타 부득이한 사유로 양도하고 다른 시·군으로 세대전원이 주거를 이전하는 경우
거주기간의 제한×	거주자가 조정대상지역의 공고가 있는 날 이전에 매매계약을 체결하고 계약금을 지급한 사실이 증빙서류에 의하여 확인되는 경우로서 해당 거주자가 속한 1세대가 계약금 지급일 현재 주택을 보유하지 아니하는 경우

❷ **겸용주택**(1세대 1주택 비과세 요건을 갖춘 경우) 23회, 26

구분	건물분 비과세	토지분 비과세(①과 ② 중 적은 면적)
주택면적 > 주택 이외 면적	전부 주택(비과세)	① 총 토지면적 ② 주택정착면적 × 3배 또는 5배(도시지역 밖 10배)
주택면적 ≦ 주택 이외 면적	주택만 주택(주거부분만 비과세)	주택부수토지 ① 토지면적 × (주택면적 ÷ 건물연면적) ② 주택정착면적 × 3배 또는 5배(도시지역 밖 10배)

✦ 고가주택의 겸용주택(1세대 1주택 비과세에 해당하는 주택)
  • 고가주택의 겸용주택은 주택과 주택외 부분을 분리하여 과세한다.
  • 주택면적이 크더라도 주거부분은 비과세(안분계산)하고 상가부분은 과세한다.

✦ 다가구주택: 단독주택으로 보는 다가구주택의 경우에는 그 전체를 하나의 주택으로 보아 고가주택 기준을 적용한다. 24회, 31회

❸ 고가주택 및 고가의 조합원입주권(1세대 1주택 비과세 요건을 갖춘 경우)

23회, 27회, 28회, 29회, 31회

① **정의**: 실지거래가액합계액 12억원을 초과하는 주택 및 조합원입주권
② 양도 당시 실지거래가액 중 12억원 초과분을 과세
③ 양도차익 계산

$$고가주택의 \ 양도차익 = 일반적 \ 양도차익 \times \frac{(양도가액 - 12억원)}{양도가액}$$

$$고가주택의 \ 장기보유특별공제액 = 일반적 \ 장기보유특별공제액 \times \frac{(양도가액 - 12억원)}{양도기액}$$

✦ 실거래가가 12억원을 초과하는 고가의 조합원입주권도 고가주택과 동일한 방식으로 양도소득금액을 계산한다.

❹ 1세대 1주택의 비과세 배제되는 경우

① 비거주자가 양도하는 경우(예외 있다)
② 고가주택 양도(실지거래가액 12억원 초과 주택)
③ 미등기 양도자산
④ 허위계약서 작성

> **보충** 허위계약서 작성의 경우 비과세 또는 감면 배제 22회
>
> 토지, 건물, 부동산에 관한 권리를 매매하는 거래당사자가 매매계약서의 거래가액을 실지거래가액과 다르게 적은 경우에는 해당 자산에 대하여 「소득세법」 또는 「소득세법」 외의 법률에 따른 양도소득세의 비과세에 관한 규정을 적용할 때 비과세를 받았거나 받을 세액에서 다음의 구분에 따른 금액을 뺀다.
> 1. 「소득세법」 또는 「소득세법」 외의 법률에 따라 양도소득세의 비과세에 관한 규정을 적용받을 경우: 비과세에 관한 규정을 적용하지 아니하였을 경우의 법 제104조 제1항에 따른 양도소득 산출세액과 매매계약서의 거래가액과 실지거래가액과의 차액 중 적은 금액
> 2. 감면에 관한 규정을 적용받았거나 받을 경우: 감면에 관한 규정을 적용받았거나 받을 경우의 해당 감면세액과 매매계약서의 거래가액과 실지거래가액과의 차액 중 적은 금액

⑤ 1주택과 조합주택입주권 또는 분양권을 보유하다 그 주택을 양도하는 경우. 단, 관련법률에 따른 재건축사업 또는 재개발사업, 소규모재건축사업, 소규모재개발사업, 가로주택정비사업 또는 자율주택정비사업의 시행기간 중 거주를 위하여 주택을 취득하는 경우 법률에서 정하는 경우는 비과세

3 대표 기출문제

제33회 출제

01 소득세법 시행령 제155조 '1세대 1주택의 특례'에 관한 조문의 내용이다. (   )에 들어갈 숫자로 옳은 것은?

> • 영농의 목적으로 취득한 귀농주택으로서 수도권 밖의 지역 중 면지역에 소재하는 주택과 일반주택을 국내에 각각 1개씩 소유하고 있는 1세대가 귀농주택을 취득한 날부터 (ㄱ)년 이내에 일반주택을 양도하는 경우에는 국내에 1개의 주택을 소유하고 있는 것으로 보아 제154조 제1항을 적용한다.
>
> • 취학 등 부득이한 사유로 취득한 수도권 밖에 소재하는 주택과 일반주택을 국내에 각각 1개씩 소유하고 있는 1세대가 부득이한 사유가 해소된 날부터 (ㄴ)년 이내에 일반주택을 양도하는 경우에는 국내에 1개의 주택을 소유하고 있는 것으로 보아 제154조 제1항을 적용한다.
>
> • 1주택을 보유하는 자가 1주택을 보유하는 자와 혼인함으로써 1세대가 2주택을 보유하게 되는 경우 혼인한 날부터 (ㄷ)년 이내에 먼저 양도하는 주택은 이를 1세대 1주택으로 보아 제154조 제1항을 적용한다.

① ㄱ: 2, ㄴ: 2, ㄷ: 5 ② ㄱ: 2, ㄴ: 3, ㄷ: 10 ③ ㄱ: 3, ㄴ: 2, ㄷ: 5
④ ㄱ: 5, ㄴ: 3, ㄷ: 5 ⑤ ㄱ: 5, ㄴ: 3, ㄷ: 10

해설

• 영농의 목적으로 취득한 귀농주택으로서 수도권 밖의 지역 중 면지역에 소재하는 주택과 일반주택을 국내에 각각 1개씩 소유하고 있는 1세대가 귀농주택을 취득한 날부터 (5)년 이내에 일반주택을 양도하는 경우에는 국내에 1개의 주택을 소유하고 있는 것으로 보아 제154조 제1항을 적용한다.

• 취학 등 부득이한 사유로 취득한 수도권 밖에 소재하는 주택과 일반주택을 국내에 각각 1개씩 소유하고 있는 1세대가 부득이한 사유가 해소된 날부터 (3)년 이내에 일반주택을 양도하는 경우에는 국내에 1개의 주택을 소유하고 있는 것으로 보아 제154조 제1항을 적용한다.

• 1주택을 보유하는 자가 1주택을 보유하는 자와 혼인함으로써 1세대가 2주택을 보유하게 되는 경우 혼인한 날부터 (5)년 이내에 먼저 양도하는 주택은 이를 1세대 1주택으로 보아 제154조 제1항을 적용한다.

정답 ④

제27회 수정

02 소득세법상 거주자의 양도소득세 비과세에 관한 설명으로 옳은 것은?

① 국내에 1주택만을 보유하고 있는 1세대가 해외이주로 세대전원이 출국하는 경우 출국일부터 3년이 되는 날 해당 주택을 양도하면 비과세된다.

② 법원의 결정에 의하여 양도 당시 취득에 관한 등기가 불가능한 미등기주택은 양도소득세 비과세가 배제되는 미등기양도자산에 해당하지 않는다.

③ 직장의 변경으로 세대전원이 다른 시로 주거를 이전하는 경우 6개월간 거주한 1주택을 양도하면 비과세된다.

④ 양도 당시 실지거래가액이 13억원인 1세대 1주택의 양도로 발생하는 양도차익 전부가 비과세된다.

⑤ 농지를 교환할 때 쌍방 토지가액의 차액이 가액이 큰 편의 3분의 1인 경우 발생하는 소득은 비과세된다.

해설

법률의 규정 또는 법원의 결정에 의하여 양도 당시 그 자산의 취득에 관한 등기가 불가능한 자산은 미등기양도에서 제외한다.

① 국내에 1주택만을 보유화고 있는 1세대가 해외이주로 세대전원이 출국하는 경우 출국일부터 2년 이내에 양도하는 경우에 한하여 비과세된다.

③ 직장의 변경으로 세대전원이 다른 시로 주거를 이전하는 경우 1년 이상 거주한 1주택을 양도하는 경우에 한하여 비과세된다.

④ 양도당시 12억원을 초과하는 1세대 1주택인 고가주택의 양도로 발생하는 양도차익은 전부 과세되는 것이 아니고 양도가액에서 12억원을 차감한 가액을 양도가액으로 나눈 비율만큼 안분계산하여 과세한다.

⑤ 농지를 교환할 때 쌍방 토지가액의 차액이 가액이 큰 편의 4분의 1 이하인 경우 발생하는 소득이 비과세된다.

답 ②

---

4 출제 예상문제

01 「소득세법」상 양도소득세가 비과세되는 1세대 1주택에 대한 설명 중 틀린 것은?

① 1세대라 함은 양도일 현재 거주자 및 그 배우자가 그들과 동일한 주소 또는 거소에서 생계를 같이하는 가족 전원을 말한다. 다만, 부부가 단독세대를 구성하거나 가정불화로 별거 중인 경우에는 각각 1세대로 본다.

② 배우자가 없는 경우로서 납세의무자인 거주자가 30세 이상인 경우에는 소득에 관계없이 1세대가 가능하다.

③ 소유하고 있던 공부상 주택인 1세대 1주택을 거주용이 아닌 영업용 건물로 사용하다가 양도하는 때에는 1세대 1주택으로 보지 않는다.

④ 1주택을 여러 사람이 공동으로 소유하는 경우에는 각각 개개인이 1주택을 소유하는 것으로 보므로 공동소유주택 외의 다른 주택을 양도하는 때에는 비과세가 되지 않는다.

⑤ 1주택을 둘 이상의 주택으로 분할하여 양도하는 경우에는 먼저 양도하는 부분의 주택은 1세대 1주택으로 보지 않는다.

해설 ✦ ① 부부가 각각 단독세대를 구성하거나 가정불화로 별거 중이라도 법률상 배우자는 같은 세대로 본다.

정답 ✦ ①

02 「소득세법 시행령」 제154조의 1세대 1주택의 양도소득세 비과세에 대한 설명 중 틀린 것은?
(단, 주어진 요건 외에 다른 조건은 고려하지 않음)

① 보유기간은 그 자산의 취득일부터 양도일까지로 한다.

② 종전주택과 신주택 모두 조정대상지역에 소재하는 경우에는 신주택 취득일로부터 2년 이내에 양도하는 경우에 「소득세법 시행령」 제154조의 규정을 적용한다.

③ 1세대 다주택자가 최종적으로 양도하는 주택의 보유기간은 보유기간의 계산은 「소득세법」 제95조제4항에 따른다.

④ 1세대1주택을 양도하였으나 동 주택을 매수한 자가 소유권이전등기를 하지 아니하여 부득이 공부상 1세대 2주택이 된 경우에는 매매계약서 등에 의하여 1세대 1주택임이 사실상 확인되는 때에는 비과세로 한다.

⑤ 2개 이상의 주택을 같은 날에 양도하는 경우에는 당해 거주자가 선택하는 순서에 따라 주택을 양도한 것으로 본다.

해설 ✦ ② 종전주택과 신주택 모두 조정대상지역에 소재하는 경우에는 신주택 취득일로부터 3년 이내에 양도하는 경우에
「소득세법 시행령」 제154조의 규정을 적용한다.

정답 ✦ ②

03 다음 중 1세대 1주택에 대한 양도소득세의 비과세요건 중 보유기간의 제한을 받지 않는 경우에 해당하지 <u>않는</u> 것은?

① 「민간임대주택에 관한 특별법」에 의한 민간건설임대주택을 취득하여 양도하는 경우로서 해당 건설임대주택의 임차일부터 양도일까지의 거주기간(세대전원이 거주)이 5년 이상인 경우

② 「해외이주법」에 의한 해외이주 및 1년 이상 거주를 필요로 하는 취학, 근무상 형편으로 세대전원이 출국(출국일 현재 1주택에 해당)함으로써 출국일로부터 2년 이내에 양도하는 경우

③ 주택 및 그 부수토지의 전부 또는 일부가 「공익사업을 위한 토지 등의 취득 및 보상에 관한 법률」에 의한 협의매수·수용되는 경우(수용일로부터 5년 이내에 양도하는 잔존주택 및 부수토지 포함). 단, 사업인정고시일 이전에 취득한 주택에 한한다.

④ 「도시 및 주거환경정비법」에 의한 주택재건축사업의 정비사업조합의 조합원으로 참여한 자가 그 사업시행기간 중 다른 주택을 취득하여 1년 이상 거주하다가 사업계획에 따라 취득하는 주택으로 세대전원이 이사하면서 그 다른 주택을 양도하는 경우

⑤ 취득 후 6개월간 거주한 주택을 사업상의 형편으로 세대전원이 다른 시(도농복합형태의 시의 읍·면지역 포함)·군으로 주거를 이전함으로써 양도하는 경우

해설 ✦ 취학·질병요양·근무상의 형편·학교폭력으로 인한 전학 등 기타 부득이한 사유로 세대원 모두가 다른 시·군지역으로 이사를 하고 양도일 현재 1년 이상 거주한 주택을 양도하는 경우에 보유기간의 제한을 받지 않고 비과세되며, 사업상 형편은 부득이한 사유가 아니다.

정답 ✦ ⑤

04 「소득세법」상 거주자의 국내 소재 1세대 1주택인 고가주택과 그 양도소득세에 관한 설명으로 틀린 것은?

① 거주자가 2023년 취득 후 계속 거주한 법령에 따른 고가주택을 2024년 5월에 양도하는 경우 장기보유특별공제의 대상이 되지 않는다.

② '고가주택'이란 기준시가 12억원을 초과하는 주택을 말한다.

③ 법령에 따른 고가주택에 해당하는 자산의 장기보유특별공제액은 「소득세법」 제95조 제2항에 따른 장기보유특별공제액에 '양도가액에서 12억원을 차감한 금액이 양도가액에서 차지하는 비율'을 곱하여 산출한다.

④ 법령에 따른 고가주택에 해당하는 자산의 양도차익은 「소득세법」 제95조 제1항에 따른 양도차익에 '양도가액에서 12억원을 차감한 금액이 양도가액에서 차지하는 비율'을 곱하여 산출한다.

⑤ 「건축법 시행령」 [별표1]에 의한 다가구주택을 구획한 부분별로 양도하지 아니하고 하나의 매매단위로 양도하여 단독주택으로 보는 다가구주택의 경우에는 그 전체를 하나의 주택으로 보아 법령에 따른 고가주택 여부를 판단한다.

해설 ✦ ② 양도소득세에서 1세대 1주택 비과세가 배제되는 '고가주택'이란 주택 및 이에 딸린 토지의 양도 당시의 실지거래가액 합계액이 12억원을 초과하는 주택을 말한다.

정답 ✦ ②

테마 27 양도·취득시기와 양도차익 계산

1 출제예상과 학습포인트

✦ **최근 기출회수**

20회~22회, 24회~26회, 28회, 29회, 32회, 33회, 34회

✦ **35회 출제 예상**

양도 및 취득시기는 2~3년 마다 1번 이상은 출제되는 부분으로서, 34회에 출제되었으며 35회 출제가능성은 50% 이하이다. 양도차익 계산부분은 거의 매년 출제 되고 있으며, 35회 출제가능성은 80% 이상이다.

✦ **35회 중요도**

★★★

✦ **학습범위**

양도 및 취득시기는 핵심내용을 위주로 정리하되, 양도차익 계산은 계산구조와 추계방법의 순서 등을 학습하여야 한다.

✦ **학습방법**

양도 및 취득시기는 취득원인 등에 따른 취득 및 양도시기를 숙지하여야 하며, 양도차익의 계산은 양도 소득세 세액계산의 가장 기본적인 내용으로서 양도소득세 세액계산구조와 함께 양도차익 계산의 원칙과 예외를 구분하여 정리하여야 한다. 또한 최근에 양도차익의 계산문제가 출제되기도 하므로 환산취득가액과 필요경비개산공제액은 산식을 반드시 정리하여야 한다.

✦ **핵심쟁점**

❶ 거래 유형별 양도 또는 취득시기
❷ 양도소득세 세액계산 구조
❸ 양도차익 계산 산정원리
❹ 양도차익 계산의 원칙인 실지거래가액과 이를 양도자 또는 관할세무서장이 확인할 수 없는 경우의 예외적 계산방법

2 핵심 내용

❶ 양도 또는 취득시기 21회, 22회, 25회, 29회, 32회, 34회

구분			양도 및 취득시기
일반적인 거래	매매 등	원칙	사실상의 대금청산일(계약상 잔금지급일 ×) ✦ 대금에는 양수인이 부담하는 양도소득세는 제외
		예외	① 선등기: 등기접수일 ② 대금청산일 불분명: 등기접수일
특수한 거래	장기할부매매		등기접수일·인도일 또는 사용수익일 중 빠른 날
	상속		상속개시일
	증여		증여받은 날
	자가 건설 건축물	허가	원칙: 사용승인서 교부일
			예외: 임시사용승인일, 사실상 사용일 중 빠른 날
		무허가	사실상 사용일
	환지처분		환지받은 토지: 환지 전 토지 취득일
			환지처분으로 권리면적보다 증가·감소된 토지: 환지처분공고일의 다음 날
	미완성·미확정자산		(완성·확정 전 대금청산된 경우) 완성 또는 확정된 날
	경매		경매대금완납일
	과점주주의 주식거래		부동산 과다보유 법인의 과점주주(50% 이상)가 3년 내 합산하여 50% 이상 양도하는 때
	「민법」상 시효취득		점유개시일(등기접수일 ×, 시효만료일 ×)
	법원의 무효판결로 환원된 자산의 취득		그 자산의 당초 취득일(확정판결일 ×)
	수용		① 소유권이전등기접수일, 사실상 잔금청산일, 수용개시일(토지수용위원회가 수용을 개시하기로 결정한 날) 중 가장 빠른 날 ② 소유권에 관한 소송으로 보상금이 공탁된 경우에는 소유권 관련 소송판결 확정일

❷ 양도소득세 계산구조

- **양도차익** = 양도가액 − (취득가액 + 기타 필요경비)
- **양도소득금액** = 양도차익 − 장기보유특별공제액
- **과세표준** = 양도소득금액 − 양도소득기본공제액
- **양도소득 산출세액** = 양도소득과세표준 × 세율

항목	내용
양도가액	① 원칙: 실지거래가액 ② 예외: 추계결정가액(매매사례가액 − 감정가액 − 기준시가)
취득가액	① 원칙: 실지거래가액 ② 예외: 추계결정가액(매매사례가액 − 감정가액 − 환산취득가액 − 기준시가) ✦ 건물을 신축 또는 증축하여 취득한 후 5년 이내 양도: 감정가액 또는 환산취득가액의 5% 가산세 적용
기타 필요경비	① 취득가액을 실지거래가액으로 하는 경우: 자본적 지출액 + 양도직접비용 ② 취득가액을 추계결정 하는 경우: 필요경비개산공제(3%, 7%, 1%)
장기보유특별공제	① 등기되고 3년 이상 보유한 토지(비사업용 토지 포함)와 건물(주택 포함), 조합원입주권(조합원으로부터 취득한 경우 제외)양도시에 한하여 적용 ② 보유기간에 따라 양도차익의 6~30%, 1세대 1주택(고가주택 등): 20~80%
양도소득기본공제	① 소득별로 각각 연 250만원 공제(미등기 양도자산은 적용 배제) ② 양도자산의 종류와 보유기간에 관계없이 공제
양도소득과세표준 세율	① 토지, 건물, 부동산에 관한 권리: 70%, 50%, 40%, 6~45%(비사업용 토지: 16~55%) ② 주택 및 조합원입주권: 70%, 60%, 6~45% ✦ • 조정대상지역 내 2주택: 기본세율 + 20% 　• 조정대상지역 내 3주택: 기본세율 + 30% 　* 2022년 5월 10일부터 2024년 5월 9일까지 양도하는 경우에는 20% 또는 30% 중과세율 적용하지 않음 ③ 주택분양권: 70%, 60%

❸ 양도차익의 계산 20회, 22회, 24회, 25회 26회, 28회, 32회

① **양도가액과 취득가액의 적용기준**

원칙	실지거래가액
예외	추계결정(매매사례가액, 감정가액, 환산취득가액, 기준시가)

② **양도가액과 취득가액의 동일기준 적용:** 양도차익을 계산할 때 양도가액을 실지거래가액에 따를 때에는 취득가액도 실지거래가액에 따르고, 양도가액을 기준시가에 따를 때에는 취득가액도 기준시가에 따른다.

③ **추계결정에 의하는 경우**

ㄱ 매매사례가액: 양도일 또는 취득일 전후 각 3개월 이내

ㄴ 감정가액: 양도일 또는 취득일 전후 각 3개월 이내

ㄷ 환산취득가액

$$\text{환산취득가액} = \text{양도 당시의 실지거래가액 등} \times \frac{\text{취득당시의 기준시가}}{\text{양도 당시의 기준시가}}$$

환산취득가액은 취득가액을 추계하는 경우 적용하며, 양도가액을 추계하는 경우에는 적용하지 않는다.

ㄹ 기준시가

구분		내용
토지	일반지역	개별공시지가 ✦ (공시되지 않은 경우) 인근유사토지 개별공시지가를 표준지로 보고 관할 세무서장이 평가한 금액
	지정지역	개별공시지가 × 배율(국세청장)
건물	일반건물	국세청장이 매년 1회 이상 산정·고시하는 가액
	지정건물	지정지역 내 오피스텔·상업용 건물은 별도의 평가기준 적용 (토지·건물 ⇨ 일괄평가)
주택		개별주택가격(단독주택), 공동주택가격
부동산을 취득할 수 있는 권리		부동산을 취득할 수 있는 권리: 양도자산의 종류·규모·거래상황 등을 감안하여 취득일 또는 양도일까지 불입한 금액과 취득일 또는 양도일 현재의 프리미엄에 상당하는 금액을 합한 금액

> **참고** 감정가액 또는 환산취득가액 적용에 따른 가산세

1. 거주자가 건물을 신축 또는 증축(증축의 경우 바닥면적 합계가 85m²를 초과하는 경우에 한정)하고 그 건물의 취득일 또는 증축일부터 5년 이내에 해당 건물을 양도하는 경우로서 감정가액 또는 환산취득가액을 그 취득가액으로 하는 경우에는 해당 건물 감정가액(증축의 경우 증축한 부분에 한정) 또는 환산취득가액(증축의 경우 증축한 부분에 한정)의 100분의 5에 해당하는 금액을 양도소득 결정세액에 더한다.
2. 위 1.은 양도소득 산출세액이 없는 경우에도 적용한다.

❹ 필요경비 산정원리

① **원칙**: 취득가액을 실지거래가액에 의하는 경우

$$필요경비 = 취득가액 + 기타\ 필요경비(자본적\ 지출액 + 양도직접비용)$$

② **예외**: 취득 당시 실지거래가액이 인정 또는 확인되지 않는 경우(추계방법)

$$필요경비 = 취득가액(매 \Rightarrow 감 \Rightarrow 환 \Rightarrow 기) + 기타\ 필요경비(필요경비개산공제액)$$

③ **특례**: 취득 당시 실지거래가액이 인정 또는 확인되지 않아 환산취득가액으로 하는 경우

필요경비 = MAX(㉠, ㉡)
㉠ 환산취득가액 + 필요경비개산공제액
㉡ 자본적 지출액 + 양도직접비용

❺ 필요경비개산공제액(양도차익을 추계방법에 의하여 계산하는 경우)

① **토지·건물**: 취득 당시 기준시가 × 3%(미등기는 0.3%)
② **지상권·전세권·등기된 부동산임차권**: 취득 당시 기준시가 × 7%(미등기는 제외)
③ **나머지 과세대상**: 취득 당시 기준시가 × 1%

3 대표 기출문제

제26회 출제

01 **2018년에 취득 후 등기한 토지를 2024년 6월 15일에 양도한 경우, 소득세법상 토지의 양도차익계산에 관한 설명으로 틀린 것은?** (단, 특수관계자와의 거래가 아님)

① 양도와 취득시의 실지거래가액을 확인할 수 있는 경우에는 양도가액과 취득가액을 실지거래가액으로 산정한다.

② 취득당시 실지거래가액을 확인할 수 없는 경우에는 매매사례가액, 환산취득가액, 감정가액, 기준시가를 순차로 적용하여 산정한 가액을 취득가액으로 한다.

③ 취득가액을 실지거래가액으로 계산하는 경우 자본적 지출액은 필요경비에 포함된다.

④ 취득가액을 매매사례가액으로 계산하는 경우 취득당시 개별공시지가에 3/100을 곱한 금액이 필요경비에 포함된다.

⑤ 양도가액을 기준시가에 따를 때에는 취득가액도 기준시가에 따른다.

> **해설**
>
> 취득당시 실지거래가액을 확인할 수 없는 경우에는 매매사례가액, 감정가액 또는 환산취득가액에 따르나, 기준시가는 적용할 수 없다.
>
> 답②

제34회 출제

02 **소득세법령상 양도소득세의 양도 또는 취득시기에 관한 내용으로 틀린 것은?**

① 대금을 청산한 날이 분명하지 아니한 경우에는 등기부·등록부 또는 명부 등에 기재된 등기·등록접수일 또는 명의개서일

② 상속에 의하여 취득한 자산에 대하여는 그 상속이 개시된 날

③ 대금을 청산하기 전에 소유권이전등기를 한 경우에는 등기부에 기재된 등기접수일

④ 자기가 건설한 건축물로서 건축허가를 받지 아니하고 건축하는 건축물에 있어서는 그 사실상의 사용일

⑤ 완성되지 아니한 자산을 양도한 경우로서 해당 자산의 대금을 청산한 날까지 그 목적물이 완성되지 아니한 경우에는 해당 자산의 대금을 청산한 날

> **해설**
>
> ⑤ 완성되지 아니한 자산을 양도한 경우로서 해당 자산의 대금을 청산한 날까지 그 목적물이 완성되기 아니한 경우에는 양도 또는 취득시기는 그 목적물이 완성된 날이다.
>
> 답 ⑤

4 출제 예상문제

01 「소득세법 시행령」 제162조에서 규정하는 양도 또는 취득의 시기에 관한 내용으로 틀린 것은?

① 제1항 제4호: 자기가 건설한 건축물에 있어서 건축허가를 받지 아니하고 건축하는 건축물은 추후 사용승인 또는 임시사용승인을 받는 날

② 제1항 제3호: 기획재정부령이 정하는 장기할부조건의 경우에는 소유권이전등기(등록 및 명의개서를 포함)접수일·인도일 또는 사용수익일 중 빠른 날

③ 제1항 제2호: 대금을 청산하기 전에 소유권이전등기(등록 및 명의개서를 포함)를 한 경우에는 등기부·등록부 또는 명부 등에 기재된 등기접수일

④ 제1항 제5호: 상속에 의하여 취득한 자산에 대하여는 그 상속이 개시된 날

⑤ 제1항 제9호: 「도시개발법」에 따른 환지처분으로 교부받은 토지의 면적이 환지처분에 의한 권리면적보다 증가한 경우 그 증가된 면적의 토지에 대한 취득시기는 환지처분의 공고가 있은 날의 다음 날

해설 ✦ ① 자기가 건설한 건축물에 있어서 건축허가를 받지 아니하고 건축하는 건축물은 그 사실상의 사용일로 한다.

정답 ✦ ①

02 「소득세법」상 양도소득세 계산과정의 순서 중 옳은 것은?

① 양도가액 ⇨ 양도차익 ⇨ 양도소득금액 ⇨ 양도소득과세표준

② 양도차익 ⇨ 양도소득금액 ⇨ 양도가액 ⇨ 양도소득과세표준

③ 양도가액 ⇨ 양도차익 ⇨ 양도소득과세표준 ⇨ 양도소득금액

④ 양도가액 ⇨ 양도소득금액 ⇨ 양도소득과세표준 ⇨ 양도차익

⑤ 양도차익 ⇨ 양도소득금액 ⇨ 양도소득과세표준 ⇨ 양도가액

해설 ✦ 1. 양도가액 – 취득가액 – 필요경비 = 양도차익

　　 2. 양도차익 – 장기보유특별공제액 = 양도소득금액

　　 3. 양도소득금액 – 양도소득기본공제액 = 양도소득과세표준

　　 4. 양도소득과세표준 × 세율 = 양도소득산출세액

정답 ✦ ①

03 「소득세법」상 거주자의 양도소득세가 과세되는 부동산의 양도가액 또는 취득가액을 추계조사하여 양도소득과세표준 및 세액을 결정 또는 경정하는 경우에 관한 설명으로 **틀린** 것은? (단, 매매사례가액과 감정가액은 특수관계인과의 거래가액이 아니며, 기준시가가 10억원 이하인 자산은 아님)

① 양도 또는 취득 당시 실지거래가액의 확인을 위하여 필요한 장부·매매계약서·영수증 기타 증빙서류가 없거나 그 중요한 부분이 미비된 경우 추계결정 또는 경정의 사유에 해당한다.

② 취득가액은 매매사례가액, 감정가액, 환산취득가액, 기준시가를 순차로 적용한다.

③ 매매사례가액은 양도일 또는 취득일 전후 각 3개월 이내에 해당 자산과 동일성 또는 유사성이 있는 자산의 매매사례가 있는 경우 그 가액을 말한다.

④ 감정가액은 당해 자산에 대하여 감정평가기준일이 양도일 또는 취득일 전후 각 3월 이내이고 2 이상의 감정평가업자가 평가한 것으로서 신빙성이 인정되는 경우 그 감정가액의 평균액으로 한다.

⑤ 환산취득가액은 양도가액을 추계할 경우에는 적용되지만 취득가액을 추계할 경우에는 적용되지 않는다.

해설 ✦ ⑤ 환산취득가액은 취득가액을 추계하는 경우에만 적용되며, 양도가액을 추계할 경우에는 적용되지 않는다.

정답 ✦ ⑤

04 다음 (   ) 안에 들어갈 내용이 올바르게 연결된 것은?

> 거주자가 건물을 신축 또는 증축(증축의 경우 바닥면적 합계가 85㎡를 초과하는 경우에 한정)하고 그 건물의 취득일 또는 증축일부터 (   )년 이내에 해당 건물을 양도하는 경우로서 감정가액 또는 환산취득가액을 그 취득가액으로 하는 경우에는 해당 건물 감정가액(증축의 경우 증축한 부분에 한정) 또는 (   )(증축의 경우 증축한 부분에 한정)의 100분의 (   )에 해당하는 금액을 양도소득 결정세액에 더한다. 이 규정은 양도소득산출세액이 없는 경우에도 (   ).

① 2년 - 양도가액 - 2 - 적용하지 아니한다
② 3년 - 양도소득산출세액 - 3 - 적용한다
③ 3년 - 해당 건물 환산취득가액 - 3 - 적용하지 아니한다
④ 5년 - 양도소득산출세액 - 5 - 적용한다
⑤ 5년 - 해당 건물 환산취득가액 - 5 - 적용한다

해설 ✦ 1. 거주자가 건물을 신축 또는 증축(증축의 경우 바닥면적 합계가 85㎡를 초과하는 경우에 한정)하고 그 건물의 취득일 또는 증축일부터 5년 이내에 해당 건물을 양도하는 경우로서 감정가액 또는 환산가액을 그 취득가액으로 하는 경우에는 해당 건물 감정가액(증축의 경우 증축한 부분에 한정) 또는 환산취득가액(증축의 경우 증축한 부분에 한정)의 100분의 5에 해당하는 금액을 양도소득 결정세액에 더한다.
2. 위 1.은 양도소득 산출세액이 없는 경우에도 적용한다.

정답 ✦ ⑤

05 다음은 거주자의 甲의 상가건물 양도소득세 관련 자료이다. 이 경우 양도차익은? (단, 양도차익을 최소화하는 방향으로 필요경비를 선택하고, 부가가치세는 고려하지 않음)

(1) 취득 및 양도 내역			
	실지거래가액	기준시가	거래일자
양도 당시	5억원	4억원	2024.4.30.
취득 당시	확인 불가능	2억원	2023.3.7.

(2) 자본적 지출액 및 소개비: 2억 6,000만원(세금계산서 수취함)

(3) 주어진 자료 외에는 고려하지 않는다.

① 2억원 ② 2억 4,000만원 ③ 2억 4,400만원
④ 2억 5,000만원 ⑤ 2억 6,000만원

해설 ✦ 양도차익은 양도가액에서 필요경비를 공제하여 계산한다. 이때 필요경비 계산시 취득가액을 환산취득가액으로 하는 경우 환산취득가액과 필요경비개산공제액을 합한 금액이 자본적 지출액과 양도직접비용의 합계액보다 적은 경우에는 자본적 지출액과 양도직접비용의 합계액으로 필요경비를 산정할 수 있다. 문제 조건에서 취득가액에 대한 실거래가액, 매매사례가액, 감정가액이 없으므로 취득가액은 환산취득가액으로 계산하여야 한다.

ⓐ 환산취득가액(2억 5,000만원) = 양도당시 실지거래가액(5억원) × [취득당시 기준시가(2억원)/양도당시 기준시가(4억원)]

ⓑ 필요경비개산공제액(600만원) = 취득당시 기준시가(2억원) × 필요경비개산공제율(100분의 3)

ⓒ 환산취득가액으로 하는 경우 필요경비 = 2억 5,600만원 ⇨ ⓐ + ⓑ

ⓓ 자본적 지출액과 양도비의 합계액 = 2억 6,000만원

ⓔ 양도차익을 최소화하기 위한 필요경비는 2억 6,000만원이므로 양도차익은 2억 4,000만원이다.
　* 양도차익(2억 4,000만원) = 양도가액(5억원) − 필요경비(2억 6,000만원)

정답 ✦ ②

1 출제예상과 학습포인트

✦ 최근 기출회수

21회, 22회, 24회, 25회, 26회, 27회~29회, 31회

✦ 35회 출제 예상

자주 기출되었던 부분으로서, 35회에 출제될 가능성은 80% 이상이다.

✦ 35회 중요도

★★★

✦ 학습범위

양도가액과 취득가액을 실지거래가액을 적용해서 양도차익을 계산하는 경우에 취득가액과 기타 필요경비로서 자본적 지출액과 양도비용에 포함여부를 법령위주로 학습하여야 하며, 소득세법 통칙의 내용은 중요내용 위주로 정리해두면 된다.

✦ 학습방법

취득가액과 자본적지출액, 양도비용에 포함하는 것과 포함하지 않는 것을 비교정리하여야 하며, 수익적지출액의 개념과 증빙에 대한 것도 학습하여야 한다.

✦ 핵심쟁점

❶ 실지양도가액과 특수관계자간의 거래
❷ 실지취득가액의 범위
❸ 자본적지출액과 수익적지출액의 범위와 구분
❹ 양도비용의 범위
❺ 적격증빙 등

2 핵심 내용

❶ 실지거래가액에 의하는 경우의 양도차익 계산

> 양도차익 = 실지양도가액 − 필요경비(실지취득가액 + 자본적 지출액 + 양도비) 26회

❷ 양도가액: 실지양도가액으로 양도소득의 총 수입금액

> **참고** **특수관계자간의 거래**
>
> 실지양도가액을 적용할 때 거주자가 양도소득세 과세대상 자산을 양도하는 경우로서 다음의 어느 하나에 해당하는
> 경우에는 그 가액을 해당 자산의 양도 당시의 실지거래가액으로 본다.
> - 「법인세법」 제2조제12호에 따른 특수관계인에 해당하는 법인에 양도한 경우로서 같은 법 제67조에 따라 해당
>   거주자의 상여·배당 등으로 처분된 금액이 있는 경우에는 같은 법 제52조에 따른 시가
> - 특수관계법인 외의 자에게 자산을 시가보다 높은 가격으로 양도한 경우로서 「상속세 및 증여세법」 제35조에 따라
>   해당 거주자의 증여재산가액으로 하는 금액이 있는 경우에는 그 양도가액에서 증여재산가액을 뺀 금액

❸ 취득가액: 매입가액(취득세 등 부대비용 포함) 또는 건설가액

✦ 「지적재조사에 관한 특별법」 제18조에 따른 경계의 확정으로 지적공부상의 면적이 증가되어 징수한 조정금은 취득
가액에서 제외

① 현재가치할인차금, 폐업시의 잔존재화에 부과된 부가가치세 포함
② 부당행위계산에 의한 시가초과액 제외
③ 취득 관련 소송·화해비용(그 지출한 연도의 각 소득금액의 계산에 있어서 필요경비에 산입된 것을 제외한
금액)포함
④ 당사자 약정에 의한 대금지급방법에 따라 취득원가에 이자상당액을 가산하여 거래가액을 확정하는
경우 당해 이자상당액은 포함(연체이자, 주택구입시 대출금이자 제외)28회
⑤ 다른 소득금액 계산시 필요경비로 산입된 소송화해비용·감가상각비·현재가치할인차금상각액 등
의 금액은 제외28회, 29회, 31회

❹ 기타 필요경비

① **자본적 지출** 22회, 27회
   ㉠ 내용연수 연장비용, 개량비용, 이용의 편의에 소요된 비용
   ㉡ 취득 후의 소유권 관련한 소송·화해비용 등의 금액
   ㉢ 용도변경 및 개량을 위하여 지출한 비용
   ㉣ 수익자부담금·개발부담금·재건축부담금
   ㉤ 토지이용의 편의를 위하여 지출한 장애철거비용, 도로시설비용
   ✦ 도장비용 등 수익적 지출액은 제외

② **양도직접비용(양도간접비용×)** 22회, 27회

  ㉠ 양도소득세 신고서 작성비용, 계약서 작성비용, 공증비용, 인지대, 중개수수료, 매매계약상의 인도의무를 이행하기 위하여 양도자가 지출한 명도소송비 등의 명도비용 등

  ㉡ 토지·건물을 취득함에 있어 법령 등에 따라 매입한 국민주택채권 및 토지개발 채권을 만기 전에 금융기관 등에 양도함으로써 발생하는 매각차손(금융기관 외의 자에게 양도한 경우에는 동일한 날에 금융기관에 양도하였을 경우 발생하는 매각차손을 한도로 함)

> **보충** 적격증빙 등
>
> • 자본적 지출액 등이 필요경비로 인정받기 위해서는 세금계산서, 신용카드매출전표 등의 증빙서류를 수취·보관하거나 실제 지출사실이 금융거래 증명서류(계좌이체 등)에 의하여 확인되는 경우를 말한다. 28회, 29회
> • 취득세 및 등록면허세는 납부영수증이 없는 경우에도 필요경비로 공제 가능하다. 28회

▶ **실지거래가액을 적용하여 양도차익을 계산하는 경우 필요경비**

필요경비에 포함	필요경비에 포함되지 않음
• 현재가치할인차금, 잔존재화에 부과된 부가가치세, 과세사업자가 면세사업자로 전환됨에 따라 납부한 부가가치세 • 취득세, 등록면허세 등 취득 관련 조세, 등기비용, 컨설팅비용 • 거래당사자간에 대금지급방법에 따라 지급하기로 한 이자 • 취득시 발생한 소송비용, 화해비용 • 자본적 지출액(개량비, 수선비, 이용의 편의에 소요된 비용 등) • 양도직접비용(양도소득세 신고서 작성비용, 공증비용, 계약서 작성비용, 소개비, 국민주택채권의 채권매각차손 등) • 개발부담금, 재건축부담금, 농지전용부담금 • 매매계약서상의 인도의무를 이행하기 위하여 양도자가 지출한 명도소송비 등 명도비용	• 「지적재조사에 관한 특별법」 제18조에 따른 경계의 확정으로 지적공부상의 면적이 증가되어 징수한 조정금 • 부당행위계산에 의한 시가초과액 • 재산세, 종합부동산세, 상속세, 증여세(이월과세특례가 적용되는 경우에는 예외적으로 필요경비에 포함) • 사업자가 납부한 부가가치세로서 매입세액공제를 받는 것 • 대금지급 지연이자, 주택 구입시 대출금이자 • 다른 소득금액 계산시 필요경비로 산입된 소송화해비용·감가상각비·현재가치할인차금상각액 등의 금액 • 수익적 지출액(도장비용, 방수비용, 도배장판비용 등)

▶ **「지적재조사에 관한 특별법」 규정에 따른 경계의 확정으로 지적공부상의 면적의 증감에 따른 조정금의 비교**

지적재조사에 관한 특별법」 규정에 따른 경계의 확정으로 지적공부상의 면적이	감소하여 지급받은 조정금	비과세
	증가하여 징수한 조정금	양도차익 계산시 취득가액에서 제외

3 대표 기출문제

제27회 출제

01 소득세법상 사업소득이 있는 거주자가 실지거래가액에 의해 부동산의 양도차익을 계산하는 경우 양도가액에서 공제할 자본적지출액 또는 양도비에 포함되지 않는 것은? (단, 자본적지출액에 대해서는 법령에 따른 증명서류가 수취·보관되어 있음)

① 자산을 양도하기 위하여 직접 지출한 양도소득세과세표준신고서 작성비용

② 납부의무자와 양도자가 동일한 경우 「재건축초과이익환수에 관한 법률」에 따른 재건축부담금

③ 양도자산의 이용편의를 위하여 지출한 비용(재해·노후화 등 부득이한 사유로 인하여 건물을 재건축한 경우 그 철거비용을 포함한다)

④ 양도자산의 취득 후 쟁송이 있는 경우 그 소유권을 확보하기 위하여 직접 소요된 소송비용으로서 그 지출한 연도의 각 사업소득금액 계산시 필요경비에 산입된 금액

⑤ 자산을 양도하기 위하여 직접 지출한 공증비용

> **해설**
>
> 양도자산의 취득 후 쟁송이 있는 경우 그 소유권을 확보하기 위하여 직접 소요된 소송비용은 자본적지출액에 포함되나, 그 지출한 연도의 각 소득금액의 계산에 있어서 필요한 경비에 산입된 것은 이중공제방지 목적상 필요경비에 제외한다.
> 나머지 ①과 ⑤는 양도비에 해당하고, ②와 ③은 자본적지출액에 해당한다.
>
> 답 ④

02 소득세법상 거주자가 국내자산을 양도한 경우 양도소득의 필요경비에 관한 설명으로 옳은 것은?

① 취득가액을 실지거래가액에 의하는 경우 당초 약정에 의한 지급기일의 지연으로 인하여 추가로 발생하는 이자상당액은 취득원가에 포함하지 아니한다.

② 취취득가액을 실지거래가액에 의하는 경우 자본적 지출액도 실지로 지출된 가액에 의하므로 「소득세법」 제160조의2 제2항에 따른 증명서류를 수취·보관하지 않고 지출사실이 금융거래 증명서류 등에 의해 입증되지 않는 경우에도 이를 필요경비로 인정한다.

③ 「소득세법」 제97조 제3항에 따른 취득가액을 계산할 때 감가상각비를 공제하는 것은 취득가액을 실지거래가액으로 하는 경우에만 적용하므로 취득가액을 환산취득가액으로 하는 때에는 적용하지 아니한다.

④ 토지를 취득함에 있어서 부수적으로 매입한 채권을 만기 전에 양도함으로써 발생하는 매각차손은 채권의 매매상대방과 관계없이 전액 양도비용으로 인정된다.

⑤ 취득세는 납부영수증이 없으면 필요경비로 인정되지 아니한다.

해설

② 취득가액을 실지거래가액에 의하는 경우 자본적 지출액은 「소득세법」 제160조의2 제2항에 따른 증명서류를 수취·보관하는 경우에 필요경비로 인정한다.

③ 「소득세법」 제97조 제3항에 따른 취득가액을 계산할 때 감가상각비를 공제하는 것은 취득가액을 실지거래가액으로 하는 경우뿐만 아니라 취득가액을 환산취득가액으로 하는 때에도 적용한다.

④ 토지를 취득함에 있어서 부수적으로 매입한 채권을 만기 전에 양도함으로써 발생하는 매각차손은 필요경비에 포함한다. 이 경우 금융기관 외의 자에게 양도한 경우에는 동일한 날에 금융기관에 양도하였을 경우 발생하는 매각차손을 한도로 한다.

⑤ 취득세는 납부영수증이 없어도 필요경비로 인정된다.

정답 ①

4 출제 예상문제

01 「소득세법」상 양도차익의 산정에 있어서 실지거래가액에 의하여 취득가액을 산정하는 경우 해당 취득가액에 대한 설명으로 **틀린** 것은?

① 취득에 관한 쟁송이 있는 자산에 대하여 그 소유권확보를 위하여 직접 소요된 소송비용(단, 지출한 연도의 각 소득금액 계산상 필요경비에 산입된 것은 제외)도 취득가액에 포함된다.

② 「소득세법」상의 부당행위계산에 의한 시가초과액은 취득가액에 포함되지 않는다.

③ 당사자 약정에 의한 대금지급방법에 따라 취득원가에 이자상당액을 가산하여 거래가액을 확정한 경우에는 당해 이자상당액도 취득원가에 포함된다.

④ 양도자산의 보유기간 중에 그 자산의 감가상각비로서 부동산임대 사업소득금액의 계산시에 필요경비로 산입한 금액은 취득가액에 포함되지 않는다.

⑤ 「지적재조사에 관한 특별법」 제18조에 따른 경계의 확정으로 지적공부상의 면적이 증가되어 징수한 조정금은 취득가액에 포함한다.

해설 ✦ ⑤ 「지적재조사에 관한 특별법」 제18조에 따른 경계의 확정으로 지적공부상의 면적이 증가되어 징수한 조정금은 취득가액에서 제외한다.

정답 ✦ ⑤

02 「소득세법」상 사업소득이 있는 거주자가 실지거래가액에 의하여 부동산의 양도차익을 계산하는 경우 양도가액에서 공제할 자본적 지출액 또는 양도비에 포함되지 <u>않는</u> 것은? (단, 자본적 지출액에 대해서는 법령에 따른 증명서류가 수취·보관되어 있음)

① 자산을 양도하기 위하여 직접 지출한 양도소득세 과세표준 신고서 작성비용
② 납부의무자와 양도자가 동일한 경우 「재건축초과이익 환수에 관한 법률」에 따른 재건축부담금
③ 양도자산의 이용편의를 위하여 지출한 비용
④ 양도자산의 취득 후 쟁송이 있는 경우 그 소유권을 확보하기 위하여 직접 소요된 소송비용으로서 그 지출한 연도의 각 사업소득금액 계산시 필요경비에 산입된 금액
⑤ 자산을 양도하기 위하여 직접 지출한 공증비용

해설 ✦ ④ 양도자산의 취득 후 쟁송이 있는 경우 그 소유권을 확보하기 위하여 직접 소요된 소송비용으로서 그 지출한 연도의 각 사업소득금액 계산시 필요경비에 산입된 금액은 포함하지 않는다.

정답 ✦ ④

03 「소득세법」상 거주자가 양도가액과 취득가액을 실지거래된 금액을 기준으로 양도차익을 산정하는 경우, 양도소득의 필요경비에 해당하는 것으로 옳은 것은?

> ㉠ 현재가치할인차금
> ㉡ 상속받은 부동산을 양도하는 경우 기납부한 상속세
> ㉢ 「부가가치세법」상 폐업시 잔존재화에 부과된 부가가치세
> ㉣ 취득 후 본래의 용도를 유지하기 위해 소요된 도장비용 등 수익적 지출액

① ㉡, ㉣   ② ㉠, ㉢   ③ ㉠, ㉡, ㉢
④ ㉡, ㉢, ㉣   ⑤ ㉠, ㉡, ㉢, ㉣

해설 ✦ ㉡ 상속받은 부동산을 양도하는 경우 기납부한 상속세는 필요경비에 해당하지 아니한다. ㉣ 취득 후 본래의 용도를 유지하기 위해 소요된 도장비용 등 수익적 지출액은 제외한다.

정답 ✦ ②

1 출제예상과 학습포인트

✦ 최근 기출회수

  20회~24회, 26회, 28회, 31회, 33회, 34회

✦ 35회 출제 예상

  독립한 문제로는 최근에 자주 출제되지 않았지만, 계산문제로도 출제될 수 있는 부분이다. 35회에서 출제될 가능성은 80% 이상이다.

✦ 35회 중요도

  ★★★

✦ 학습범위

  장기보유특별공제와 양도소득기본공제의 법령내용을 학습하여야 한다.

✦ 학습방법

  장기보유특별공제 대상에 해당하는 것과 해당하지 않는 것을 구별하여야 하며, 일반적인 경우와 1세대1주택에 대한 공제율을 정확히 구별하여야 한다. 양도소득기본공제는 공제대상 및 소득을 4종류로 구분하여 공제하는 것에 유의하여 학습하여야 한다.

✦ 핵심쟁점

  ❶ 장기보유특별공제의 공제대상 여부
  ❷ 일반적인 토지 및 건물의 장기보유특별공제율과 1세대1주택에 대한 공제율
  ❸ 장기보유특별공제의 보유기간의 계산
  ❹ 양도소득기본공제 대상과 공제금액의 계산방법
  ❺ 해당연도에 감면대상과 감면대상이 아닌 자산의 양도시 기본공제 순서

2 핵심 내용

❶ 장기보유특별공제 20회, 21회, 23회, 24회, 26회 28회

① 적용대상

적용대상	배제되는 경우
국내에 소재	국외에 소재하는 자산
등기	미등기 양도자산
3년 이상 보유	3년 미만 보유한 토지, 건물
토지, 건물, 조합원입주권(조합원으로부터 취득한 것은 제외)	토지, 건물, 조합원입주권 이외 양도자산

✦ 비사업용 토지는 공제대상이다.
✦ 조정대상지역내 다주택(3년 보유)을 2022년 5월 10일부터 2024년 5월 9일까지 양도하는 경우에는 장기보유특별공제를 적용 받을 수 있다.

② 장기보유특별공제액
　　㉠ 일반적인 경우

장기보유특별공제금액 = 양도차익 × 보유기간별 공제율

보유기간	공제율
	일반적인 토지·건물(보유연수 × 2%)
3년 이상 4년 미만	양도차익 × 6%
4년 이상 5년 미만	양도차익 × 8%
5년 이상 6년 미만	양도차익 × 10%
6년 이상 7년 미만	양도차익 × 12%
7년 이상 8년 미만	양도차익 × 14%
8년 이상 9년 미만	양도차익 × 16%
9년 이상 10년 미만	양도차익 × 18%
10년 이상 11년 미만	양도차익 × 20%
11년 이상 12년 미만	양도차익 × 22%
12년 이상 13년 미만	양도차익 × 24%
13년 이상 14년 미만	양도차익 × 26%
14년 이상 15년 미만	양도차익 × 28%
15년 이상	양도차익 × 30%

ⓛ 양도소득세가 과세되는 1세대 1주택(보유기간 연 4% + 거주기간 연 4%)

장기보유특별공제금액 = 양도차익 × (보유기간별 공제율 + 거주기간별 공제율)

보유기간	공제율	거주기간	공제율
3년 이상 4년 미만	100분의 12	2년 이상 3년 미만 (보유기간 3년 이상에 한정)	100분의 8
		3년 이상 4년 미만	100분의 12
4년 이상 5년 미만	100분의 16	4년 이상 5년 미만	100분의 16
5년 이상 6년 미만	100분의 20	5년 이상 6년 미만	100분의 20
6년 이상 7년 미만	100분의 24	6년 이상 7년 미만	100분의 24
7년 이상 8년 미만	100분의 28	7년 이상 8년 미만	100분의 28
8년 이상 9년 미만	100분의 32	8년 이상 9년 미만	100분의 32
9년 이상 10년 미만	100분의 36	9년 이상 10년 미만	100분의 36
10년 이상	100분의 40	10년 이상	100분의 40

✦ 조합원입주권을 양도하는 경우에는 관리처분계획인가 전 주택분의 양도차익으로 한정
✦ 1세대 1주택
  20~80%의 장기보유특별공제율을 적용받는 1세대 1주택이란 1세대가 양도일 현재 국내에 1주택(「소득세법」 제155조·제155조의2·제156조의2 및 그 밖의 규정에 따라 1세대 1주택으로 보는 주택을 포함)을 보유하고 보유기간 중 거주기간이 2년 이상인 것을 말한다.

③ 장기보유특별공제시 보유기간
  ㉠ 원칙: 당해 자산의 취득일부터 양도일까지
  ㉡ 배우자 또는 직계존비속으로부터 증여받은 자산으로서 이월과세특례 규정을 적용받는 자산의 경우: 증여한 배우자 또는 직계존비속이 당해 자산을 취득한 날부터 기산
  ㉢ 가업상속공제가 적용된 비율에 해당하는 자산의 경우: 피상속인이 해당 자산을 취득한 날부터 기산
  ㉣ 상속받은 자산을 양도하는 경우: 상속개시일부터 기산
  ㉤ 조합원입주권을 양도하는 경우: 기존건물과 그 부수토지의 취득일로부터 관리처분계획인가일까지의 기간

❷ 양도소득기본공제 21회, 22회, 24회, 28회

① 등기(미등기 제외)
② 자산의 종류 불문

③ 보유기간 불문
④ 소득별 각각 연 250만원 공제
　㉠ 부동산 등, 주식 또는 출자지분, 파생상품, 신탁수익권의 소득별로 공제
　㉡ 국내·국외자산의 소득별로 공제
⑤ 공제방법
　㉠ 양도소득금액에 감면소득금액이 있는 때에는 당해 감면소득금액 외의 양도소득금액에서 먼저 공제
　㉡ 감면소득금액 외의 양도소득금액 중에서는 순차로 공제
　㉢ 양도소득금액 범위 내에서 공제

3 대표 기출문제

제26회 출제

01 **소득세법상 건물의 양도에 따른 장기보유특별공제에 관한 설명으로 틀린 것은?**

① 100분의 70의 세율이 적용되는 미등기 건물에 대해서는 장기보유특별공제를 적용하지 아니한다.
② 보유기간이 3년 이상인 등기된 상가건물은 장기보유특별공제를 적용된다.
③ 1세대1주택 비과세요건을 충족한 고가주택(보유기간이 2년 6개월)이 과세되는 경우 장기보유특별공제가 적용된다.
④ 장기보유특별공제액은 건물의 양도차익에 보유기간별 공제율을 곱하여 계산한다.
⑤ 보유기간이 17년인 등기된 상가건물의 보유기간별 공제율은 100분의 30이다.

> **해설**
>
> 1세대1주택 요건을 충족한 고가주택인 경우에도 보유기간 2년 6개월이면 3년 미만 보유로서 장기보유특별공제를 적용하지 아니한다.
>
> 답 ③

02 **거주자 甲의 매매**(양도일: 2024.5.1.)**에 의한 등기된 토지 취득 및 양도에 관한 다음의 자료를 이용하여 양도소득세 과세표준을 계산하면?** (단, 법령에 따른 적격증명서류를 수취·보관하고 있으며, 주어진 조건 이외에는 고려하지 않음)

항목	기준시가	실지거래가액
양도가액	40,000,000원	67,000,000원
취득가액	35,000,000원	42,000,000원
추가사항	• 양도비용: 4,000,000원 • 보유기간: 2년	

① 18,500,000원   ② 19,320,000원   ③ 19,740,000원
④ 21,000,000원   ⑤ 22,500,000원

해설

토지 양도시 양도소득세 과세표준 계산
양도가액 67,000,000원
- 필요경비(취득가액 42,000,000원 + 양도비용 4,000,000원)
= 양도차익 21,000,000원
- 3년 미만 보유 이므로 장기보유특별공제는 공제되지 않음
= 양도소득금액 21,000,000원
- 기본공제 250만원
= 양도소득세 과세표준 18,500,000원

답 ①

4 출제 예상문제

01 다음은 「소득세법」상 양도소득세 계산을 위한 장기보유특별공제에 대한 설명 중 옳은 것은?

① 장기보유특별공제는 국내 소재 자산뿐만 아니라 국외 소재 자산의 양도시에도 해당 요건이 충족되면 공제가능하다.

② 동일 연도에 장기보유특별공제의 대상이 되는 자산을 수회 양도한 경우에도 공제요건에 해당하는 경우에는 소득별로 각각 공제한다.

③ 양도소득세가 과세되는 1세대 1주택의 장기보유특별공제금액은 양도차익에 보유기간별 공제율 및 거주기간별 공제율을 곱한 금액이다.

④ ③의 보유기간별 공제는 10년 이상을 보유한 경우에 최대 80%를 공제받을 수 있다.

⑤ ③의 거주기간별 공제는 2년을 거주한 경우에는 공제받을 수 없다.

해설 ✦ ① 장기보유특별공제는 국내 소재 자산의 양도에 한하여 적용한다.
② 동일 연도에 장기보유특별공제의 대상이 되는 자산을 수회 양도한 경우에도 공제요건에 해당하는 경우에는 양도자산별로 각각 공제한다.
④ 양도소득세가 과세되는 1세대 1주택에 대한 보유기간별 공제는 10년 이상을 보유한 경우에 보유연수에 4%씩 최대 40%를 공제받을 수 있다.
⑤ 양도소득세가 과세되는 1세대 1주택에 대한 거주기간별 공제는 2년을 거주한 경우에 거주연수에 4%를 적용하여 양도차익에 8%를 공제받을 수 있다.

정답 ✦ ③

02 양도소득세 비과세요건을 충족하는 1세대 1주택을 양도한 내용에서 장기보유특별공제액은 얼마인가? (단, 필요경비는 증빙이 있는 경우이며, 주어진 자료로만 계산함)

> ㉠ 1세대 1주택(등기)
> ㉡ 보유기간 및 거주기간: 각각 12년 3개월
> ㉢ 양도가액(실거래가액): 14억원
> ㉣ 필요경비: 7억원

① 2천만원   ② 8천만원   ③ 2억 8천만원

④ 5억 6천만원   ⑤ 11억 2천만원

해설 ✦ 양도 당시 실거래가액이 12억원을 초과하였으므로 고가주택에 해당
     ㉠ 전체 양도차익 = 양도가액(14억원) – 필요경비(7억원)
     ㉡ 고가주택의 양도차익(1억원) = 전체 양도차익(7억원) ×(14억원-12억원/14억원)
     ∴ 양도차익(1억원) × 80%(보유기간별 40% + 거주기간별 40%) = 장기보유특별공제액(8천만원)

정답 ✦ ②

03 양도소득세 과세표준 계산시 양도소득기본공제에 대한 내용으로 <u>틀린</u> 것은?

① 양도소득기본공제는 보유기간이 3년 이상인 자산에 한하여 적용된다.
② 미등기 양도자산에 대하여는 원칙적으로 양도소득기본공제를 적용하지 아니한다.
③ 자산을 4종류로 구분(부동산과 부동산에 관한 권리 및 기타 자산, 주식 및 출자지분, 파생상품, 신탁수익권)한 소득금액별로 각각 연 250만원씩을 공제한다.
④ 국외소재 부동산을 양도하는 경우에도 공제적용을 받을 수 있다.
⑤ 양도소득금액에 감면소득금액이 있는 때에는 해당 감면소득금액 외의 양도소득금액에서 먼저 공제하며, 감면소득금액 외의 양도소득금액 중에서는 순차로 공제한다.

해설 ✦ ① 양도소득기본공제는 양도자산의 종류나 보유기간에 관계없이 공제를 적용한다.

정답 ✦ ①

04 「**소득세법**」상 장기보유특별공제와 양도소득기본공제에 관한 설명으로 틀린 것은? (단, 거주자의 국내 소재 양도자산을 양도한 경우임)

① 보유기간이 3년 이상인 토지 및 건물(미등기 양도자산 제외)에 한정하여 장기보유특별공제가 적용된다.

② 1세대 1주택이라도 장기보유특별공제가 적용될 수 있다.

③ 장기보유특별공제액은 해당 자산의 양도차익에 보유기간별 공제율을 곱하여 계산한다.

④ 등기된 비사업용 토지를 양도한 경우 양도소득기본공제의 대상이 된다.

⑤ 장기보유특별공제 계산시 해당 자산의 보유기간은 그 자산의 취득일부터 양도일까지로 하지만 「소득세법」 제97조 제4항에 따른 배우자 또는 직계존비속간 증여재산에 대한 이월과세가 적용되는 경우에는 증여한 배우자 또는 직계존비속이 해당 자산을 취득한 날 부터 기산한다.

해설 ✦ ① 장기보유특별공제액이란 토지와 건물(미등기 양도자산 제외)로서 보유기간이 3년 이상인 것 및 부동산을 취득할 수 있는 권리 중 조합원입주권(조합원으로부터 취득한 것은 제외)에 대하여 그 자산의 양도차익(조합원입주권을 양도하는 경우에는 「도시 및 주거환경정비법」 제48조에 따른 관리처분계획 인가 전 주택분의 양도차익으로 한정)에 보유기간별 공제율을 곱하여 계산한 금액을 말한다.

정답 ✦ ①

1 출제예상과 학습포인트

✦ 최근 기출회수
21회, 23회, 25회, 29회, 31회, 32회, 33회

✦ 35회 출제 예상
최근 32회와 33회에서 연속 출제되었다. 35회에 출제될 가능성은 70% 이상이다.

✦ 35회 중요도
★★

✦ 학습범위
고가주택의 양도차익 계산, 부담부 증여시 양도차익 계산, 배우자 또는 직계존비속간의 이월과세 특례 , 부당행위계산
부인 특례 등의 주요내용을 비교 정리하여야 한다.

✦ 학습방법
이 부분은 양도소득세에서 가장 어려운 부분으로서, 우선적으로 고가주택의 안분계산방법과 증여이월과세 및 부당행
위계산부인요건과 계산방법을 먼저 정리한 후에 부담부 증여의 양도차익 계산방법을 정리하면 되고, 가업상속공제특
례 등은 무시하여도 무방하다.

✦ 핵심쟁점
❶ 비과세 요건을 충족한 고가주택의 양도차익과 장기보유특별공제금액
❷ 부담부 증여의 취득가액과 양도차익의 계산
❸ 배우자·직계존비속간의 증여이월과세
❹ 부당행위계산부인의 의의와 고가양수·저가양도의 양도차익 계산
❺ 증여후 양도와 증여이월과세와의 비교

2 핵심 내용

❶ 부담부증여의 경우 양도차익 계산 23회, 30회

① 부담부증여에 대한 양도가액과 취득가액 계산

- 양도가액 = 양도 당시의 자산의 가액 $\times \dfrac{\text{채무액}}{\text{증여가액}}$

- 취득가액 = 취득 당시의 자산의 가액 $\times \dfrac{\text{채무액}}{\text{증여가액}}$

② 과세대상에 해당하지 아니하는 자산을 함께 부담부증여하는 경우

$$\text{채무액} = \text{총채무액} \times \dfrac{\text{양도소득세 과세대상 자산가액}}{\text{총 증여자산가액}}$$

❷ 고가주택 및 조합원입주권에 대한 양도차익 등의 계산 - 1세대 1주택 비과세 요건을 갖춘 경우

양도소득세가 과세되는 고가주택(하나의 건물이 주택과 주택 외의 부분으로 복합되어 있는 경우와 주택에 딸린 토지에 주택 외의 건물이 있는 경우에는 주택 외의 부분은 주택으로 보지 않는다) 및 양도소득의 비과세대상에서 제외되는 조합원입주권에 해당하는 자산의 양도차익 및 장기보유특별공제액은 다음의 산식으로 계산한 금액으로 한다.

① 고가주택에 해당하는 자산에 적용할 양도차익 28회, 29회, 31

$$\text{고가주택의 양도차익} = \text{전체 양도차익} \times \dfrac{\text{양도가액} - 12\text{억원}}{\text{양도가액}}$$

② 고가주택에 해당하는 자산에 적용할 장기보유특별공제액

$$\text{고가주택의 장기특별공제액} = \text{전체 장기보유특별공제액} \times \dfrac{\text{양도가액} - 12\text{억원}}{\text{양도가액}}$$

> * 고가주택의 겸용주택은 주택과 주택외 부분을 분리하여 과세한다.
> * 실거래가가 12억원을 초과하는 조합원입주권도 고가주택과 동일한 방식으로 양도소득금액을 계산한다.

234

❸ 양도소득금액의 구분계산 등

(1) 다음의 양도소득금액은 구분하여 계산하고 각 소득금액을 계산할 때 발생하는 결손금은 이를 다른 소득금액과 통산하지 않는다.

① 토지·건물·부동산에 관한 권리 및 기타자산의 양도소득금액

② 주권상장법인주식·코스닥상장법인주식 및 비상장주식의 양도소득금액

③ 파생상품의 양도소득금액

④ 신탁수익권 양도소득금액

(2) 결손금의 공제(통산)

① 세율별 공제 우선: 자산별 양도차손은 같은 세율이 적용되는 자산의 양도소득금액에서 먼저 통산한 후 미공제분은 다른 세율이 적용되는 자산의 양도소득금액에서 통산한다.

② 미공제분의 처리

㉠ 세율별 공제에 의하여 공제되지 못한 결손금(양도차손)은 소멸된다.

㉡ 미공제된 결손금을 종합소득금액·퇴직소득금액에서 공제할 수 없다.

㉢ 다음 연도 과세기간으로 이월공제도 받을 수 없다.

✦ 단, 부동산임대소득의 결손금은 이월공제 가능하다.

❹ 배우자 또는 직계존비속간 증여받은 자산에 대한 이월과세 21회, 25회, 31회, 32회

(1) 의의

「상속세 및 증여세법」의 10년간 6억원의 배우자 증여공제액규정을 악용하여 먼저 배우자에게 증여한 후 단기간 내에 이를 제3자에게 양도함으로써 양도소득세의 회피목적을 방지하기 위한 제도이다.

(2) 적용요건

① 배우자 또는 직계존비속으로부터 증여받은 자산을 수증일로부터 10년 이내에 제3자에게 양도하여야 한다.

② 토지·건물·부동산을 취득할 수 있는 권리, 특정시설물이용·회원권에 한하여 적용한다.

③ 이월과세는 조세부담의 부당한 감소 여부와 관계없이 적용한다는 점에서 부당행위계산의 부인과는 다르다.

④ 양도 당시 혼인관계가 소멸된 경우에는 특례를 적용하되 사망으로 혼인관계가 소멸된 경우에는 이월과세특례를 적용하지 않는다.

> **보충** 적용이 제외되는 경우
>
> ㉠ 사업인정고시일로부터 소급하여 2년 이전에 증여받은 경우로서 법률에 따라 수용된 경우
> ㉡ 증여이월과세규정을 적용할 경우 1세대 1주택의 비과세 양도에 해당하게 되는 경우
> ㉢ 위 ㉡의 경우에 양도소득의 비과세대상에서 제외되는 고가주택을 양도하는 경우
> ㉣ 증여이월과세규정을 적용하여 계산한 양도소득 결정세액이 증여이월과세규정을 적용하지 아니하고 계산한 양도소득 결정세액보다 적은 경우

(3) 이월과세 효과

① **납세의무자**: 증여받은 배우자 및 직계존비속이 양도한 것이므로 수증자가 납세의무자이다(증여자와 수증자의 연대납세의무 ×).

② **증여세 처리**: 이 경우 수증자가 증여받은 자산에 대하여 납부하였거나 납부할 증여세 상당액은 필요경비에 산입한다.

③ **양도소득세계산**: 당초 증여한 배우자 또는 직계존비속의 취득시기를 기준으로 취득가액, 장기보유특별공제, 세율을 판단한다.

❺ 양도소득의 부당행위계산 부인

(1) 의의

납세지 관할 세무서장 또는 지방국세청장은 양도소득이 있는 거주자의 행위 또는 계산이 그 거주자의 특수관계인과의 거래로 인하여 그 소득에 대한 조세의 부담을 부당하게 감소시킨 것으로 인정되는 경우에는 그 거주자의 행위 또는 계산과 관계없이 해당 과세기간의 소득금액을 계산할 수 있으며, 다음의 경우가 이에 해당한다.

㉠ (특수관계자간) 증여 후 우회양도
㉡ (특수관계자간) 저가양도 및 고가양수

(2) 유형

① 증여 후 우회양도의 경우

㉠ **적용요건**: 거주자가 특수관계인(증여자산에 대한 이월과세 규정을 적용받는 배우자 및 직계존비속의 경우 제외)에게 자산을 증여한 후 그 자산을 증여받은 자가 그 증여일부터 10년 이내에 다시 타인에게 양도한 경우로서 ⓐ에 따른 세액이 ⓑ에 따른 세액보다 적은 경우에는 증여자가 그 자산을 직접 양도한 것으로 본다. 다만, 양도소득이 해당 수증자에게 실질적으로 귀속된 경우에는 그러하지 아니한다.

ⓐ 증여받은 자의 증여세(「상속세 및 증여세법」에 따른 산출세액에서 공제·감면세액을 뺀 세액)와 양도소득세(법에 따른 산출세액에서 공제·감면세액을 뺀 결정세액)를 합한 세액
ⓑ 증여자가 직접 양도하는 경우로 보아 계산한 양도소득세

ⓒ 적용되지 않는 경우

ⓐ 배우자 또는 직계존비속간 증여재산의 이월과세 규정과 중복되는 경우
ⓑ 수증자가 부담하는 증여세와 양도소득세의 합계액이 당초 증여자가 직접 양도하는 것으로 가정하여 계산한 양도소득세보다 큰 경우

ⓒ 효과
ⓐ 양도소득세 납세의무자: 당초 증여자가 그 자산을 직접 양도한 것으로 본다. 다만, 양도소득이 해당 수증자에게 실질적으로 귀속된 경우에는 수증자가 납세의무자가 된다.
ⓑ 양도소득세의 계산: 당초 증여자가 해당 자산을 취득한 날부터 양도일까지를 보유기간으로 하여 필요경비, 장기보유특별공제, 세율 등을 계산한다.
ⓒ 증여세의 필요경비 포함 여부: 증여자에게 양도소득세가 과세되는 경우에는 당초 증여받은 자산에 대해서는 「상속세 및 증여세법」의 규정에도 불구하고 증여세를 부과하지 아니한다(.
ⓓ 연대납세의무 여부: 증여자와 수증자는 연대납세의무를 진다.
② 자산의 저가양도·고가양수의 경우
㉠ 특수관계 있는 자와의 거래에 있어서 토지 등을 시가를 초과하여 취득하거나 시가에 미달하게 양도함으로써 조세의 부담을 부당히 감소시킨 것으로 인정되는 때에는 그 거주자의 행위 또는 계산과 관계없이 그 취득가액 또는 양도가액을 시가에 의하여 계산한다.
㉡ ㉠과 같은 저가양도 및 고가양수의 부인 규정의 적용시에 조세의 부담을 부당히 감소시킨 것으로 인정되는 때에 적용된다. 즉, 시가와 거래가액의 차액이 3억원 이상이거나 시가의 100분의 5에 상당하는 금액 이상인 경우에 한하여 적용한다
㉢ 이 경우 시가는 「상속세 및 증여세법」 규정을 준용하여 평가한 가액에 의한다.
③ 기타 조세의 부담을 부당하게 감소시킨 것으로 인정되는 경우

❻ 이월과세특례와 부당행위계산부인특례

구분	배우자 등 증여재산에 대한 이월과세	특수관계자간 증여재산에 대한 부당행위계산의 부인
증여자와 수증자와의 관계	배우자 및 직계존비속	특수관계자(이월과세 규정이 적용되는 배우자 및 직계존비속 제외)
적용대상 자산	토지, 건물, 특정시설물이용권, 부동산을 취득할 수 있는 권리	양도소득세 과세대상 자산
수증일로부터 양도일까지의 기간	증여 후 10년 이내 (등기부상 소유기간)	증여 후 10년 이내(등기부상 소유기간)
납세의무자	수증받은 배우자 및 직계존비속	당초 증여자(직접 양도한 것으로 간주)
기납부 증여세의 처리	양도차익 계산상 필요경비로 공제 ○	양도차익 계산상 필요경비로 공제 ×
연대납세의무 규정	없음	당초 증여자와 수증자가 연대납세의무 ○
조세 부담의 부당한 감소 여부	조세 부담의 부당한 감소가 없어도 적용	조세 부담이 부당히 감소된 경우에만 적용 ① (특수관계자) 증여 후 우회양도: 수증자가 부담하는 증여세와 양도소득세를 합한 금액이 당초 증여자가 직접 양도하는 경우로 보아 계산한 양도소득세보다 적은 경우 ② (특수관계자) 저가양도·고가양수: 시가와 거래가액의 차액이 시가의 5%에 상당하는 금액 이상이거나 3억원 이상인 경우
취득가액의 계산	증여한 배우자 또는 직계존비속의 취득 당시를 기준	증여자의 취득 당시를 기준
장기보유특별공제 및 세율 적용시 보유기간 계산	증여한 배우자 또는 직계존비속의 취득일부터 양도일까지의 기간을 보유기간으로 함	증여자의 취득일부터 양도일까지의 기간을 보유기간으로 함

3 대표 기출문제

제33회 출제

01 거주자 甲은 2018. 10. 20. 취득한 토지(취득가액 1억원, 등기함)를 동생인 거주자 乙(특수관계인임)에게 2021. 10. 1. 증여(시가 3억원, 등기함)하였다. 乙은 해당 토지를 2024. 6. 30. 특수관계가 없는 丙에게 양도(양도가액 10억원)하였다. 양도소득은 乙에게 실질적으로 귀속되지 아니하고, 乙의 증여세와 양도소득세를 합한 세액이 甲이 직접 양도하는 경우로 보아 계산한 양도소득세보다 적은 경우에 해당한다. 소득세법상 양도소득세 납세의무에 관한 설명으로 틀린 것은?

① 乙이 납부한 증여세는 양도차익 계산 시 필요경비에 산입한다.

② 양도차익 계산 시 취득가액은 甲의 취득 당시를 기준으로 한다.

③ 양도소득세에 대해서는 甲과 乙이 연대하여 납세의무를 진다.

④ 甲은 양도소득세 납세의무자이다.

⑤ 양도소득세 계산 시 보유기간은 甲의 취득일부터 乙의 양도일까지의 기간으로 한다.

해설

① 부당행위계산 부인 특례 중에서 특수관계자간의 증여 후 우회양도의 경우에는 수증자가 부담하는 증여세는 필요경비에 포함하지 않는다.

답 ①

02 「소득세법」상 거주자의 국내자산 양도소득세 계산에 관한 설명으로 옳은 것은?

① 부동산에 관한 권리의 양도로 발생한 양도차손은 토지의 양도에서 발생한 양도소득금액에서 공제할 수 없다.

② 양도일부터 소급하여 10년 이내에 그 배우자로부터 증여받은 토지의 양도차익을 계산할 때 그 증여받은 토지에 대하여 납부한 증여세는 양도가액에서 공제할 필요경비에 산입하지 아니한다.

③ 취득원가에 현재가치할인차금이 포함된 양도자산의 보유기간 중 사업소득금액 계산시 필요경비로 산입한 현재가치할인차금상각액은 양도차익을 계산할 때 양도가액에서 공제할 필요경비로 본다.

④ 특수관계인에게 증여한 자산에 대해 증여자인 거주자에게 양도소득세가 과세되는 경우 수증자가 부담한 증여세 상당액은 양도가액에서 공제할 필요경비에 산입한다.

⑤ 거주자가 특수관계인과의 거래(시가와 거래가액의 차액이 5억원임)에 있어서 토지를 시가에 미달하게 양도함으로써 조세의 부담을 부당히 감소시킨 것으로 인정되는 때에는 그 양도가액을 시가에 의하여 계산한다.

> **해설**
>
> ⑤ 부당행위계산 부인 규정에 해당하므로 그 양도가액을 시가에 의하여 계산한다.
> ① 부동산에 관한 권리의 양도로 발생한 양도차손은 토지의 양도에서 발생한 양도소득금액에서 공제할 수 있다.
> ② 양도일부터 소급하여 10년 이내에 그 배우자로부터 증여받은 토지의 양도차익을 계산할 때 그 증여받은 토지에 대하여 납부한 증여세는 양도가액에서 공제할 필요경비에 산입한다.
> ③ 취득원가에 현재가치할인차금이 포함된 양도자산의 보유기간 중 사업소득금액 계산시 필요경비로 산입한 현재가치할인차금상각액은 양도차익을 계산할 때 양도가액에서 공제할 필요경비에서 제외한다.
> ④ 특수관계인에게 증여한 자산에 대해 증여자인 거주자에게 양도소득세가 과세되는 경우 수증자가 부담한 증여세 상당액은 양도가액에서 공제할 필요경비에 산입하지 아니한다.
>
> 답 ⑤

4   출제 예상문제

01 양도소득세 과세기간 중 양도한 자산에 양도차손이 발생하거나 양도소득금액이 발생한 경우를 통산하여 계산한 설명으로 **틀린** 것은?

① 토지를 양도함으로써 발생하는 양도차손은 신탁수익권을 양도함으로써 발생하는 양도소득 금액과 통산할 수 없다.

② 건물을 양도함으로써 발생하는 양도차손은 지상권을 양도함으로써 발생하는 양도소득금액 과 통산한다.

③ 골프회원권을 양도함으로써 발생하는 양도차손은 비상장주식을 양도함으로써 발생하는 양 도소득금액과 통산한다.

④ 자산종류별 양도차손은 같은 세율이 적용되는 자산의 양도소득금액에서 먼저 통산한 후 미 공제분은 다른 세율이 적용되는 자산의 양도소득금액에서 통산한다.

⑤ 각 양도자산에서 발생한 양도차손과 양도소득금액을 통산한 후 남은 결손금이 발생한 경우 에는 이월하지 않고 소멸된다.

해설 ✦ ③ 골프회원권을 양도함으로써 발생하는 양도차손은 비상장주식을 양도함으로써 발생하는 양도소득금액과 통산하 지 아니한다.

정답 ✦ ③

02 甲이 2022년 3월 5일 특수관계자인 乙로부터 토지를 3억 1천만원(시가 3억원)에 취득하여 2024년 10월 5일 특수관계자인 丙에게 그 토지를 5억원(시가 5억 6천만원)에 양도한 경우 甲의 양도소득금액은 얼마인가? (단, 토지는 등기된 국내 소재의 「소득세법」상 토지이고 취득가액 외 의 필요경비는 없으며, 甲·乙·丙은 거주자이고 배우자 및 직계존비속 관계는 아님)

① 1억 7,100만원　　　② 1억 9천만원　　　③ 2억 2,500만원
④ 2억 5천만원　　　⑤ 2억 6천만원

해설 ✦ ④ 특수관계에 있는 자와의 거래에 있어서 토지 등을 시가를 초과하여 취득하거나 시가에 미달하게 양도함으로써 조세 부담을 부당히 감소시킨 것으로 인정되는 경우에는 그 취득가액 또는 양도가액을 부인하고 시가에 의하여 재계산한다. 이 경우 시가와 거래가액의 차액이 시가의 5%에 상당하는 금액 이상이거나 3억원 이상인 경우에 한한다.

- 취득가액: 실거래가액 3억 1천만원(시가 3억원)
  ⇨ 실거래가액과 시가와의 차이(1천만원)가 3억원과 시가의 5%(1,500만원)에 미달하므로 부당행위가 적용되지 않는다. 따라서 취득가액은 실거래가액인 3억 1천만원이다.
- 양도가액: 실거래가액 5억원(시가 5억 6천만원)
  ⇨ 실거래가액과 시가와의 차이(6천만원)가 3억원에는 미달하지만 시가의 5%(2,800만원) 이상에 해당하므로 부당행위계산 부인 규정이 적용되어 실거래가액을 부인하고 시가로 재계산한다. 따라서 양도가액은 시가인 5억 6천만원이다.
- 양도차익: 양도가액(5억 6천만원) − 취득가액(3억 1천만원) = 2억 5천만원
- 양도소득금액: 3년 미만 보유한 토지에 해당하므로 장기보유특별공제는 없다. 따라서 양도차익이 곧 양도소득금액이다.

정답 ✦ ④

03 「소득세법」상 거주자 甲이 2017년 1월 20일에 취득한 건물(취득가액 3억원)을 甲의 배우자 乙에게 2023년 3월 5일자로 증여(해당 건물의 시가 8억원)한 후, 乙이 2024년 5월 20일에 해당 건물을 甲·乙의 특수관계인이 아닌 丙에게 10억원에 매도하였다. 해당 건물의 양도소득세에 관한 설명으로 옳은 것은? (단, 취득·증여·매도의 모든 단계에서 등기를 마침)

① 양도소득세 납세의무자는 甲이다.
② 양도소득금액 계산시 장기보유특별공제가 적용된다.
③ 양도차익 계산시 양도가액에서 공제할 취득가액은 8억원이다.
④ 乙이 납부한 증여세는 양도소득세 납부세액 계산시 세액공제된다.
⑤ 양도소득세에 대하여 甲과 乙이 연대하여 납세의무를 진다.

해설 ✦ 배우자로부터 증여받아 10년 이내에 부동산을 양도하는 경우 배우자 및 직계존비속간 이월과세 규정이 적용된다. 이월과세 규정이 적용되는 경우 다음과 같은 특징을 가지고 있다.

- 양도소득세 납세의무자는 증여받은 배우자(乙)및 직계존비속이다.
- 양도차익 계산시 양도가액에서 공제할 취득가액은 증여한 배우자(甲) 및 직계존비속의 취득가액(3억원)으로 한다.
- 기납부한 증여세는 필요경비에 산입하여 양도차익 계산시 공제된다.
- 장기보유특별공제 적용시 보유기간은 증여한 배우자(甲) 및 직계존비속이 취득한 날(2017년 1월 20일)로부터 양도일(2024년 5월 20일)까지로 한다. 즉, 장기보유특별공제를 받을 수 있다.
- 증여자와 수증자는 연대납세의무가 없다.

정답 ✦ ②

04 다음 보기의 거주자가 1세대 1주택 비과세요건을 충족한 고가주택을 양도한 경우에 대한 설명으로 옳은 것은? (단, 다른조건은 고려하지 않음)

- 양도일 현재 국내 소재 등기된 1세대 1주택으로서 5년 보유 및 5년 거주한 주택
- 양도가액: 실지거래가액 15억원(기준시가 12억원)
- 필요경비: 10억원
- 해당 과세기간 중에 다른 양도자산은 없음

---

① 비과세 - 가능

② 양도차익 - 5억원

③ 양도소득금액 - 6,000만원

④ 양도소득과세표준 - 3,750만원

⑤ 세율 - 60%

해설 ✦ ③ 양도소득금액

= 양도차익(1억원) - 장기보유특별공제액(1억원 × 40%)

= 6,000만원

① 고가주택은 비과세가 배제된다.

② 고가주택(1세대 1주택 비과세 요건을 갖춤)의 양도차익 계산

㉠ 전체 양도차익(5억원) = 양도가액(15억원) - 필요경비(10억원)

㉡ 고가주택의 양도차익(1억원) = 전체 양도차익(5억원) × (15억원 -12억원/ 15억원)

④ 양도소득과세표준

= 양도소득금액(6,000만원) - 양도소득기본공제액(250만원) = 5,750만원

⑤ 세율은 2년 이상이므로 6~45% 8단계 초과누진세율이 적용된다.

정답 ✦ ③

✦ 최근 기출회수

　21회, 22회, 27회, 29회, 30회, 32회, 34회

✦ 35회 출제 예상

　2년 마다 1번씩은 출제될 수 있는 부분으로서, 34회 시험에서 양도소득세 세율이 출제되었다. 35회 시험에서 출제될 가능성은 60% 이상이다.

✦ 35회 중요도

　★★

✦ 학습범위

　과세대상 종류별로 세율을 정확히 숙지하여야 한다. 다만, 주식이나 파생상품의 세율은 생략해도 무방하다.

✦ 학습방법

　양도소득세 세율은 과세대상 종류, 등기여부, 보유기간, 과세표준금액에 따른 세율을 구분하여 숙지하여야 하며, 미등기 양도시 불이익 사항과 등기의제하는 경우를 정확히 알아야 한다.

✦ 핵심쟁점

　❶ 과세대상 종류별 양도소득세 세율
　❷ 세율 적용시 보유기간의 계산
　❸ 조정대상지역의 다주택자에 대한 중과세와 유예
　❹ 미등기양도시 불이익 및 미등기양도 제외의 경우(등기의제하는 경우)

❶ **부동산 등의 세율** 19회, 27회, 30회, 34회

(1) 세율

① **세율구조:** 차등비례세율, 초과누진세율

② **세율적용:** 하나의 자산이 다음에 따른 세율 중 둘 이상에 해당할 때에는 해당 세율을 적용하여 계산한 양도소득산출세액 중 큰 것을 그 세액으로 한다.

③ 토지·건물(주택 제외) 및 부동산에 관한 권리(조합원입주권 및 주택분양권 제외)

구분		세율
미등기 양도자산		70%
등기 양도자산	원칙	6~45% 8단계 초과누진세율 [비사업용 토지: (6~45%) + 10%]
	1년 미만 보유	50%
	1년 이상 2년 미만 보유	40%

④ 주택 및 조합원입주권, 주택분양권

과세대상에 따른 구분			세율
주택 및 조합원입주권		미등기	70%
	등기	1년 미만 보유	70%
		1년 이상 2년 미만 보유	60%
		2년 이상 보유	6~45% 8단계 초과누진세율
주택 분양권		1년 미만 보유	70%
		1년 이상 보유	60%

⑤ 조정대상지역 내 1세대 2주택 및 3주택 세율: 2022년 5월 10일부터 2024년 5월 9일까지 2년 보유한 후 양도하는 경우에는 6%~45%의 기본세율을 적용한다.

⑥ 기타 자산: 보유기간 관계없이 6~45% 초과누진세율

⑦ 신탁수익권: 3억원 이하 20%, 3억원 초과 25%의 초과누진세율 적용

❷ 양도소득세율 적용시 보유기간 21회

양도소득세율을 적용함에 있어서 보유기간은 해당 자산의 취득일부터 양도일까지로 한다. 다만, 다음에 해당하는 경우에는 각각 그 정한 날을 그 자산의 취득일로 본다.

① 상속받은 자산에 대한 보유기간의 계산은 피상속인이 그 자산을 취득한 날

② 배우자 또는 직계존비속으로부터 증여받은 자산으로서 이월과세특례규정을 적용받는 자산의 경우에는 증여자가 그 자산을 취득한 날

❸ 기간계산의 기산점

구분	양도 및 취득시기	장기보유특별공제 적용 보유기간	양도소득세율 적용 보유기간
상속	상속개시일	상속개시일	피상속인 취득일
증여	증여받은 날	증여받은 날	증여받은 날
증여특례	증여자의 취득일	증여자의 취득일	증여자의 취득일

❹ 비사업용 토지 관련 양도소득세

① 등기되고 2년 이상 보유한 경우에 기본세율(6~45%)에 10% 추가세율을 적용한다.
② 장기보유특별공제 공제대상이 될 수 있다.
③ 양도소득기본공제가 적용될 수 있다.
④ 지정지역 내 비사업용 토지는 기본세율[(6~45%) + 10%]에 10%를 가산한 세율을 적용한다. 이 경우 해당 부동산 보유기간이 2년 미만인 경우에는 기본세율[(6~45%) + 10%]에 10%를 가산한 세율을 적용하여 계산한 양도소득 산출세액과 40% 또는 50%의 세율을 적용하여 계산한 양도소득 산출세액 중 큰 세액을 양도소득 산출세액으로 한다.

❺ 미등기 양도자산 21회, 27회, 29회, 32회

① 실지거래가액으로 양도차익 계산
② 장기보유특별공제·기본공제적용 배제
③ 최고세율(70%)적용
④ 비과세 배제 및 감면적용 배제
✦ 미등기 양도자산의 경우에도 필요경비개산공제(0.3%)는 적용한다.

> **참고** 미등기 양도자산으로 보지 않는 경우
>
> 다음 중 어느 하나에 해당하는 경우에는 미등기임에도 불구하고 등기의제하여 불이익을 적용하지 아니한다.
> • 비과세대상 농지(교환과 분합)
> • 감면대상 농지(8년 이상 자경농지, 일정한 대토농지)
> • 장기할부조건으로 취득한 자산으로서 그 계약조건에 의하여 양도 당시 그 자산의 취득에 관한 등기가 불가능한 자산
> • 법률의 규정이나 법원의 결정에 의하여 양도 당시 그 자산에 대한 등기가 불가능한 자산
> • 1세대 1주택으로서 「건축법」에 의한 건축허가를 받지 아니하여 등기가 불가능한 자산

- 「도시개발법」에 따른 도시개발사업이 종료되지 아니하여 토지 취득등기를 하지 아니하고 양도하는 토지
- 건설업자가 「도시개발법」에 따라 공사용역 대가로 취득한 체비지를 토지구획환지처분공고 전에 양도하는 토지

3 대표 기출문제

01 소득세법령상 거주자의 양도소득과세표준에 적용되는 세율에 관한 내용으로 옳은 것은? (단, 국내소재 자산을 2024년에 양도한 경우로서 주어진 자산 외에 다른 자산은 없으며, 비과세와 감면은 고려하지 않음)

① 보유기간이 6개월인 등기된 상가건물: 100분의 40
② 보유기간이 10개월인 「소득세법」에 따른 분양권: 100분의 70
③ 보유기간이 1년 6개월인 등기된 상가건물: 100분의 30
④ 보유기간이 1년 10개월인 「소득세법」에 따른 조합원입주권: 100분의 70
⑤ 보유기간이 2년 6개월인 「소득세법」에 따른 분양권: 100분의 50

해설

① 보유기간이 6개월인 등기된 상가건물은 100분의 50의 세율이 적용된다.
② 보유기간이 1년 미만인 소득세법」에 따른 분양권은 100분의 70의 세율이 적용되므로 옳은 지문이다.
③ 보유기간이 1년 6개월인 등기된 상가건물은 100분의 40의 세율이 적용된다.
④ 보유기간이 1년 10개월인「소득세법」에 따른 조합원입주권은 100분의 60의 세율이 적용된다.
⑤ 보유기간이 2년 6개월인「소득세법」에 따른 분양권은 100분의 60의 세율이 적용된다.

답 ②

제32회 출제

02 **소득세법 미등기양도자산**(미등기양도제외자산 아님)**인 상가건물의 양도에 관한 내용으로 옳은 것을 모두 고른 것은?**

> ㄱ. 양도소득세율은 양도소득 과세표준의 100분의 70
> ㄴ. 장기보유특별공제 적용 배제
> ㄷ. 필요경비개산공제 적용 배제
> ㄹ. 양도소득기본공제 적용 배제

① ㄱ, ㄴ, ㄷ   ② ㄱ, ㄴ, ㄹ   ③ ㄱ, ㄷ, ㄹ
④ ㄴ, ㄷ, ㄹ   ⑤ ㄱ, ㄴ, ㄷ, ㄹ

해설

미등기양도인 경우에도 양도차익 계산시 양도가액에서 필요경비개산공제액 또는 실지필요경비를 차감한다.

답 ②

4 출제 예상문제

01 **2024년도에 부동산을 양도하는 경우 양도소득세의 세율에 관한 설명 중 옳은 것은?** (단, 조정대상지역내 양도는 아니며, 비례세율을 적용한 산출세액은 초과누진세율을 적용하여 계산한 산출세액보다 크다고 가정함)

① 미등기 양도자산에 대한 세율은 60%이다.

② 1년 미만 보유한 토지·건물(주택 제외)에 대한 세율은 50%이나, 1년 미만 보유한 부동산에 관한 권리(조합원입주권 및 주택분양권 제외)에 대한 세율은 40%이다.

③ 2년 이상 보유한 토지·건물(주택 제외)의 과세표준이 1,400만원 이하인 경우의 세율은 15%이다.

④ 하나의 자산이 법령에 따른 세율 중 둘 이상에 해당할 때에는 해당 세율을 적용하여 계산한 양도소득산출세액 중 큰 것을 그 세액으로 한다.

⑤ 1년 이상 2년 미만 보유한 주택 및 조합원입주권에 대한 세율은 과세표준의 크기에 관계없이 40%이다.

해설 ✦ ① 미등기 양도자산의 양도소득세율은 70%의 비례세율이 적용된다.
② 보유기간이 1년 미만인 등기된 토지·건물(주택 제외)·부동산에 관한 권리(조합원입주권 및 주택분양권 제외)의 양도소득세율은 50%의 비례세율이다.
③ 2년 이상인 등기된 토지·건물(주택 제외)·부동산에 관한 권리(조합원입주권 및 주택분양권 제외)의 양도소득세율은 8단계 초과누진세율(6~45%)이다. 즉, 과세표준금액이 1,400만원 이하인 경우에는 6%의 세율이 적용된다(2023년 개정안). 다만, 비사업용 토지는 기본세율(6~45%) + 10% 추가세율을 적용하여 16~55%의 세율이 적용된다.
⑤ 주택 및 조합원입주권의 경우 1년 미만 보유하고 양도하는 경우에는 70%, 1년 이상 2년 미만 보유하고 양도하는 경우 60%, 2년 이상 보유하고 양도하는 경우에는 6~ 45% 8단계 초과누진세율이 적용된다.

정답 ✦ ④

02 「소득세법」상 양도소득세의 기간 계산에 대하여 설명한 내용으로 <u>틀린</u> 것은?

① 원칙적으로 보유기간은 당해 자산의 취득일로부터 양도일까지로 한다.
② 세율 적용시 상속에 의한 경우 보유기간은 피상속인이 취득한 날로부터 양도일까지로 한다.
③ 장기보유특별공제대상 자산의 보유기간 계산시 당해 자산이 상속에 의한 취득의 경우에는 당해 자산을 피상속인이 취득한 날로부터 기산하여 양도일까지로 한다.
④ 배우자 및 직계존비속간 이월과세에 해당하는 경우 장기보유특별공제와 세율에 대한 보유기간 기산일은 동일하다.
⑤ 증여 후 양도행위부인 규정의 적용을 받는 경우 보유기간은 증여자가 해당 자산을 취득한 날로부터 기산한다.

해설 ✦ ③ 상속에 의하여 취득한 자산에 대한 보유기간은 상속개시일로부터 기산한다. 다만, 세율 적용시에만 피상속인이 취득한 날부터 기산한다.

정답 ✦ ③

03 「소득세법」상 미등기 양도자산에 관한 설명으로 옳은 것은? 제29회

① 미등기 양도자산도 양도소득에 대한 소득세의 비과세에 관한 규정을 적용할 수 있다.

② 건설업자가 「도시개발법」에 따라 공사용역 대가로 취득한 체비지를 토지구획환지처분공고 전에 양도하는 토지는 미등기 양도자산에 해당하지 않는다.

③ 미등기 양도자산의 양도소득금액 계산시 양도소득기본공제를 적용할 수 있다.

④ 미등기 양도자산의 양도소득세 산출세액에 100분의 70을 곱한 금액을 양도소득 결정세액에 더한다.

⑤ 미등기 양도자산의 양도소득금액 계산시 장기보유특별공제를 적용할 수 있다.

해설 ✦ ① 미등기 양도자산도 양도소득에 대한 소득세의 비과세 및 「조세특례제한법」상 감면에 관한 규정 적용을 배제한다.
　　③⑤ 미등기 양도자산의 양도소득금액 계산시 장기보유특별공제와 양도소득기본공제를 적용을 배제한다.
　　④ 미등기 양도자산의 양도소득세 과세표준금액에 100분의 70을 곱한 금액을 양도소득 결정세액에 더한다.

정답 ✦ ②

1 **출제예상과 학습포인트**

✦ 최근 기출회수

21회, 22회, 25회, 26회, 27회, 29회, 31회, 33회

✦ 35회 출제 예상

개별문제와 종합문제의 개별 보기지문으로 자주 출제되는 부분으로서, 35회에 출제될 가능성은 90% 이상이다.

✦ 35회 중요도

★★★

✦ 학습범위

예정신고납부와 확정신고납부를 비교하며 정리하여야 한다. 신고기한, 가산세, 물납 및 분할납부 등의 핵심내용을 숙지하여야 한다.

✦ 학습방법

예정신고납부기한과 확정신고납부기한을 정확히 숙지하여야 하며, 가산세, 감정가액 또는 환산취득가액 적용에 따른 가산세 등의 주요 내용을 알아야 한다.

✦ 핵심쟁점

❶ 양도소득과세표준 예정신고·납부 대상자, 신고·납부기한 및 신고·납부를 다 한 경우와 다하지 아니한 경우의 가산세 부과

❷ 예정신고·납부에 대한 가산세와 확정신고 시의 신고 또는 수정신고에 따른 가산세의 감면

❸ 감정가액 또는 환산취득가액 적용에 따른 가산세

❹ 분납대상자와 분납기한 및 분납가능세액의 계산

2 핵심 내용

❶ 양도소득과세표준 예정신고납부 및 확정신고납부 22회, 26회, 27회, 29회, 31회, 33회

예정신고	확정신고
① 신고기간 　㉠ 부동산 등: 양도일이 속하는 달의 말일부터 2월 이내 　㉡ 주식 또는 출자지분: 양도일이 속하는 반기의 말일부터 2월 이내 　㉢ 토지거래허가구역 내 토지 　　ⓐ 허가일 전에 대금청산한 경우: 허가일이 속하는 달의 말일부터 2월 이내 　　ⓑ 허가 전에 허가구역지정이 해제된 경우: 해제일이 속하는 달의 말일부터 2월 이내 　㉣ 부담부증여의 채무액에 해당하는 부분으로서 양도로 보는 경우: 그 양도일이 속하는 달의 말일부터 3개월 ② 양도차익이 없거나 양도차손이 발생한 경우에도 예정신고하여야 함 ③ 기한 내에 신고 + 납부: 세액공제 × ④ 가산세 　㉠ 신고불성실가산세 　　ⓐ 부당무신고·부당과소신고: 40% 　　ⓑ 무신고: 20% 　　ⓒ 과소신고: 10% 　㉡ (납부고지 전)납부지연가산세: 1일 0.022%	① 신고기간: 양도일(허가일)이 속하는 과세기간의 다음 연도 5월 1부터 5월 31일까지 ② 과세표준이 없거나 결손금이 발생한 경우에도 확정신고하여야 함 ③ 기한 내에 신고 + 납부: 세액공제 × ④ 가산세 　㉠ 신고불성실가산세: 40%, 20%, 10% 　㉡ (납부고지 전)납부지연가산세: 1일 0.022% ⑤ 확정신고 　㉠ 예정신고를 이행한 경우에는 확정신고를 생략할 수 있음 　㉡ 해당 과세기간에 누진세율 적용대상 자산에 대한 예정신고를 2회 이상한 자가 이미 신고한 양도소득금액과 합산하여 예정신고를 하지 않는 등의 경우에는 예정신고를 이행한 경우라도 확정신고를 이행하여야 함 ⑥ 예정신고기한 내 무신고·과소신고 후 확정신고기한까지 신고·수정신고한 경우: 해당 무신고·과소신고가산세 100분의 50을 감면한다.

✦ 예정신고납부를 하는 경우 「소득세법」 제82조 및 제118조에 따른 수시부과세액이 있을 때에는 이를 공제하여 납부한다.

✦ 확정신고납부를 하는 경우 「소득세법」 제107조에 따른 예정신고산출세액, 동법 제114조에 따라 결정·경정한 세액 또는 동법 제82조, 제118조에 따른 수시부과세액이 있을 때에는 이를 공제하여 납부한다.

> **참고** 감정가액 또는 환산취득가액 적용에 따른 가산세 33회
>
> 1. 거주자가 건물을 신축 또는 증축(증축의 경우 바닥면적 합계가 85㎡ 초과하는 경우에 한정)하고 그 건물의 취득일 또는 증축일부터 5년 이내에 해당 건물을 양도하는 경우로서 감정가액 또는 환산취득가액을 그 취득가액으로 하는 경우에는 해당 건물 감정가액(증축의 경우 증축한 부분에 한함) 또는 환산취득가액(증축의 경우 증축한 부분에 한함)의 100분의 5에 해당하는 금액을 양도소득 결정세액에 더한다.
> 2. 위 1.은 양도소득산출세액이 없는 경우에도 적용한다.

❷ 징수와 환급 33회

(1) 양도소득세의 징수

① 결정에 의한 세액의 징수: 납세지 관할 세무서장은 거주자가 확정신고납부에 따라 해당 과세기간의 양도소득세로 납부하여야 할 세액의 전부 또는 일부를 납부하지 아니한 경우에는 그 미납된 부분의 양도소득세액을 「국세징수법」에 따라 징수한다. 예정신고납부세액의 경우에도 또한 같다.

② 추가납부세액의 징수: 납세지 관할 세무서장은 양도소득과세표준과 세액을 결정 또는 경정한 경우 양도소득 총 결정세액이 다음의 금액의 합계액을 초과할 때에는 그 초과하는 세액(추가납부세액)을 해당 거주자에게 알린 날부터 30일 이내에 징수한다.

> ㉠ 예정신고납부세액과 확정신고납부세액
> ㉡ ①에 따라 징수하는 세액
> ㉢ 수시부과세액
> ㉣ 원천징수한 세액

(2) 양도소득세의 환급

납세지 관할 세무서장은 과세기간별로 (1)의 ②의 금액의 합계액이 양도소득 총결정세액을 초과할 때에는 그 초과하는 세액을 환급하거나 다른 국세·가산금과 체납처분비에 충당하여야 한다.

❸ 분할납부(물납 x) 21회, 25회, 26회, 27회, 29회, 33회

① **분할납부**: 거주자로서 예정신고납부 또는 확정신고에 따라 납부할 세액이 각각 1천만원을 초과하는 자는 그 납부할 세액의 일부를 납부기한이 지난 후 2개월 이내에 분할납부가 가능하다.

② 분할납부할 수 있는 세액

구분		분할납부 가능금액
납부할 세액이 2천만원	이하인 때	1천만원을 초과하는 금액
	초과인 때	그 세액의 50% 이하의 금액

❹ 부가세

① 납부세액의 부가세 ×
② 감면시 농어촌특별세 부과(감면세액의 20%)

3 대표 기출문제

제33회 출제

01 소득세법상 거주자의 양도소득세 신고납부에 관한 설명으로 옳은 것은?

① 건물을 신축하고 그 취득일부터 3년 이내에 양도하는 경우로서 감정가액을 취득가액으로 하는 경우에는 그 감정가액의 100분의 3에 해당하는 금액을 양도소득 결정세액에 가산한다.

② 공공사업의 시행자에게 수용되어 발생한 양도소득세액이 2천만원을 초과하는 경우 납세의무자는 물납을 신청할 수 있다.

③ 과세표준 예정신고와 함께 납부하는 때에는 산출세액에서 납부할 세액의 100분의 5에 상당하는 금액을 공제한다.

④ 예정신고납부할 세액이 1천 5백만원인 자는 그 세액의 100분의 50의 금액을 납부기한이 지난 후 2개월 이내에 분할납부할 수 있다.

⑤ 납세의무자가 법정신고기한까지 양도소득세의 과세표준 신고를 하지 아니한 경우(부정행위로 인한 무신고는 제외)에는 그 무신고납부세액에 100분의 20을 곱한 금액을 가산세로 한다.

① 건물을 신축하고 그 취득일부터 3년 이내에 양도하는 경우로서 감정가액을 취득가액으로 하는 경우에는 그 감정가액의 100분의 5에 해당하는 금액을 양도소득 결정세액에 가산한다.

② 양도소득세는 물납이 허용되지 않는다.

③ 과세표준 예정신고와 함께 납부하는 때에도 납부할 세액의 100분의 5에 상당하는 금액을 세액공제는 적용하지 않는다.

④ 예정신고납부할 세액이 1천 5백만원인 자는 그 세액의 1천만원을 초과하는 금액을 납부기한이 지난 후 2개월 이내에 분할납부할 수 있다.

⑤ 옳은 지문이다.

답 ⑤

02 소득세법상 거주자의 국내 토지에 대한 양도소득과세표준 및 세액의 신고·납부에 관한 설명으로 틀린 것은?

① 법령에 따른 부담부증여의 채무액에 해당하는 부분으로서 양도로 보는 경우 그 양도일이 속하는 달의 말일부터 3개월 이내에 양도소득과세표준을 납세지 관할세무서장에게 신고하여야 한다.

② 예정신고납부를 하는 경우 예정신고 산출세액에서 감면세액을 빼고 수시부과세액이 있을 때에는 이를 공제하지 아니한 세액을 납부한다.

③ 예정신고납부할 세액이 2천만원을 초과하는 때에는 그 세액의 100분의 50 이하의 금액을 납부기한이 지난 후 2개월 이내에 분할납부할 수 있다.

④ 당해연도에 누진세율의 적용대상 자산에 대한 예정신고를 2회 이상 한 자가 법령에 따라 이미 신고한 양도소득금액과 합산하여 신고하지 아니한 경우에는 양도소득과세표준의 확정신고를 하여야 한다.

⑤ 양도차익이 없거나 양도차손이 발생한 경우에도 양도소득 과세표준의 예정신고를 하여야 한다.

거주자가 예정신고를 할 때에는 예정신고 산출세액에서 감면세액을 빼고 수시부과세액이 있을 때에는 이를 공제하여 납부한다.

답 ②

4 출제 예상문제

01 다음 중 「소득세법」상 양도소득세에 대한 설명으로 <u>틀린</u> 것은? (단, 거주자가 국내에 소재하는 부동산을 양도한 것으로 함)

① 납세지는 거주자의 주소지(주소지가 없는 경우에는 거소지)이다.

② 부담부증여의 채무액에 해당하는 부분으로서 양도로 보는 경우에 양도소득 예정신고기한은 그 양도일이 속하는 달의 말일부터 2개월이다.

③ 양도차익이 없는 경우에도 예정신고는 하여야 한다.

④ 물납은 허용되지 않지만, 법령에 정하는 요건을 갖춘 경우 분할납부는 허용된다.

⑤ 예정신고한 자는 해당 소득에 대한 확정신고를 하지 않을 수 있다.

해설 ✦ ② 부담부증여의 채무액에 해당하는 부분으로서 양도로 보는 경우에 양도소득 예정신고기한은 그 양도일이 속하는 달의 말일부터 3개월이다.

정답 ✦ ②

02 甲이 등기된 국내 소재 공장(건물)을 양도한 경우, 양도소득과세표준 예정신고 및 확정신고에 관한 설명으로 옳은 것은? (단, 甲은 「소득세법」상 부동산매매업을 영위하지 않는 거주자이며 「국세기본법」상 기한연장사유는 없음)

① 2024년 3월 15일에 양도한 경우, 예정신고기한은 2024년 6월 15일이다.

② 예정신고시 예정신고납부세액공제(산출세액의 10%)가 적용된다.

③ 예정신고 관련 무신고가산세가 부과되는 경우, 그 부분에 대하여 확정신고와 관련한 무신고가산세가 다시 부과된다.

④ 예정신고납부를 할 때 납부할 세액은 양도차익에서 장기보유특별공제와 양도소득기본공제를 한 금액에 해당 양도소득세 세율을 적용하여 계산한 금액을 그 산출세액으로 한다.

⑤ 확정신고기간은 양도일이 속한 연도의 다음 연도 6월 1일부터 6월 30일까지이다.

해설 ✦ ① 2024년 3월 15일에 양도한 경우, 예정신고기한은 2024년 5월 31일이다.
② 예정신고납부세액공제(산출세액의 10%)는 폐지되었다.
③ 예정신고 관련 무신고가산세가 부과되는 경우, 그 부분에 대하여 확정신고와 관련한 무신고가산세는 다시 부과되지 아니한다.
⑤ 확정신고기간은 양도일이 속한 연도의 다음 연도 5월 1일부터 5월 31일까지이다.

정답 ✦ ④

03 「소득세법」상 거주자의 양도소득과세표준의 신고 및 납부에 관한 설명으로 옳은 것은?

① 2024년 3월 21일에 주택을 양도하고 잔금을 청산한 경우 2024년 6월 30일에 예정신고할 수 있다.
② 확정신고납부시 납부할 세액이 1,600만원인 경우 600만원을 분납할 수 있다.
③ 예정신고납부시 납부할 세액이 2,000만원인 경우 분납할 수 없다.
④ 양도차손이 발생한 경우 예정신고하지 아니한다.
⑤ 예정신고하지 않은 거주자가 해당 과세기간의 과세표준이 없는 경우 확정신고하지 아니한다.

해설 ✦ ① 2024년 3월 21일에 주택을 양도하고 잔금을 청산한 경우 2024년 5월 31일까지 예정신고할 수 있다.
③ 예정신고납부시 납부할 세액이 1,000만원을 초과하는 경우에 분납할 수 있다.
④ 양도차익이 없거나 양도차손이 발생한 경우 예정신고하여야 한다.
⑤ 예정신고하지 않은 거주자가 해당 과세기간의 과세표준이 없는 경우에도 확정신고하여야 한다.

정답 ✦ ②

1 출제예상과 학습포인트

✦ 최근 기출회수

23회, 25회, 27회, 30회, 31회, 32회

✦ 35회 출제 예상

최근 30회, 31회, 32회 3년간 계속 개별문제가 출제된 부분이다. 다만, 35회에 출제될 가능성은 80% 이상이다.

✦ 35회 중요도

★★★

✦ 학습범위

국외자산 양도소득세의 법률 내용을 위주로 국내자산 양도와의 비교까지 학습하여야 한다.

✦ 학습방법

국외자산양도에 대한 양도소득세의 납세의무자와 과세대상 및 과세표준 계산, 등을 국내자산과 비교하여 차이점을 반드시 비교 정리하고, 국내자산 양도의 준용규정을 살펴봐야 한다.

✦ 핵심쟁점

❶ 국외자산 양도소득세의 납세의무자
❷ 환율변동으로 인한 외화차입금으로부터 발생하는 환차익의 포함 여부
❸ 양도차익의 계산방법과 외화환산
❹ 장기보유특별공제와 양도소득기본공제의 적용여부
❺ 국외자산에 대한 양도소득세 세율
❻ 외국납부세액의 세액공제 또는 필요경비산입 방법 중 선택
❼ 국외자산에 대한 양도소득세의 물납과 분할납부 허용여부
❽ 국내자산 양도와의 준용 여부

2 핵심 내용

① 국내자산 양도와 국외자산 양도의 비교 23회, 25회, 27회, 30회, 32회

구분	국내자산 양도	국외자산 양도
거주자	국내에 주소 또는 183일 이상 거소를 둔 자	양도일 현재 계속해서 국내에 5년 이상 주소 또는 거소를 둔 자
과세대상	등기된 부동산임차권	등기 여부와 관계없이 과세대상
양도·취득가액	① 원칙: 실지거래가액 ② 예외: 추계결정	양도차익 계산기준 ① 원칙 : 실지거래가액 ② 예외 　㉠ 실지거래가액을 확인할 수 없는 경우 　　⇒ 양도 또는 취득 당시의 시가 　㉡ 시가를 산정하기 어려운 경우 　　⇒ 보충적 평가방법에 의한 평가액
세율	① 미등기: 70% ② 보유기간에 따라 차등세율 적용	등기 여부와 보유기간에 관계없이 6~45% 세율 적용
장기보유특별공제	적용함	적용 없음
양도소득기본공제	적용함	적용함
물납	적용 없음	적용 없음
분할납부	허용함	허용함

✦ 국외에서 외화를 차입하여 취득한 자산을 양도하여 발생하는 소득으로서 환율변동으로 인하여 외화차입금으로부터 발생하는 환차익을 포함하고 있는 경우에는 해당 환차익을 양도소득의 범위에서 제외한다. 30회, 32회

② 국외자산 양도에 대한 양도차익 계산

양도가액에서 취득가액과 자본적 지출액 및 양도비를 차감하여 계산한다.
✦ 국외자산 양도에 대한 양도차익 계산시 필요경비개산공제액은 적용하지 아니한다. 32회

③ 양도차익의 외화환산

① 양도차익을 계산함에 있어서는 양도가액 및 필요경비를 수령하거나 지출한 날 현재의 외국환관리법에 따른 기준환율 또는 재정환율에 의하여 계산한다. 25회
② 장기할부조건의 경우에는 소유권이전등기접수일·인도일 또는 사용수익일 중 빠른 날을 양도가액 또는 취득가액을 수령하거나 지출한 날로 본다.

❹ 외국납부세액의 공제 31회

해당 외국에서 과세를 하는 경우 그 양도소득에 대하여 외국의 법령에 따라 외국에서 국외자산 양도소득세액을 납부하였거나 납부할 것이 있을 때에는 다음의 방법 중 하나를 선택하여 적용받을 수 있다.

① 필요경비산입 방법
② 세액공제 방법

❺ 준용 규정 27회

준용사항	준용하지 않는 사항

• 비과세 양도소득, 양도소득세 감면
• 양도소득과세표준 예정신고·확정신고
• 양도소득의 부당행위계산 부인
• 양도소득의 분할납부
• 취득 및 양도시기
• 양도소득과세표준의 계산
  (단, 장기보유특별공제는 제외)
	• 양도의 정의
	• 미등기 양도자산에 대한 비과세의 배제
	• 배우자 및 직계존비속간 수증자산의 이월과세
	• 결손금 통산의 배제
	• 필요경비개산공제액
	• 단기보유자산에 대한 70%, 60%, 50% 또는 40%
	  세율 적용
	• 기준시가의 산정

3 대표 기출문제

제30회 출제

01 거주자 甲이 국외에 있는 양도소득세 과세대상 X토지를 양도함으로써 소득이 발생하였다. 다음 중 **틀린** 것은? (단, 해당 과세기간에 다른 자산의 양도는 없음)

① 甲이 X토지의 양도일까지 계속 5년 이상 국내에 주소 또는 거소를 둔 경우에만 해당 양도소득에 대한 납세의무가 있다.

② 甲이 국외에서 외화를 차입하여 X토지를 취득한 경우 환율변동으로 인하여 외화차입금으로부터 발생한 환차익은 양도소득의 범위에서 제외한다.

③ X토지의 양도가액은 양도 당시의 실지거래가액으로 하는 것이 원칙이다.

④ X토지의 양도차익에서 장기보유특별공제액을 공제한다.

⑤ X토지의 양도소득금액에서 양도소득 기본공제로 250만원을 공제한다.

국외자산에 대하여는 장기보유특별공제를 적용하지 아니한다.

답④

제32회 출제

02 거주자 甲은 2017년에 국외에 1채의 주택을 미화 1십만 달러(취득자금 중 일부 외화 차입)에 취득하였고, 2024년에 동 주택을 미화 2십만 달러에 양도하였다. 이 경우 소득세법상 설명으로 틀린 것은? (단, 甲은 해당 자산의 양도일까지 계속 5년 이상 국내에 주소를 둠)

① 甲의 국외주택에 대한 양도차익은 양도가액에서 취득가액과 필요경비개산공제를 차감하여 계산한다.

② 甲의 국외주택 양도로 발생하는 소득이 환율변동으로 인하여 외화차입금으로부터 발생하는 환차익을 포함하고 있는 경우에는 해당 환차익을 양도소득의 범위에서 제외한다.

③ 甲의 국외주택 양도에 대해서는 해당 과세기간의 양도소득금액에서 연 250만원을 공제한다.

④ 甲은 국외주택을 3년 이상 보유하였음에도 불구하고 장기보유특별공제액은 공제하지 아니한다.

⑤ 甲은 국외주택의 양도에 대하여 양도소득세의 납세의무가 있다.

국외자산의 양도에 대한 양도차익을 계산할 때 양도가액에서 공제하는 필요경비는 실지취득가액, 자본적지출액 및 양도비를 합한 것으로 한다. 따라서 필요경비개산공제는 적용하지 아니한다.

답①

4 출제 예상문제

01 「소득세법」상 양도소득세에 관한 설명으로 옳은 것은?

① 거주자가 국외토지를 양도한 경우 양도일까지 계속해서 10년간 국내에 주소를 두었다면 양도소득과세표준을 예정신고하여야 한다.

② 비거주자가 국외토지를 양도한 경우 양도소득세 납부의무가 있다.

③ 거주자가 국내 상가건물을 양도한 경우 거주자의 주소지와 상가건물의 소재지가 다르다면 양도소득세 납세지는 상가건물의 소재지이다.

④ 비거주자가 국내주택을 양도한 경우 양도소득세 납세지는 비거주자의 국외 주소지이다.

⑤ 거주자가 국외주택을 양도한 경우 양도일까지 계속해서 5년간 국내에 주소를 두었다면 양도소득금액 계산시 장기보유특별공제가 적용된다.

해설 ✦ ② 비거주자가 국외토지를 양도한 경우 양도소득세 납부의무가 없다.

③ 거주자가 국내상가건물을 양도한 경우 거주자의 주소지와 상가건물의 소재지가 다르다면 양도소득세 납세지는 양도자의 주소지이다.

④ 비거주자가 국내주택을 양도한 경우 양도소득세 납세지는 국내사업장 소재지이며, 국내사업장이 없는 경우에는 국내원천소득이 발생하는 장소이다.

⑤ 거주자가 국외 소재 자산을 양도하는 경우에 장기보유특별공제는 적용하지 아니한다.

정답 ✦ ①

02 거주자 甲이 국외에 상가건물을 보유하는 경우 양도소득세에 관한 다음의 설명 중 옳은 것으로만 고른 것은?

> ㉠ 국외에서 외화를 차입하여 취득한 자산을 양도하여 발생하는 소득으로서 환율변동으로 인하여 외화차입금으로부터 발생하는 환차익을 포함하고 있는 경우 해당 환차익은 과세대상에 포함한다.
>
> ㉡ 국외자산의 양도에 대한 양도차익을 계산할 때 양도가액에서 공제하는 필요경비는 취득가액, 자본적지출액 및 양도비의 금액을 합한 것으로 하며, 필요경비개산공제는 차감하지 않는다.

      ⓒ 물납과 분할납부는 모두 허용되지 않는다.

      ⓔ 양도차익을 계산함에 있어서는 양도가액 및 필요경비를 수령하거나 지출한 날 현재「외국환거
래법」에 의한 기준환율 또는 재정환율에 의하여 계산한다.

① ⓛ, ⓔ   ② ⓙ, ⓒ   ③ ⓒ, ⓔ

④ ⓙ, ⓛ, ⓔ   ⑤ ⓛ, ⓒ, ⓔ

해설 ✦ ⓙ 국외에서 외화를 차입하여 취득한 자산을 양도하여 발생하는 소득으로서 환율변동으로 인하여 외화차입금으로
부터 발생하는 환차익을 포함하고 있는 경우에는 해당 환차익을 과세대상에서 제외한다. 이는 양도로 발생한
소득이 아니라 환율변동에 따른 차익이기 때문이다.

      ⓒ 물납은 허용되지 않지만 분할납부는 허용된다.

정답 ✦ ①

---

03 국외자산의 부동산양도에 대한 「소득세법」상 양도소득세의 설명 중 틀린 것은?

① 1년 미만의 단기보유 후 토지를 양도시에는 과세표준액에 50%의 세율을 적용한다.

② 장기보유특별공제는 허용하지 않는다.

③ 국외자산 양도소득세의 납세의무자는 해당 자산의 양도일까지 계속 5년 이상 국내에 주소
또는 거소를 둔 거주자에 한한다.

④ 해당 외국에서 과세를 하는 경우 그 양도소득에 대하여 외국의 법령에 따라 외국에서 국외
자산 양도소득세액을 납부하였거나 납부할 것이 있을 때에는 필요경비산입방법과 세액공제
방법 중 하나를 선택하여 적용받을 수 있다.

⑤ 양도차익을 계산함에 있어서 양도가액 및 필요경비는 수령하거나 지출한 날 현재의 「외국
환거래법」에 의한 기준환율 또는 재정환율에 의하여 계산한다.

해설 ✦ ① 국외 소재 부동산, 부동산에 관한 권리, 기타 자산을 양도하는 경우에는 보유기간에 관계없이 기본세율(6~
45% 8단계 초과누진세율)이 적용된다. 그러므로 1년 미만 단기양도의 경우에도 6~45% 8단계 초과누진세율
이 적용된다.

정답 ✦ ①

※ 본 자료는 작성당시의 정부등의 개정안으로 작성된 것으로서,
입법과정에의 실제 개정과 차이가 발생할 수 있으니, 개정 확정
시 반드시 비교·확인하여야 합니다!